與猶堂全書　讀

《여유당전서》를 독함

《여유당전서與猶堂全書》를 독讀함

초판 1쇄 인쇄 2016년 5월 10일 ＼**초판 1쇄 발행** 2016년 5월 15일
지은이 최익한 ＼**엮은이** 송찬섭 ＼**펴낸이** 이영선 ＼**편집 이사** 강영선 ＼**주간** 김선정
편집장 김문정 ＼**편집** 임경훈 김종훈 하선정 김정희 유선 ＼**디자인** 김희량 정경아
마케팅 김일신 이호석 김연수 ＼**관리** 박정래 손미경 김동욱

펴낸곳 서해문집 ＼**출판등록** 1989년 3월 16일(제406-2005-000047호)
주소 경기도 파주시 광인사길 217(파주출판도시) ＼**전화** (031)955-7470 ＼**팩스** (031)955-7469
홈페이지 www.booksea.co.kr ＼**이메일** shmj21@hanmail.net

© 2016
ISBN 978-89-7483-792-1 93910
값18,000원

이 도서의 국립중앙도서관 출판시도서목록(CIP)은 e-CIP 홈페이지(http://www.nl.go.kr/ecip)에서
이용하실 수 있습니다.(CIP제어번호: CIP2016010664)

與猶堂全書 讀

《여유당전서》를 독함

최익한 지음 | 송찬섭 엮음

서해문집

〈《여유당전서》를 독함〉은 최익한이 1938년 12월 9일부터 1939년 6월 4일까지 반년간 《동아일보》에 연재한 글이다. 정약용의 문집은 《목민심서》 등으로 간행된 적이 있지만, 1930년대 신조선사에서 《여유당전서》라는 이름으로 활자본을 간행하였다. 최익한이 제목을 《《여유당전서》를 독함〉이라고 잡은 것은 이 문집의 새로운 간행에 큰 의미를 두었던 한편, 홍보를 위해서도 아닐까 짐작된다. 실제 머리말에서 최익한은 "강호江湖의 수많은 본 전서 독자 동반同伴의 얼마간 편의를 위하여"라는 표현을 쓰고 있어서 전서를 읽은 독자를 위해 이 글을 쓴 것으로 볼 수 있다.

　이때 집중적으로 다산 연구에 나섰던 최익한은 해방 후 정치 활동으로 쉴 수밖에 없었지만, 월북한 뒤 다시 관심을 가지고 자신의 연구를 집대성한 《실학파와 정다산》을 간행하였다. 필자는 1989년에 1차로, 그리고 2011년 다시 《실학파와 정다산》을 복간하였다. 그만큼 《실학파와 정다산》은 중요하고 무게 있는 작품이기 때문이었다.

한편으로 최익한의 다산 연구에 계기가 되었던 《〈여유당전서〉를 독함》은 1차 연구 성과 정도로만 여겼다. 그러다가 별도로 간행하겠다는 생각을 한 데는 몇 가지 이유가 있다. 첫째, 《실학파와 정다산》이 〈〈여유당전서〉를 독함〉을 보완하였지만, 여기에는 빠진 내용도 상당히 있다. 그것은 전자가 연구서인 데 비해 후자는 대중적인 글이고 여기에는 편지글, 기행문, 심지어 자신의 감상을 담은 시구도 있기 때문이다. 다산을 널리 알리기 위해 다산의 주거지, 그가 기행을 즐겼던 곳, 그의 아호 등에 대해서도 매우 상세히 싣고 있다. 둘째, 다산에 대한 인식에도 상당히 차이가 있다. 전자는 실학과 실학파를 체계화한 데 비해 후자는 다산 개인의 역량에 초점을 맞추었다. 전자에서는 다산의 혁명성을 강조하여 혁명적 민주 사상 등을 담고 있으며 이후 농민혁명의 이념과 연결되었다고 보았지만, 후자에서는 "사회제도에 대해 극히 온아한 개량론자요, 반역적 정신을 가진 혁명론자는 아니었다"라고 보고, 심지어 그의 형 정약종을 더 높이 평가하였다. 셋째, 두 작업이 이루어졌던 1930년대 일제강점기와 1950년대 북한 사회라는 사회적 환경의 차이점을 찾아볼 수 있다. 최익한 자신의 학문적 역량에도 차이가 있지만, 시대적 배경, 나아가 언어 사용에서도 차이가 난다.

간행을 결심하고도 게으른 천성이라 곧바로 작업에 나서지 못한 채 시간이 흘렀다. 그러다가 2013년 실학학회 춘계학술대회에서 초기 실학자들을 다룰 때 그 가운데 최익한에 대한 발표를 요청받았다. 나 스스로 실학 연구자라고 할 수가 없어서 발표를 사양하기도 했지만, 최익한에 대한 연구자가 많지 않았기에 결국 받아들였다. 이 과정에서 〈〈여유당전서〉를 독함〉을 꼼꼼히 읽어보고 이 글이 참으로 귀중한 글이며, 일제강점기 말 최익한 자신의 처지와 바람까지도 잘 담고 있다는 것을 느꼈다. 그리고 다른 선학들의 다산 연구, 1930년대 일제강점기에 다산에게 관심을 가졌던 지식인들에 대해 살펴보면서 중요성을 새삼 깨닫게 되었다. 그러면서 출판의 의미를 더욱 새기게 되었다.

앞서 언급했듯이 《실학파와 정다산》이 실학과 다산 사상을 집대성했다면, 이 글에서는 다산 사상도 예리하게 지적하지만, 한편 다산의 흔적을 찾아서 고향 마재와 서울에서 살던 곳을 찾아다녔으며, 그의 시도 적잖이 소개하면서 세밀한 해석을 하여 다산의 문학적 측면도 상당히 담고 있다. 또한 최익한 스스로 다산과 관련된 자신의 경험을 덧붙이고, 때로는 관련된 시를 통해 감상도 드러내고 있다.

한편 최익한은 다산을 매우 높이 평가하면서도 맹목적으로 따르지는 않았다. 다산의 행동을 직접 비판한 곳도 적지 않다. 예를 들어 다산이 '과거科擧는 이단의 가장 심한 것이고 세상의 근심'이라고 통탄하다가 문득 논조를 바꾸어 '사군발신仕君發身을 위해 필요하다'고 한 점을 들어서 "이러한 모순적 권유를 하는 것은 개혁론자의 취할 바 태도가 절대적으로 아니다"라고 아쉬움을 표한다. 다산에 대한 애증이 참으로 강하다는 뜻으로 읽힌다.

이 글은 최익한으로서는 혁명의 꿈이 아직 사라지지 않았던 젊은 시절의 작업이었기에, 어쩌면 성글더라도 그의 생각을 잘 담고 있다고 할 수 있다. 이런 점에서 월북한 뒤 혁명가로서의 대접을 제대로 받지 못하고 이미 짜여 있는 체제 속에서 한계를 느껴야 했던 시절에 집필한 《실학파와 정다산》과 비교된다.

작업을 하면서 학문적 역량이 너무 부족함을 느끼는 점은 어쩔 수 없을 듯하다. 다산의 글에 대한 이해가 부족한 점은 최근 간행된《정본 여유당전서》(다산학술문화재단, 2012)를 뒤적이면서 도움을 받았다. 또한 일제강점기의 신문 글인데다가 국한문 혼용이 심해서 상당히 어려움을 겪었다.《실학파와 정다산》작업을 했기에 쉽지 않을까 했지만 또 다른 작업이었다고 해야 하겠다. 이 작업 과정을 통하여《실학파와 정다산》에서 오류를 범한 부분도 적잖이 찾아낼 수 있었다. 한편 한문학에 능통한 최익한이 자유자재로 조어를 만들어내 힘들었지만, 사전에도 잘 보이지 않는 우리말 사용, 예를 들면 '아니면 아니다', '일두를 빼어난', '호랑이 엉패를 치고 있으되', '끌터기' 등 요즘 쓰지 않는 다양한 표현도 등장해 작업이 쉽지 않았다. 신문 연재여서 급하게 원고를 작성하면서도 지난 글에 대해 정오표를 작성하는 등 최선을 다한 흔적도 찾을 수 있었다.

항상 그러하듯이 이번에도 주변에서 많은 도움을 받았다. 다산 관련 저술과 학술 연구로서 도움 주신 연구자들은 물론이고, 급할 때마다 던지는 질의를 받아들여 일일이 답변해주신 여러 선생님들께 지면으로나마 깊은 감사를 드린다. 특히 최익한 전집 작업을 실질적으로 처음 시작하신 고 최구소 님(최익한의 당질)의 자제 최홍준 선생이 이번 작업을 도와줘서 인연이란 정말 끝없음을 느끼게 해주었다.

2016년 4월
송찬섭

차례

일러두기

1 이 책은 《동아일보》에 연재된 《《여유당전서》를 독함》을 이용하였다.
2 한자는 역사 용어를 제하고는 가능한 한 풀어썼으며, 한자가 필요할 때는 병기하였다.
3 한문 문장은 해석을 하고 원문을 병기하였다. 다만 국한문 혼용체에 가까운 인용은 어려운 용어만 손질하였다.
4 본래 신문 글을 모았기 때문에 저자의 주석은 없으며, 각주는 모두 엮은이가 달았다.
5 그 밖에도 한문 위주의 글이어서 간결하게 표현한 경우 일정한 기준에 따라 고쳤다. 가령 '창倉'은 '창고'로, '자資'는 '물자'로 고쳤다. 자세한 설명이 필요한 경우는 주를 달았다.
6 오자가 확실한 경우는 지적하고 수정하였다.
7 불필요한 간지는 삭제하고 연도로 표시하였다.
8 '동상同上', '동同' 등으로 표기된 경우에는 구체적인 내용을 기입하였다.
9 원문에 몇 차례(5, 6, 10, 13, 17, 37회 말미) 정오표를 부기했는데, 이에 의거하여 원문을 바로 수정하였다.

다산
선생의
애걸 哀乞

I

《여유당전서與猶堂全書》는 다산茶山 정약용丁若鏞 선생의 저서 전부에 대한 타이틀이다. 이 전서全書가 100년이란 짧지 않은 동안을 좀과 먼지의 구렁에서 고요히 잠자다가 하청河淸[1]의 시기나 왔다는 듯이 저 신조선사新朝鮮社[2]의 성의 있는 4년간 최고의 노력에 의하여 그 방대한 위용과 탁월한 내용을 활자와 독자의 광명한 세계에 내어놓게 되었으니 조선의 문화계뿐 아니라 세계의 문화계에 있어서 이 얼마나 기쁘고 경하할 바이랴!

순조 22년 임오(1822)에 61세인 선생은 회갑의 연年을 당하여 한도限度가 있는 자기 일생을 총결산하는 듯이 묘지명을 자찬自撰하여 평생 경력을 서술한 다음에 평생 저서의 대의大意와 목록을 자세히 열거하고

---

1   항상 흐린 황하黃河의 물이 맑아진다는 뜻으로, 기대할 수 없는 일을 비유적으로 이르는 말.
2   일제 강점기 출판사. 조선일보사에서 1927년 간행한 월간잡지 《신조선》이 1934년 다시 속간될 때 설립되어 이를 출간한 출판사로서 《여유당전서》, 《담헌서》 등 '실학'과 관련된 문헌을 집중적으로 발간하였다.

감탄의 어조로서 가로되 "아는 이는 이미 적고 노여워하는 자는 많으니 만일 천명天命이 돌보지 않았으면 한 줄기 불이라도 태워버릴 수 있을 것이다![知者既寡 嗔者以衆 若天命不允 雖一炬以焚之可也]"라고 하였다. 이 얼마나 애처로운 말씀인가!

선생은 절세의 경륜과 포부를 품고 실연적實演的 무대인 정치적 판국으로부터 쫓겨난 한 명의 망명자였다. 서울[京國]을 등지고 쓸쓸한 남해의 풍상風霜에 쫓겨난 신하[逐臣]의 생활을 줄곧 한 지 무릇 18년이었다. 고심의 혈血을 기울여 먹물[墨汁]을 대신한 것이 선생의 붓이었다. 온 세상 사람의 백안白眼을 무릅쓰고 뒷사람의 지기知己를 대상으로 한 것이 선생의 저작이었다. 선생과 선생의 전서는 둘로 볼 수 없는 한 개의 위대하고도 영원한 생명이다. 선생은 이러한 자기 생명을 어떻게 애호하였던가. 이것에 대한 유일한 증품證品인 선생의 빠진 글[逸文] 한 통을 아래에 인기引記하여 박아가博雅家의 참조에 드리려 한다.

신영로에게 주는 편지[書贐申永老][3] (이름 영제永躋, 호 봉명산인鳳鳴山人·인동仁同, 약목若木에 거주)

예전에 나의 부친이 예천 현령, 울산 도호부사, 진주 목사를 지냈는데, 세 고을이 모두 옛 진한, 변한의 땅이었다. 그래서 나 또한 여러 번 영남에 왕래하였다. 부모를 모시는 틈틈이 선생 장자長者들과는 즐거운 자리에 모시고서 가르침을 받을 수 있었으며, 경생학자經生學子, 그들 중에도 또한 더불어 깊이 사귀는 자들이 많았다. 더러는 벼슬일 때문에 서울에서 지내

---

3   다른 자료에는 申頴老로 표기되었다(이만운,《묵헌선생문집》등).

는 자들과도 서로 이웃 마을처럼 왕래하였다.

오호라! 이는 과거의 일이다. 가경 신유(1801) 봄 내가 유배를 당한 장기현도 역시 영남 지역이었다. 이때 친척과 옛 친구들조차 감히 서로 아는 체하지 못하였지만 한 번이라도 지나쳤던 (이 고을) 사람들은 발길을 멈추고 위문하지 않은 자가 없었다. 그 돈독하고 질박하며 인자하고 후덕한 것은 아마도 천성인 듯하다. 그해 겨울에 내가 강진으로 이배移配되어 멀어진 뒤로는 영남 인사들과의 소식이 멀어졌다. 을축(1805)에 소호蘇湖 마을[4] 이 장李丈[5]께서 고이점皐夷苫[6]에 유배당하였다가 다음 해 석방되어 돌아갈 때 동문東門 밖의 점막[7]으로 나를 방문하였다. 나는 《주역周易》 추이의 뜻으로 질문하였는데, 그가 이별할 때 《주역》 곤괘困卦의 상象을 써서 그 뜻을 부연하여 주고 갔다. 그리고 말하기를 '추이라는 것은 주자 〈괘변도卦變圖〉의 남긴 뜻[遺意]'이라고 하였다. 몇 년 뒤에 내가 다산에 움막을 짓고, 지금 또 10여 년이 지나서 머리가 벗겨지고 이가 빠져[頭童齒豁] 생기가 다하였는데[生意索然] 영남의 옛 친구들은 다시 볼 수 없어서 늘 문득문득 생각이 났다. 금년 4월 26일 약목 신영로가 찾아왔으니 바로 예전에 좋아하던 개천 군수 신 공申公[8]의 아들이다. 손을 붙잡고 웃으며 수십 년의 일을 이야

4　현재의 경상북도 안동시 일직면 망호리에 있는 한산 이씨 집성촌.

5　이우李㙫를 가리킴. 호는 면암俛庵이라 하였고, 대산 이상정의 조카다. 1792년(정조 16) 사도세자思悼世子 신원 만인소의 소두로 활동하였다. 병인년 정월에 강진현 고금도에 유배되었다가 3월에 풀려났다. 이 과정에 대한 기록이 《면암집俛庵集》 별록別錄 하下에 〈병인일기丙寅日記〉로 남아 있다.

6　고이도皐夷島의 오타인 듯하다. 고이도는 고금도를 뜻한다.

7　다산이 강진 유배를 갔을 때 처음 머문 곳. 1801년에서 1805년까지 4년간 거처했다고 추정된다.

8　신선응申善應(1765~1814)으로 추정된다. 자는 여길汝吉, 호는 낙포洛浦, 1786년(정조 10) 무과에 급제한 후 개천, 삼척, 갑사 등지의 수령을 지냄. 특히 개천 군수 재임 시기(1796년 11월~1798년 12월)가 다산의 곡산 부사 재임 시기(1797~1799)와 비슷하여 서로 친밀했던 듯하다. 공산恭山 송준필宋浚弼이 지은 묘비명이 있으며, 묘는 칠곡 약목 남계동에 있다. 아들로는 영제, 영지, 영급, 영범이 있는데, 영제는 백부 덕응德應에게 출계하였다.(《平山申氏齊靖公派察訪公世譜》, 甲編, 25쪽)

기하니 비탄이 교대로 몰려왔다. 하나하나 들으니 어른들과 어진 이[耆年宿德]들은 거의 세상을 떠났다고 한다. 오직 석전石田⁹ 이묵헌李默軒¹⁰ 어른이 82세인데도 정신이 건강하고 삿됨이 없어 사람들을 가르치는 일을 게을리 하지 않고 있지만, 그 나머지는 나이가 많지 않은데도 살아 있는 자가 적으니 참으로 슬프도다. 신영로가 유계遺戒를 따라 말 타고 활쏘기를 일삼지 않고 크게 고인의 학문에 뜻을 두어 내가 그를 위해 배운 바를 점검해보니 학식은 넓고 견문은 많아 귀하게 여길 만하다. 그런데 도리어 내가 충심을 토로할 것이 있으니 영로는 가서 고하라. 내가 유배당한 뒤로 정기를 모으고 정신을 모아 불을 밝혀[계속 공부하여] 편집한 것이 《상서지원록尚書知遠錄》 60권, 《제례고정祭禮考定》 2권, 《상의절요喪儀節要》 6권, 〈악서설樂書說〉 12권, 《주역사해周易四解》 24권, 〈고문상서평古文尚書評〉 9권, 《상서고훈尚書古訓》 6권, 《상서지원록尚書知遠錄》 7권, 《시경강의詩經講義》 15권, 〈논어고금설論語古今說〉 40권, 〈맹자설孟子說〉 9권, 《중용강의보中庸講義補》 9권, 〈대학설大學說〉 3권, 〈소학심경설小學心經說〉 3권, 〈춘추고증설春秋考證說〉 10권, 《아방강역고我邦疆域考》 10권, 〈비어고備禦考〉 12권, 《전례고典禮考》와 〈방례고邦禮考〉 모두 6권, 나머지 잡찬 또한 수십 종이었다. 비록 논저들이 취할 만한 것은 없으나 엮어놓은 고인의 말은 부분적으로 자못 정치하게 하였으니, 하찮은 학문[末學]이지만 (후학들이) 혹 취할 것이 있으리라. 내가 지금 죽을 날이 얼마 남지 않았다. 뒷날 혹 이 몇 종의 책을 가지고 영남에 가면 바라건대 여러 군자들은 넓은 도량과 두터운 덕으로서 사람을 보고 폐기하지 말고 말을 받아들이며 모래와 자갈[沙礫]은 일고 '꼴과 땔나

---

9 경상북도 칠곡군 왜관읍 석전리를 가리키는 듯하다.
10 이만운李萬運(1736~1820)을 가리키는 듯함. 이만운은 칠곡에 거주하였다.

무[齧蟊]는 가려서 백에 하나라도 보존되어 흔적이 남게 된다면 내 치욕을 참고 견디어 도량이 큰 성덕盛德에 보탬이 될 터이다. 내가 자손[子姓]이 영락하여 볼품이 없고 세상에서 군평¹¹을 버린 지 오래되었다. 측연惻然하게 여겨서 정을 베풀 자가 있을 것인가? 영로가 이를 생각하라. 정축(1817) 4월 27일 열수 정약용이 다산초암에서 쓰다.

書贈申永老(名 永躋, 號 鳳鳴山人 居仁同若木)

昔我先人 爲醴泉倅 爲蔚山都護 爲晋州牧 三邑 皆古辰韓弁韓地也 是故 余之跡 亦屢及嶺南 而省定之暇 得與先生長者 陪歡奉敎 而經生學子 亦多與之友善者 其或宦遊京輦者 相往返如鄰里 嗟乎 此昔年事也 嘉慶辛酉春 余謫長鬐亦嶺南也 是時 親戚故舊 不敢相知 然所過 凡有一而者 莫不路次慰問 蓋其敦樸仁厚 天性然也 其年冬 余移謫康津 自茲以遠 與嶺南人士 聲問邈然 乙丑之歲 蘇湖李丈 謫皐夷苫 粤明年 解還 訪余于東門之店舍 余以周易推移之義 質問焉 其別也書困之象 演其義 以贈余而去 且曰推移者朱子卦變圖之遺意也 後數年 余結盧于茶山 今又十有餘年 頭童齒豁 生意索然 而嶺南舊識 不可復見 常 忽忽思念 今年首夏之廿有六日 若木申君永老 來訪 卽舊所好 价川守 申公之令子也 握笑 叙數十年事 悲歡交集 歷聞 耆年宿德 零落殆盡 惟石田李黙軒丈 年八十有二而精康純粹 誨人不倦 其餘 年尙未卲 而亦寡存者 嗟乎 其可悲也 永老以遺戒 不事磬控 嘐然有志於古人之學 余爲之 叩其所蘊 問博多聞 可貴也 抑余有慰

---

11 경상북도 고령 지방의 〈사친가思親歌〉(작가, 연대 미상)에도 "세인世人이 기군평棄君平하니 미재라 군평君平이 역기세亦棄世라"라는 구절이 있다. 군평君平은 한漢나라 때 사람 엄준嚴遵의 자로, 성도成都의 시장에서 점을 치던 사람이다.

其衷者 永老其往告焉 余自流落以後 覃精聚神 膏以繼晷 所輯 有喪
禮四箋六十卷 祭禮考訂二卷喪儀節要六卷 樂書說十二卷 周易四解
二十四卷 古文尙書評九卷尙書古訓六卷 尙書知遠錄七卷詩經講義
十五卷 論語古今說四十卷孟子說九卷 中庸講義補九卷 大學說三卷
小學心經說共三卷 春秋考證十卷 我邦疆域考十卷 備禦考十二卷 典
禮考. 邦禮考共六卷 其餘雜纂又數十種 雖其論著 無可取 其所輯古
人之言 部分頗精 末學或有取焉 余今死亡無日 他年 或有以是數種
書 携至嶺南者 望 諸君子穹量厚德 勿以人廢之 受言取之淘汰沙礫
采擇芻蕘 存其百一 以留其跡, 庶幾有補於 含垢納汚之盛德云余今
子姓憔悴 而斯世之棄君平 久矣 其有惻然而垂情者否, 永老 其念之
丁丑四月卄有七日 洌水丁鏞 書于茶山草庵

위의 한 통의 증언贈言은 위당爲堂 정인보鄭寅普 씨에 의하면 연전年
前 호남湖南 김동섭金東燮 씨로부터 자기에게 보내준 다산이 남긴 글[茶
山遺文]인데,[12] 그 친필 본초本草가 지금까지 약목若木 신씨申氏[13]의 집에
전래한다고 한다.

글을 보면 마치 효자 자손이 사라져가는 자기 부조父祖 문자文字의
표장간행表章刊行을 세상 사람에게 애걸하는 어조와 같지 않은가? 그러
나 자기를 깊이 인식하고 자부自負에 용감하고 문화와 세도世道에 거룩

---

12 정인보는 이 편지를 1935년 《신동아》에 쓴 글 속에 실었다. 〈정다산 선생의 뜻 깊은 咐囑-거세 백 년
인 이해에 유서교간이 군졸 없이 잘되기를 바라면서〉(《신동아》 1935년 8월, 《담원정인보전집》 2, 연세대학
교 출판부, 1983, 88~89쪽 재인용).

13 경상북도 칠곡군 약목면. 본래 평산 신씨로서 이 지역에 거주하는 일파를 약목 신씨라고 불렀던 듯함.

한 자비의 생각을 두시는 선생은 그 유집遺集의 유포를 일종의 포덕적布德的 행위로 보려 하였던 것이다. 이 구구한 애걸은 도리어 선생의 진정한 생명과 진리에 충실한 옹호와 전파를 주장하는 광명정대한 태도가 아니고 무엇일까!

선생의 정대正大한 애걸은 의연히 불우不遇로서 백 년의 적막寂寞을 지났지 않았던가! 이것은 선생 개인과 선생의 유집만의 불우가 아니라, 우리 사회와 우리 문화의 아시아적 침체성에 오랫동안 포로가 되었던 역사적 불우였던 것이다.

우리는 거대한 선생의 전서가 활자의 무기로서 오늘날 그 묵고도 묵은 먼지와 좀[塵蠹]의 봉쇄를 깨뜨려버리게 되었다는 신선한 사실을 앞에 놓고 선생의 생명을 위하여 감희感喜의 눈물을 금하지 못한다.

그러나 우리는 선생 전서의 간행 그것만으로써 어찌 선생의 위대한 역사적 생명을 받들었다고 할 수 있으랴. 전서의 유포를 따라 선생의 위대한 존재와 역사적, 사상적 내포와 학문적, 경륜적 가치를 역사적, 사회적 법칙에 의하여 정당히 이해하고 비판하는 데서만 이 전서 간행의 목적이 발로될 것이다. 또는 후학의 선각에 대한 지양적止揚的 계승이 가능할 것이다. 필자는 강호江湖의 많은 본 전서 독자 동반의 얼마간 편의를 위하여 선생 연보를 우선 간단히 싣는다[略揭].

정다산
선생
연보

Ⅰ

영조英祖 **38년(1762) 임오**壬午

6월 16일 사시巳時에 경기도京畿道 광주廣州 초부면草阜面 마현리馬峴里 (마재. 현재 양주군楊州郡 와부면瓦阜面 능내리陵內里)¹에서 탄생하였다. 성은 정 丁씨요, 본은 압해押海요, 어릴 때 이름[小字]은 귀농歸農이었다. 이해에 장헌세자莊獻世子의 변²이 있어 부친 정재원丁載遠이 결의決意 귀전歸田³ 하였는데, 마침 선생이 태어나므로 귀농이라 불렀다.⁴

영조 **41년(1765) 을유**乙酉 **4세**

천자문을 비로소 배웠다.

---

1   여기서 현재는 일제강점기를 말한다. 지금은 남양주시 조안면 능내리 마현이다.
2   영조의 아들 사도세자가 뒤주에서 죽임을 당한 일.
3   벼슬을 그만두고 고향이나 전원으로 돌아가 농사를 지음.
4   마현리로 내려온 인물은 5대조 정시윤丁時潤이다. 이후 정도태丁道泰-정항신丁恒愼-정지해丁志諧-정 재원-정약용으로 이어진다.

영조 44년(1768) 무자戊子 7세

비로소 오언五言 한시漢詩 "작은 산이 큰 산을 가리니 멀고 가까움이 같지 않기 때문이다[小山蔽大山, 遠近地不同]"라는 구를 지으니 부친이 크게 기이하게 여겨서 그 계량計量에 명석한 두뇌가 장래 역법曆法, 산수算數에 능통할 것을 예상하였다. 이해에 선생이 천연두[痘疫]를 곱게 치러 한 점 흉터[瘢痕]가 없으되 오직 오른쪽 눈썹이 마맛자국으로 반으로 나뉘었으므로 삼미자三眉子라 스스로 호를 짓고 10세 전 저작인 《삼미자집三眉子集》은 선배 장로의 탄상歎賞을 받았다.

영조 46년(1770) 경인庚寅 9세

어머니 윤씨의 상을 당하였다. 윤씨는 고산孤山 윤선도尹善道의 후손이요, 박식실학博識實學으로 이름이 있던 공재恭齋 윤두서尹斗緒의 손녀다.[5]

영조 47년(1771) 신묘辛卯 10세

이때 부친이 벼슬을 내어놓고 집에 거주하면서[解官家居] 친히 가르치니 선생은 총명[穎悟]하고 근면하여 독책督責을 기다리지 않고 경사經史를 배우는 동시에 그 체재體裁를 본받아 1년 내에 키 높이[等身]의 양에 달하는 작문을 지었다.

영조 50년(1774) 갑오甲午 13세

두시杜詩를 본받아 수백 수의 한시를 지었다.

---

5 어머니의 계보는 윤선도-윤인미-윤두서-윤덕열-여(사위 정재원)로 이어진다.

영조 52년(1776) 병신丙申 15세

2월에 관례冠禮를 행하여 이름은 약용若鏞, 자는 미용美庸, 또 송보頌甫라 하고 무승지武承旨[6] 풍산豊山 홍화보洪和輔의 딸과 결혼하였다. 이때 부친이 다시 출사하므로 따라서 서울에 주거하였다.

정조正祖 원년(1777) 정유丁酉 16세

성호星湖 이익李瀷의 유고遺稿를 비로소 삼가 읽었다[拜讀]. 가을에 부친의 화순和順 임소에 모시고 갔다[陪往].

정조 2년(1778) 무술戊戌 17세

화순현和順縣 동림사東林寺에 가서 독서하였다. 가을에 같은 현 물염정勿染亭[7]과 광주光州 서석산瑞石山[8]을 유람하였다.

정조 3년(1779) 기해己亥 18세

부친의 명으로 서울로 돌아와 공령功令[9] 각체문各體文을 지었다. 겨울에 성균관[太學]의 승보시陞補試[10]에 선발되었다[被抄].

---

6   무과로 출신하여 승지에 이름.
7   현재 전라남도 화순군 이서면 창랑리.
8   광주 무등산의 다른 이름.
9   고려와 조선 시대, 문과 과거 시험에서 사용하는 여러 가지 문체를 이르던 말.
10 성균관 대사성이 사학유생四學儒生을 대상으로 매달 1일과 15일에 부賦 1편, 고시古詩 1편을 시험 보았다. 연말에 점수를 계산하여 10분分 이상인 자를 골라 예조에 보고해서 복시에 응시할 자격을 주었다.

정조 4년(1780) 경자庚子 19세

부친의 예천禮泉 임지에 가서 부친을 뵙고[覲親] 반학정伴鶴亭[11]에서 독서하였다. 이해에 부친이 벼슬을 그만두자 선생도 함께 돌아와 고향집[鄉第]에서 독서하였다.

정조 5년(1781) 신축辛丑 20세

서울에서 과시科詩를 익혔다.

정조 6년(1782) 임인壬寅 21세

비로소 집을 사서 서울에 주거하였다(창동倉洞 체천棣泉).[12]

정조 7년(1783) 계묘癸卯 22세

2월 세자 책봉을 경축하는 증광과감시增廣科監試에 경의經義 초시初試[13] 합격, 4월 회시과會試科에 생원生員 합격. 선정전宣政殿[14]에서 사은례謝恩禮할 때 임금이 얼굴을 들게 하고 연령을 물었다. 9월 12일에 장남 학연學淵이 태어나다. 이해에 회현방會賢坊[15] 재산루在山樓로 이주하였다.

---

11 경상북도 예천군 예천읍 예천초등학교 자리에 있었다.
12 선혜창이 있는 곳이어서 창동이라고 불으며, 그곳에 우물 두 개가 나란히 있어 형제샘이라 했는데 이를 따서 그곳 집 이름을 체천정사棣泉精舍라 불렀다. 체棣는 형과 아우를 상징하는 글자다.
13 생원진사시에서 경의經義 과목으로 초시初試 입격.
14 창덕궁 내 국왕의 편전便殿.
15 현재 서울 중구 회현동 2가 근처.

정조 8년(1784) 갑진甲辰 23세

여름에 《중용강의中庸講義》를 올리자 정조가 견해의 명석함을 크게 칭찬하였다. 여름에 광암曠庵 이벽李檗을 따라서 두미협斗尾峽[16]에 배 타고 내려가서 비로소 서국西國의 학문을 듣고 그 서적을 보았다.

정조 11년(1787) 정미丁未 26세

중희당重熙堂[17]에 입시入侍하였더니 정조가 승지承旨 홍인호洪仁浩로 하여금 병학兵學 일통一通을 추후 하사하고 "너는 장재將材를 겸한 까닭에 특별히 이 책을 내린다[汝兼有將才 故特賜此書]"라는 밀교密敎가 있었다.

정조 13년(1789) 을유己酉 28세

봄에 곧바로 전시에 나아가[直赴殿試] 급제하여 희릉禧陵[18] 직장直長이 되었다. 《희정당대학강록熙政堂[19]大學講錄》 1권을 만들었다. 겨울에 주교舟橋의 역역役이 있어 그 규제規制를 진술陳述하여 일의 성취[事功]를 용이하게 하였다.

정조 14년(1790) 경술庚戌 29세

2월 한림회권翰林會圈[20]에 피선被選하였다. 당시 우의정 채제공蔡濟恭의 주권主圈에 대하여 대간臺諫 하나가 정실 관계로 격식을 위반하였다[循

---

16 한강이 예빈산과 검단산의 좁은 협곡을 빠르게 흐르는 곳.
17 창덕궁 인정전 동쪽의 동궁에 속하는 건물.
18 중종 계비 장경왕후의 능. 경기도 고양시에 있는 서삼릉 가운데 하나다.
19 원문에는 정희당으로 기재하였는데, 희정당의 오류.
20 한림은 예문관의 별칭.

私違式]고 언척言斥하므로 선생은 사직소를 내고 곧바로 물러나[陳疏徑出] 여러 번 왕의 부름[牌召]에 응하지 않았더니 3월에 정조가 엄중하게 교지를 내려[嚴旨] 해미海美에 정배定配시켰다가 10일 만에 용서받고 귀환하였다. 귀로에 온양온천에서 장헌세자가 손수 심은 홰나무[槐樹]에 단을 쌓아 기념하게 하였다. 9월에 사헌부司憲府 지평持平으로 훈련원訓練院 무과 시험[武試]을 감찰하여 먼 지방에서 온 재기才技가 우수한 자를 다수 선출하였다.

정조 15년(1791) 신해辛亥 30세

겨울에 서교西敎 사건으로 호남湖南 권상연權尙然, 윤지충尹持忠의 옥獄[21]이 있고 이기경李基慶, 홍낙안洪樂安, 목만중睦萬中 등의 거짓 참소[構讒]가 있었으나 정조가 밝게 헤아려[明諒] 무사하였다.[22] 《시경강의詩經講義》800여 조를 올려 크게 칭찬과 상[稱賞]을 받았다.

정조 16년(1792) 임자壬子 31세

홍문관弘文館 수찬修撰. 4월 초9일 부친이 진주晉州 임소에서 사망하였다. 겨울에 〈성제城制〉를 조진條進하여[23] 기중가설도起重架設圖, 활차滑車, 고륜鼓輪의 제制를 수원성역水原城役에 응용한 결과, 경비 4만 냥을

---

21 전라도 진산에 살던 진사 윤지충(다산의 외종형)이 1791년 어머니 권씨가 죽자 그의 외종사촌 권상연과 함께 장례를 치렀지만 신주를 불사르고 제사를 지내지 않은 사건. 신해사옥이라고도 한다. 이 때문에 두 사람은 전주감영에 이송되어 참수되었다.

22 이가환, 다산 일파를 사학도로 몰았는데, 정조는 이기경을 무고죄로 유배하고, 반면 물의를 진정시키기 위해 이승훈, 권일신 등을 처벌하였다.

23 본래 이름은 〈城說〉(《여유당전서》 문집 권 10)이며 그 내용은 8조목으로 이루어졌다.

절감하여 정조는 특히 흡족하여 칭찬[嘉獎]하였다.

정조 17년(1793) 계축癸丑 32세

여름에 채제공이 화성華城(수원) 유수留守에서 돌아와 영의정이 되어 다
시 임오壬午 참인讒人²⁴을 소를 통해 논죄[疏論]하니 선생이 홍인호洪仁浩
에게 주론主論의 혐의를 받았다.

정조 18년(1794) 갑인甲寅 33세

7월에 부친의 3년 상을 마친[服闋] 후 성균관 직강直講이 되었다. 10월
에 다시 홍문관 수찬이 된 즉시 내각학사內閣學士 정동준鄭東浚²⁵이 권력
을 탐하고 뇌물을 좋아하는 점[貪權好賄]을 의소擬疏²⁶하고 또 경기京畿
암행어사로서 재신宰臣, 수령 등의 탐오와 범법을 핵주의율劾奏依律²⁷하
였다. (서용보徐龍輔 또한 핵주劾奏에 있었다.)²⁸

정조 19년(1795) 을묘乙卯 34세

정월에 사간원司諫院 사간司諫, 동부승지同副承旨를 역임하였다. 2월에
정조가 대빈大嬪²⁹을 모시고 현륭원顯隆園³⁰에 참알參謁하고 화성부華城

---

24 1762년 사도세자를 모해하던 서인 노론의 벽파를 가리킴.
25 정동준(1753~1795). 1775년(영조 51) 정시 문과에 병과로 급제하였으며, 규장각 대교待敎, 이조 좌랑,
    의정부 사인舍人, 이조 참의, 대사간, 경상도 관찰사를 지냈다. 1795년에는 권유權裕에 의해 탄핵되
    었으며, 이후 음독자살하였다.
26 의소는 작성은 하였지만 올리지 않은 상소를 가리킨다.
27 엄격하게 보고하고 법으로 처리하도록 함.
28 서용보는 당시 경기도 관찰사였는데, 이 같은 핵주 때문에 뒷날 다산을 저해하였다.
29 정조의 어머니 혜빈 홍씨를 가리킴.
30 사도세자(장조 추존)의 묘이며 화성시 태안읍 안녕리에 위치한다.

府에 돌아와서 봉수당奉壽堂[31]에 진연進宴하니 장헌세자와 자궁慈宮[32]의 회갑년인 까닭이다. 선생은 병조참의로서 호종扈從하여 갱화시賡和詩[33]를 지었다. 병조에서 숙직하던 어느 밤에 갑자기 어제御題가 내려오므로 칠언배율七言排律 100운을 새벽 전에 제진製進하여 재명才名과 사조詞藻가 상하를 탄복게 하였다.[34] 이때에 중국 소주蘇州 사람 주문모周文謨가 잠입하여 전교傳教한 것이 발각되자 목만중睦萬中, 박장설朴長卨 등이 선류善類를 함해陷害하고자 하여 사행설四行說,[35] 청몽기설青蒙氣說[36]로써 정헌貞軒 이가환李家煥과 선생의 둘째 형 손암巽庵 정약전丁若銓 등의 사학邪學을 상소하여 공격하였다. 정조는 유지를 내려[下諭] 그 무고함을 변호하였으나 물의[物論]를 막기 위하여 7월에 이가환은 충주 목사로, 선생은 금정金井(홍주洪州) 찰방察訪으로 외출外黜하고 이승훈(선생의 자부姊夫)은 예산현禮山縣에 유배하였다. 이에 선생은 목재木齋 이삼환李森煥 등과 온양溫陽 석암사石巖寺에 모여서 날을 다투어 강론한바 〈서암강학기西巖講學記〉가 있다. 성호의 유고遺稿를 교정하고 〈도산사숙록陶山私淑錄〉33칙을 세웠다.

정조 20년(1796) 병진丙辰 35세

이해에 서울로 돌아와서 병조 참지參知, 우부승지右副承旨가 되었다.

---

31 화성 행궁에 있는 건물.
32 후궁 또는 왕세자빈이 출생한 아들이 왕이 되었을 경우, 생모를 지칭하는 말. 혜경궁 홍씨를 가리킴.
33 왕의 시에 화답하여 지은 시.
34 이때 작성한 것이 '왕길 석오사 일백 운王吉射烏詞一百韻'이었다.
35 서학의 기, 화, 수, 토를 말함. 정약전이 경술년 회시에서 지은 책문의 답변을 5행을 4행으로 했는데, 이가환이 뽑아서 회시의 수석으로 했다고 한다(박석무, 《다산정약용평전》, 민음사, 2014, 69쪽).
36 청몽기青蒙氣는 몽기라고도 했으며, 서양에서 밝힌 대기大氣를 의미하는 말이라고 함.

정조 21년(1797) 정사丁巳 36세

일파의 사학邪學으로 무함함[搆訴]으로 인하여 스스로 허물을 고백하는 상소[自引疏]를 올렸더니 6월 2일에 곡산 부사府使로 폄직貶職되고 "바로 한 번에 진용進用하려 하였으나 의논이 매우 많으니 무슨 까닭인지 모르겠다. 일이 년 늦더라도 무방하니 행하라. 장차 부를 것이니라[正欲一番進用 議論苦多 不知何故 畧遲一二年無妨行 且召之矣]"라는 정조의 직접 유지[親諭]가 있었다. 겨울에 《마과회통痲科會通》 12권이 완성되었다.

정조 22년(1798) 무오戊午 37세

4월에 《사기영선집주史記英選集註》를 올렸다.

정조 23년(1799) 기미己未 38세

곡산 부사 수년에 민정, 재정, 형정 제 방면의 치적이 크게 나타나서 이른바 택국이민澤國利民의 포부가 할계적割鷄的 실현[37]을 보게 되었다. 3월에 호조 참판 가함假啣[38]으로 황주黃州 영위사迎慰使(청나라 사신을 맞이하는)가 되고, 동시에 해서海西 암행이 되어 감사, 수령들의 장부臧否를 탐찰探察하였다. 4월에 병조 참지에 제수[內除]되어 서울에 들어가니 형조 참의가 되어 체결滯決되고 있는 수많은 의옥疑獄에 판결 내림[剖決]이 정명精明하였다. 6월에 임금의 지우知遇[39]가 융중隆重해가매 일파

---

37 '소 잡는 칼로 닭을 잡는다[牛刀割鷄]'라는 말을 활용하여 국가 운용 능력이 있는 다산이 작은 고을 일을 처리했다는 의미로 사용하였다.

38 실권이 없는 직함.

39 남이 자기의 학식·인격·재능을 알고 대접함.

의 구화構禍가 우심尤甚하므로 선생은 상소를 올려[40] 스스로 변명[自明]하고 체직을 요구[乞遞]하였다. 10월에 서얼 조화진趙華鎮이 무고하되 이가환, 정약용 등이 서교를 몰래 믿어[陰主] 불궤不軌[41]를 꾀한다고 하였으나, 정조는 경연신하[筵臣]에게 반시頒示[42]하여 무고한 글[誣書]인 것을 밝혀주었다.

정조 24년(1800) 경신庚申 39세

6월 28일 정조가 승하하니 선생은 눈물을 흘리며 크게 슬퍼하기를 그치지 않았다[慟涕不己]. 목만중, 이기선李基善 등이 작약雀躍[43]하고 서로 기뻐하여 이가환 등에 대한 위언비어危言蜚語를 일삼아 화색禍色이 날로 급하여졌다. 선생은 졸곡 후에 곧 향리에 돌아가서 형제가 모여서[團聚] 경전을 강론하고 노자老子《도덕경道德經》의 "조심스러움이 겨울에 냇물을 건너듯 하는 것 같고 살피는 것은 사방의 이웃을 두려워하는 것처럼[與兮若冬涉川 猶乎若畏四隣]"을 취하여 당호堂號를 여유당與猶堂이라 하니 두려워 조심하는[畏約] 뜻을 보인 것이다. 이해에《문헌비고간오文獻備考刊誤》가 완성되었다.

순조純祖 원년(1801) 신유辛酉 40세

2월 9일에 이른바 책롱冊籠 사건[44]으로 발단된 서학안西學案[45]에 연좌되

---

40 이때 올린 상소가 '형조 참의를 사직하는 상소[辭刑曹參議疏]'다.
41 법이나 도리를 지키지 않음. 여기서는 반역을 꾀함을 의미한다.
42 법령 따위를 세상에 널리 펴서 알림.
43 몹시 기뻐서 날뛰며 좋아함.
44 정약종이 관계 자료를 숨기려고 교리서, 성구聖具, 서찰 등을 책롱(책 상자)에 담아 운반하다가 한성

어 감금되었다. 옥獄에 있던 둘째 형 약전若銓은 신지도薪智島에 유배되고, 셋째 형 약종若鍾은 죽임을 당하였고, 선생은 3월에 장기長鬐에 유배되어 《삼창훈고三倉訓詁》를 고증하고 《기해방례변己亥邦禮辨》, 《이아술爾雅述》 6권을 지었다(이해 겨울 옥에서 잃어버렸다). 여름에 백언시百諺詩를 지었다.[46] 10월에 백서帛書 주범인 황사영黃嗣永이 체포되자 악인 홍희운洪義運(낙안樂安의 개명), 이기경 등이 온갖 계략으로 모함하여 선생 형제가 재차 입옥하였다가, 둘째 형 손암巽庵은 흑산도(나주羅州 서남해西南海 중)에, 선생은 강진에 유배되어 나주 성북城北 율정점栗亭店까지 형제가 함께 왔다. 헤어진 후에 손암은 섬사람의 마음을 크게 얻었을 뿐더러 금망禁網이 조금 풀린 뒤로는 소식[信息]이 상통하고 저술이 있을 때마다 서로 어려운 것을 묻고 칭찬한[問難稱許] 바가 많았다. 선생이 갇혔을 때에 마현馬峴 본집에는 닭과 개가 남지 않았고 정조가 하사한 서적도 모두 흩어져 없어졌다.

순조 2년(1802) 임술壬戌 41세
넷째 아들 농장農牂의 요절 소식을 받았다.

순조 3년(1803) 계해癸亥 42세
봄에 《단궁잠오檀弓箴誤》가, 여름에 《조존고弔尊考》, 겨울에 〈예전상의

부 포교에게 압수당한 사건. 서급書笈 사건이라고도 한다.

45   청나라 말기 기독교에 관한 사건을 교안教案이라고 한 것처럼 서학에 관한 사건이라는 뜻으로 용어를 만들었다.

46   성호가 속담 100구절을 모아서 지은 《백언해百諺解》를 운으로 삼아 지은 시. 뒷날 《이담속찬耳談續纂》으로 수정, 보완되었다.

광禮箋喪儀匡〉이 완성되었다.

순조 4년(1804) 갑자甲子 43세

봄에 《아학편훈의兒學編訓義》(2000문文)가 완성되었다.

순조 5년(1805) 을축乙丑 44세

여름에 《정체전중변正體傳重辨》(일명 《기해방례변》) 3권이 완성되었다. 겨울
에 장남 학연學淵이 찾아오므로 보은산방寶恩山房에서 《주역》과 《예기禮
記》를 가르쳤고 《승암문답僧庵問答》 52칙을 지었다.

순조 7년(1807) 정묘丁卯 46세

5월에 장손 대림大林이 났다. 7월에 형의 아들 학초學樵의 부음을 받았
다. 겨울에 《상례사전喪禮四箋》의 〈상구정喪具訂〉이 완성되었다.

순조 8년(1808) 무진戊辰 47세

봄에 다산茶山에 이거하여 다산의 호가 있게 되었다. 다산서옥茶山書屋
은 강진현 남쪽 만덕사萬德寺 서편의 처사處士 윤단尹慱의 산정山亭이다.
선생은 이주한 후로 대坮를 쌓고 못을 파고 화목花木을 가지런히 심고
[列植] 물을 대서 비류폭飛流瀑을 만들고 동서 두 개의 암자에 1000여 권
을 장치藏置하고 저서로 낙을 삼고 석벽石壁에 정석丁石 두 글자를 각표
刻標[47]하였다. 여러 학생에게 추이효변推移爻變의 학을 가르치고 《다산

---

47   정약용은 《주역》의 용어 '추이推移', '효변爻變', '물상', '호체互體'를 골격으로 하여 《주역사전周易四

문답茶山問答》1권, 〈다산제생증언茶山諸生贈言〉을 지었다.

여름에 가계家誡를 쓰고 겨울에 《제례고정祭禮考定》,《주역심전周易心箋》20권, 《독역요지讀易要旨》18칙을 짓고 《역례비석易例比釋》을 저술하고 《춘추관점春秋官占》을 보주補注하고 《주역전해周易箋解》를 별저別著한 외에 《주역서언周易緒言》12권을 지었다.

순조 9년(1809) 기사己巳 48세

봄에 《상례사전》의 〈상복상喪服商〉이, 가을에 《시경강의책록詩經講義冊錄》이 완성되었다.

순조 10년(1810) 경오庚午 49세

봄에 《시경강의보詩經講義補》,《관례작의冠禮酌儀》,《가례작의嘉禮酌儀》가 완성되었다. 9月에 장남 학연의 명소鳴訴[48]가 있어 사면[恩宥]을 받았으나 홍명주洪命周, 이기경李基慶 등의 저해로 풀려나오지[蒙放] 못하였다.[49] 겨울에 《소학주관小學珠串》이 완성되었다.

순조 11년(1811) 신미辛未 50세

봄에 《아방강역고我邦疆域考》가, 겨울에 《상례사전》의 〈상기별喪期別〉이 완성되었다.

箋》을 썼다. 효변은 양을 음으로 그리고 음을 양으로 해석하는 방법을 가리킴.

48　바라를 치며 상소하는 것. 격쟁擊錚이라고도 한다.

49　《일성록》에 따르면 순조 10년 2월 8일 격쟁이 올라왔으며, 9월 3일 자세한 내용이 나타난다. 순조가 능에 거둥하는 길에 격쟁을 하여 다산의 억울함을 호소하자 고향으로 보내라는 지시를 받았지만 교리 홍명주 등의 반대로 풀려나지 못하였다. 《일성록》 순조 10년 9월 21~24, 28일 참고할 것.

순조 12년(1812) 임신壬申 51세

봄에 막내숙부[季父] 가정稼亭[50]의 부음을 받았다. 봄에 《민보의民堡議》 3권(홍경래의 난에 느낀 바가 있어서), 겨울에 《춘추고징春秋考徵》 12권이 완성 되었다.

순조 13년(1813) 계유癸酉 52세

겨울에 《논어고금주論語古今註》 40권을 완성하였다.

순조 14년(1814) 갑술甲戌 53세

4월에 의금부에서 풀어주어 귀환하게 하려다가 강준흠姜浚欽[51]이 상소 하여 저해되었다. 여름에 《맹자요의孟子要義》 9권, 가을에 《대학공의大 學公議》 3권, 《중용자잠中庸自箴》 3권, 《중용강의보中庸講義補》, 겨울에 《대동수경大東水經》이 완성되었다.

순조 15년(1815) 을해乙亥 54세

봄에 《심경밀험心經密驗》, 《소학지언小學枝言》이 완성되었다.

순조 16년(1816) 병자丙子 55세

봄에 《악서고존樂書孤存》이 완성되었다. 여름 6월 6일에 손암[52]의 부음

---

50 막내숙부 정재진丁載進(1740~1812). 중부仲父 정재운丁載運(1739~1816) 또한 다산의 유배 기간에 세 상을 떠났다.
51 1768~?. 조선 후기의 문신. 본관은 진주, 관직은 승지에까지 이름. 벽파의 일원.
52 둘째 형 정약전. 다산과 함께 유배되어 흑산도에서 지내다 죽음. 《자산어보兹山魚譜》를 남겼다.

을 받았다.

순조 17년(1817) 정축丁丑 56세

가을에 《상의절요喪儀節要》가 완성되었다. 《방례초본邦禮草本(경세유표經
世遺表)》은 비로소 편집 중이었으나 완료하지 못하였다(49권).

순조 18년(1818) 무인戊寅 57세

봄에 《목민심서牧民心書》, 여름에 《국조전례고國朝典禮考》가 완성되었다.
가을 8월에 응교應敎 이태순李泰淳의 상소와 판의금判義禁 김희순金羲淳
이 관문을 보내어[發關] 선생은 유배 18년 만에 비로소 해방되어 9월에
강진을 떠나 14일에 열수洌水 본가(즉 마현)에 돌아왔다.[53]

순조 19년(1819) 을묘乙卯 58세

여름에 《흠흠신서欽欽新書》, 겨울에 《아언각비雅言覺非》가 완성되었다.
가을에 용문산龍門山에서 놀았다. 겨울에 조의朝議가 다시 선생을 등용
하여 경전經田의 임무를 맡기고자 하니[54] 서용보徐龍輔(당시 상부相府에 재임
하고 있던)가 극력 저지하였다.

순조 20년(1820) 신사辛巳 60세

봄에 《사대고례산보事大考例刪補》 26편이 완성되었다. 9월에 만형 약현

---

53 《실록》에 따르면 1818년 여름 부응교 이태순이 상소하고 우의정 남공철이 왕에게 아뢰어 실행되었다.
54 토지와 관련된 업무인 듯. 다산은 《경세유표》를 통해 토지개혁안의 골자로 토지제도를 전담하는 국
    가기구로서 경전사經田司를 설치하려고 하였다.

若鉉의 상을 당하였다.

순조 22년(1822) 임오壬午 61세

묘지명墓誌銘을 자찬自撰하였다. 6월에 신작申綽에게 육향지제六鄉之制
를 답론하였다.

순조 23년(1823) 계미癸未 62세

9월 28일 승지 임명을 결정하였다가 얼마 지나 환수되었다[承旨前望人
點, 小頃還收].

순조 27년(1827) 정해丁亥 66세

익조翼祖 대리代理의 초년으로 선생을 등용할 의향이 보였으나 윤극배
尹克培가 악인의 사주를 받아 상소하여 참무慘誣하였으나 승정원이 봉
달捧達하지 않고 도리어 진계進啓하여 윤극배를 엄히 추문[嚴推]한 결과
그 무고한 실상[誣狀]이 발로發露되었다.

순조 30년(1830) 경인庚寅 69세

5월 5일 부호군副護軍에 단부單付(단망單望으로 추천하는 것)로 탕서蕩敍[55]되
었다. 때마침 익조의 예후睿候[56]가 오래 평복平復하지 못하여 선생은 약
원藥院 의약議藥의 명을 받고 입궐하여 진후診候하였으나 예후는 벌써

---

55 죄를 씻고 다시 관직에 임용함.
56 왕세자의 건강을 가리킴.

거의 대점大漸[57]에 이르렀다. 시약試藥을 달여서 바치기[煎進] 전에 훙거薨去하므로 선생은 발애發哀하고 당일 귀향하였다.

순조 34년(1834) 갑오甲午 73세

봄에 《상서고훈지원록尚書古訓知遠錄》 개수합편改修合編 21권이 완성되었고, 가을에 《매씨서평梅氏書平》 개정이 이루어졌다. 11월에 순조의 환후로 다시 소명을 받고 급히 상경하여 13일 새벽에 흥인문興仁門에 들어서니 벌써 순조의 환후가 크게 위독하여 백관百官이 곡반哭班에 나갔다. 선생은 홍화문弘化門에서 거애擧哀[58]하고 다음 날 귀향하였다.

헌종憲宗 2년(1836) 병신丙申(거금距今 103년 전) 75세

2월 22일 진시辰時에 열상洌上의 정침正寢에서 병졸病卒하니 이날은 선생의 회혼일이었다. 4월 1일 여유당與猶堂의 뒤편인 마현리馬峴里(현 능내리陵內里) 자좌子坐의 언덕에 장사하였다. 순종純宗 융희隆熙 4년(1910) 경술庚戌 7월 18일에 고하여 이르기를 "고 승지 정약용은 문장과 경제가 탁월일세卓越一世라 하여 정헌대부正憲大夫 규장각 제학提學, 시호 문도文度(博學多聞曰文, 制事合義曰度)를 내렸다."

선생 서거 후 103년(1938)에 《여유당전서》가 신조선사에 의하여 간행되었다.

---

57 왕의 병세가 아주 위독함을 가리킴.
58 머리를 풀고 곡을 함.

다산
명호 名號
소고 小攷

I

이상 연보에 말한 바와 같이 선생의 아명兒名은 귀농歸農, 관명冠名은 약용若鏞이나 나중에 서書, 소疏, 시문詩文 모든 방면에 행렬자인 약若은 생략하고 용鏞 자만 사용하였다. 《자찬묘지명自撰墓誌銘》에 "이는 열수 정용의 묘다. 본명은 약용이다[此冽水丁鏞之墓也 本名曰若鏞]"라고 하였다.

열수 정용이라고 항상 썼으므로 얼른 보면 열수는 선생의 관향貫鄕 같지만 그렇지 않다. 선생의 관향은 압해押海이므로 압해 정씨 또는 나주 정씨라고도 한다. 압해는 어디인가 하면 '나주의 폐현廢縣 압해'다. 《여지승람與地勝覽》의 〈나주 고적조古跡條〉에 "압해 폐현은 나주 남쪽 40리니 압壓은 압押이라고도 하고 바다 한가운데 섬이다[壓海廢縣 在州南四十里 壓一作押 本海中島]"라고 하였다.

그러나 열수는 선생 아호의 하나인가 하면, 그렇지도 않다. 선생의 세거지인 마현은 한강의 위인데, 선생은 한강이 열수인 것을 고증하여 거지명居地名으로 썼던 것이다. 선생의 자손까지도 선생의 용례에 의하여 열수 정 모丁某라 하였다. 선생이 손수 작성한[手定] 전집에 《여유당집與猶堂集》,《열수집洌水集》,《사암집俟庵集》등의 제호가 있으니 이것으로 보아서는 열수는 선생의 일종 아호로 볼 수 있다.

다수한 선생의 아호를 열거하면 다음과 같다.

(1) 삼미자三眉子

연보에 말한 바와 같이 삼미자는 유년 시대의 호인데, 오른쪽 눈썹에 마마를 앓았던 흔적으로 인하여 삼미라 호를 짓고 10세 전의 저작을 《삼미자집三眉子集》이라 하였다.

(2) 사암俟庵

《자찬묘지명》벽두에 명자名字를 서술한 다음에 "호는 사암이라 하고, 당호는 여유당이라 한다[號曰俟庵, 堂號曰與猶堂]"라고 하였으니 선생의 여러 호 중의 대표적인 것을 알 수 있다. "군자는 외물을 따르지 않고…… 백 세 후 나를 알아주는 이를 기다려[君子不隨物…… 百世吾可俟]"와 강진 유배 후의 "전적에 온 힘을 다 쏟아 백 세 이후를 기다리고자[竭力典籍內, 以俟百世後]" 등의 시구로서 그 취의를 짐작할 수 있는 것이다.[1] 사俟의 일 자一字는 선생의 생활과 포부와 신념에 대한 역사적 약호約號라 할 수 있지 않은가.

(3) 여유당與猶堂

이른바 당호堂號인데, 선생이 39세 때(정조 24, 경신) 지우知遇가 특별하던

---

1   《중용》29장의 "100세 이후 성인을 기다려도 미혹함이 없다[百世以俟聖人而不惑]"에서 나온 듯하다.

정조가 승하한 후 이해 겨울에 선생은 시화時禍를 미리 피하여 소천장苕川庄에 귀거歸居하여 형제가 서로 모여서 경사 강독으로 낙을 삼고 노자《도덕경》의 "조심함이여 마치 겨울에 내를 건너는 듯하고, 머뭇거림이여 마치 사방 이웃을 두려워하는 듯하여[與兮 若冬涉川 猶乎 若畏四隣]"의 문구를 취하여 여유당이라 편액을 거니[揭扁] 대개 외약畏約의 뜻을 표한 것이다. 《여유당기與猶堂記》가 본 전서 기문記文 중에 있는데, 그 편차篇次가 연대순으로 정리되지 못하여 본 당기가 강진 제편諸篇 뒤에 편입되어 있으므로 혹자는 여유당을 강진 유배에서 풀려나 돌아온 후의 당호라 하나, 이것은 미처 상고하지 못한 말이다.

14년 전 을축년(1925) 홍수에 전가全家가 표류漂流되기까지는 여유당 고택이 여전히 보존되었던 것이다.

(4) 열초洌樵

시를 읊고 주고받는[吟詠唱酬] 문자에 가끔 쓰던 아호다. 즉 열수초부洌水樵夫라는 말이다.

(5) 다산茶山

다산은 연보에 말한 바와 같이 강진현 남쪽 만덕사萬德寺 서편 처사 윤단尹慱의 산정山亭 소재지명이다. 선생은 강진 유배 후 8년째, 즉 순조 8년 무진(1808) 47세 봄에 처사의 후의로 산정으로 이주하게 되었으니 선생의 이른바 다산초암茶山草庵, 다산동암茶山東庵, 다산정사茶山精舍, 다산서각茶山書閣, 다산서옥茶山書屋 등이 모두 이것을 가리킨 것이다. 또는 다산 혹은 다산 선생이라고 자칭하였으니, 다산이 선생의 아호인 것은 실로 우연한 것이 아닐뿐더러 선생의 불후 대업인 허다한 저작 중 중요한 부분은 그 수정, 창작, 기안이 거의 다 다산서옥 11년간의 산물이라 할 수 있지 않겠는가. 다시 말하면 선생의 선생 된 최대 기간은 다산 아호의 기간이므로 다산이 선생의 대표적 아호가 되어버린 것도 또한 정당하지 않겠는가. 사암俟庵이라면 일반이 잘 모르되 다산이라면 누구나 다 알 만큼 되었으니 사암 선생은 천추千秋의 아래서 민중을 좇아 다산 선생으로 영원히 행세할지어다.

선생은 다산 이거 후로 더욱이 차 마시기를 좋아하였다. 〈혜장상인²에게 보내 차를 빌다[寄贈惠藏上人乞茗詩]〉라는 시에 "궁하게 지내면서 장재³가 습관이라 누린내 나는 건 이미 싫어졌다네. (……) 그를 보내주어 병만 낫게 만들면야 물에 빠진 자 건져줌과 뭐가 다르겠는가. 불에 쪄 말리기를 법대로 해야지만 물에 담갔을 때 빛이 해맑다네[窮居習長齋 羶臊志已冷 (……) 檀施苟去疾 奚殊津筏拯 焙晒須如法 浸漬色方瀅]"라고 하였고 또 "옛날 여가⁴는 대를 몹시 탐하더니 지금 탁옹⁵은 차를 그리 즐긴다네. 더구나 그대 사는 곳 다산이기에 그 산에 널린 것 자색 순 아니던가. (……) 이웃 사방에 병든 자가 많은데 찾아오면 무엇으로 구제할 것인가. 믿노라 푸른 시내 위 달이 구름 헤치고 맑은 얼굴 내밀 것을[與可昔饞竹 籜翁今饕茗 況爾棲茶山 漫山紫筍挺 (……) 四隣多霍瘭 有乞將何拯 唯應碧澗月 竟吐雲中瀅]"⁶이라 하였으니, 이것을 보면 선생이 차에 대한 수요가

---

2   상인은 승려를 높여서 이르는 말.
3   불가에서 한낮이 넘도록 굶는 것을 재齋라 하고, 그것을 반복하는 것을 장재라고 함.
4   여가與可는 중국 송나라 문동文同의 자. 대나무를 잘 그렸다고 함.
5   다산의 호 가운데 하나.
6   이 시는 〈장이 나를 위해 차를 만들어놓고, 마침 그 문도인 색성이 내게 차를 주자 마침내 그만두고

얼마나 긴절緊切하였는지를 넉넉히 짐작할 수 있지 않는가. 색성[7]이 차를 보낸[贐性奇茶] 것에 대한 감사 시에는 "혜장의 많은 제자들 중에 색성이 가장 기걸하다네. 화엄 교리를 이미 터득하고 두보의 시까지 배운다네. 좋은 차도 꽤나 잘 만들어서 진중하게 외로운 나그네 위로했다네[藏公衆弟子 賾也最稱奇 已了華嚴敎 兼治杜甫詩 草魁頗善焙 珍重慰孤羈]"라 하였으니 선생의 다벽茶癖도 상당히 집착했던 것을 알 수 있지 않는가.

선생은 다벽에 깊고 다도에 통할뿐더러 차의 종류 및 그 명칭에 대하여도 전문가적 연구를 하였던 것이다.《아언각비雅言覺非》〈다항茶項〉에 이렇게 말하였다.

"차茶란 동청冬靑의 나무다. 육우陸羽[8]의《다경茶經》에 '1왈차一曰茶, 2왈가二曰檟, 3왈설三曰蔎, 4왈명四曰茗, 5왈천五曰荈'이니 본래 차나무의 이름이요 음청飮淸의 호는 아니다(《주례周禮》에는 육음六飮 육청六淸이 있다[9]). 동인東人은 다茶 자字를 탕湯, 환丸, 고膏, 음飮의 류類와 마찬가지로 인식하여 약물을 단순하게 달인[單煮] 것은 도모지[10] 차라 하야 생강차[薑茶], 귤피차橘皮茶, 모과차木瓜茶, 상지차桑枝茶, 송절차松節茶, 오과차五果茶라는 항언恒言이 있게 되었으나, 중국에는 이러한 법이 없는 듯하다. 이형李泂[11] 시詩의 '나무가 우거진 골짝으로 은자 부르기를 기약하고, 시를

주지 않았다. 그래서 원망하는 글을 보내, 줄 것을 요구하였다[藏旣爲余製茶, 適其徒賾性有贈, 遂止不 予, 聊致怨詞, 以微辛惠])라는 별도의 시다.

7 색성(1777~?)의 성은 임任, 법호는 수룡袖龍. 전라남도 해남 출신으로 해남 두륜산 대둔사大芚寺로 출가하여 모윤慕閏의 제자가 되었고 유서儒書와 불경을 익혔다. 뒤에 혜장惠藏을 스승으로 삼아《주역》을 배웠으며, 선교의 정종正宗인 정법안장正法眼藏을 전수받았다.

8 육우(?~804)는 중국 당나라 때의 학자. 자는 홍점鴻漸.《다경茶經》을 저술하였으며 다도의 시조로 일컬어진다.

9 《주례》권4〈선부膳夫〉에 나오는 표현이다.

10 일반적으로 '아무리 해도'의 뜻인데, 여기서는 '모두, 다'의 뜻으로 쓴 듯하다.

읊으며 잣차를 달인다[樹谷期招隱, 吟詩煮柏茶]'와 송시宋詩의 '한 잔 창포차요, 몇 개의 사탕떡이다[一蓋¹²菖蒲茶, 數箇沙糖粽]'와 육유陸游¹³의 '차가운 샘물을 스스로 창포물로 바꾸고 불을 피우고 한가로이 감람차를 달인다[寒泉自換菖蒲水, 活火閒煮橄欖茶]'는 모두 다정茶鋌¹⁴ 중에다가 잣잎[柏葉], 창포菖蒲, 감람橄欖을 섞어서 쓰는 고로 이러한 명칭이 있는 것으로 단순히 다른 것을 달이는 것[單煮別物]을 차라고 함부로 이름붙인[冒名] 것은 아니다(동파東坡 시詩에 대야장로大冶長老에게 도화차桃花茶를 걸구乞求한 시가 있으니, 역시 차나무의 별명이요 도화桃花를 차로 별명한 것은 아니다)."

> 幽棲不定逐煙霞　사는 곳 일정치 않게 안개와 노을 따라다니는 몸
> 況乃茶山滿谷茶　더구나 이 다산이야 골짝마다 차 아닌가
> 天遠汀洲時有帆　하늘 멀리 물가 섬엔 수시로 돛이 뜨고
> 春深院落自多花　봄이 깊은 울안에는 여기저기 꽃이로세¹⁵

위의 시 1절은 선생의 다산에서 차를 읊은[茶山詠茶] 첫소리였다. 때는 언제냐 하면 순조 8년 무진(47세) 3월 16일 강진읍에서 다산서옥으로 이주한 직후였다. 이 시를 보더라도 지명 다산은 이름과 같이 차나무가 많았던 것이려니와 다산의 다茶는 그저 차, 즉 음용 차만이 아니

11　본관은 덕수德水. 영의정 이기李芑의 손자, 이원정李元禎의 아들, 이안눌李安訥의 아버지.

12　원문에는 일잔一盞이 육유 시의 앞 구절에 잘못 붙어 있다.

13　육유(1125~1210)는 남송의 시인. 산음성 소흥 출신. 중국 역사상 최다작 시인이며, 시집 《검남시고劍南詩稿》 85권이 있다.

14　다구 중 하나. 차 냄비.

15　제목은 〈3월 16일 윤문거尹文擧 노규魯奎의 다산서옥에서 노닐며〉. 윤노규는 윤단의 아들이다.

고 산다山茶가 다산의 대부분을 이루었던 것도 사실인 듯하다. 어찌 그런가 하면 《아언각비》〈산다항山茶項〉에 "내가 강진 다산 가운데 있었을 때 산다를 많이 재배하였다[余在康津, 於茶山之中, 多栽山茶]"라 하였으니 이것을 보아 더욱이 알 수 있지 않은가.

茈蕿些些放白花	자초는 잗다랗게 하얀 꽃을 피워내고
墻頭虎掌始舒芽	담장 머리 호장은 이제 막 싹이 트고
山家種藥無多品	산에 살며 여러 종류 약을 심지 않은 것은
爲有山中萬樹茶	산속에는 일만 그루 차가 있기 때문이라네

***

油茶接葉翠成林	차나무가 밀집하여 푸른 숲을 이뤘는데
犀甲稜中鶴頂深	물소 껍질 모난 것처럼 학의 머리도 깊어진다네
只爲春風花滿眼	봄바람에 곳곳마다 꽃만을 피우기 위해
任他開落小庭陰	그것들은 뜰 한쪽에서 피거나 지거나라네

이상 두 수는 다 선생의 〈다산화사茶山花史 20수首〉 중의 것인데, 전자는 음용다수飮用茶樹를 가르친 것이고 후자는 산다수山茶樹를 가르친 것이 분명하지 않은가.[16]

그러면 산다山茶란 어떤 것인가. 선생의 고증에 의하면 산다는 우리말의 동백冬栢인데 봄에 번영하는 것은 춘백春栢이란 것이다. 《한청문감漢淸文鑑》[17]에는 산다를 강동岡桐이라 하였다.

---

16 전자는 열여섯 번째, 후자는 여섯 번째 시다.

산다는 원래 남방의 가목嘉木이다.《유양잡조酉陽雜組》[18]에는 "산다 수의 높은 것은 한 길 남짓[丈餘]이나 되고, 꽃은 크기가 1촌가량, 빛은 비색緋色이라" 하였고, 《본초本草》에는 "산다가 남방 소산으로서 잎은 차와 거의 같되, 두껍고 단단하고[厚硬] 모[稜]가 있고, 깊은 겨울[深冬]에 꽃이 핀다" 하였으니 소동파蘇東坡 시의 "흐드러진 붉음이 불같고 눈 속에 핀다[爛紅如火雪中開]"와 "잎은 두껍고 모가 있어 물소 뿔처럼 단단 하고, 꽃 속의 작은 모습은 학의 머리처럼 붉었구나[葉厚有稜犀角健, 花深 小態鶴頭丹]"는 모두 산다를 모사한 것이다. 동파의 말과 같이 꽃의 품격 [花品]이 태態는 적으나, 잎은 동청冬靑(겨울에 푸름)이요, 꽃도 동영冬榮(겨 울에 번성)이요, 열매는 판瓣이 많고 서로 접합된 것이 빈랑나무[檳榔]와 거의 비슷[畧似]한데, 그것으로 기름을 짜서 부인네의 머리 염색하는 원 료[塗髮料]로 귀중하게 사용된다. 봄에 피는 춘백도 역시 동백이라고 통 칭한다.

선생은 차를 좋아한 것만큼 산다화를 좋아하여 여러 번 음영吟詠에 나타낸 것이 어찌 우연한 일이랴. 다산은 산다의 뒤집은 것[倒看]이니 산다화와 다산 선생은 떨어질 수 없는[不卽不離] 기연이 있었던 것이다.

(6) 죽옹竹翁, 탁옹籜翁, 균옹筠翁

다산서옥 이주의 전년 정묘 5월 1일에 선생은 강진읍 거소에서 담장 내 [牆內] 채소밭 몇 길의 땅[菜圃數丈地]을 할애하여 손수 대를 심고 종죽시

---

17   1779년 학자 이담李湛, 역관 김진하金振夏 등이 편찬한 한어-만주어 사전.
18   중국 당나라 때의 단성식段成式(803~863)이 엮은 이야기책.

種竹詩를 지었으니 죽옹, 탁옹, 균옹 등의 호는 이때부터 있게 된 것이 아닌가 한다.

淺雪陰岡石氣淸　눈 덮인 응달에 바위는 멀쩡하고
穹柯隆葉有新聲　높은 가지에 잎 지느라 새삼스러운 소리 날 때
猶殘一塢蒼筤竹　한 언덕에 남아 있는 어린 대나무가
留作書樓歲暮情　서루의 세밑 풍경을 지켜주고 서 있다네

이것은 〈다산팔경사茶山八景詞〉 중의 하나다.[19] 선생은 다산 이주 후에도 애죽愛竹의 고취高趣는 한결같았던 것이다. 어느 때 윤씨 산장山莊[20]에서 대를 보고 "주작산 속에 있는 백 길 되는 폭포수, 어찌 정원 안에 일만 그루 대나무에 댈 것인가. (……) 그대 집 대를 심어 울타리를 삼았기에 작은 바다 회오리바람 불어도 닿지 않고 내가 와서 그대들 두어 사람들과 마음 놓고 마주 앉아 술과 고기 즐기네그려[朱雀山中百丈瀑, 何如園裏萬竿竹 (……) 君家種竹爲藩籬, 裨海狂飆吹不觸. 使我與君三兩人, 安然對坐甘酒肉]"라고 하였으니, 선생은 죽림竹林 일단一段을 백 척 폭포 이상으로 평가하지 않았는가. 풍상을 무릅쓰고 빛과 절개가 가시지 않는 죽림을 "거친 바다의 미친 듯한 폭풍[荒海狂飆]"에 대한 간성干城처럼 여겼으니, 거센 세파에 자기의 소집素執이 변하지 않는 굳센 심회를 저 죽군竹君에게 탁의托意한 것이다. 이 칭호들 중 선생의 만절晩節을 상징한 것이다.

19　말미에 "한 언덕의 대나무가 푸른 것[一塢竹翠]"이라고 설명을 달았다.
20　월하정의 개보皆甫 윤서유의 장원(조석루)에서 노닐었던 다산 정약용이 쓴 시로, 제목은 〈유윤씨산장游尹氏山莊〉이다.

(7) 철마산초鐵馬山樵

선생의 고리故里에 철마산鐵馬山이 있는데, 향리 마현도 역시 여기서 나온 이름이다. 철마산초는 즉 철마산 초부樵夫란 것이다. 《아언각비》 서문 끝에 "기묘년 겨울 철마산초 서書"라 하였으니 기묘는 즉 다산에서 해배解配되어 마현으로 돌아온 다음 해이니 선생의 58세 때였다.

(8) 자하산방紫霞山房

이는 선생이 〈해동선교고海東禪敎考〉에 쓴 일종의 아호다. 〈해동선교고〉는 선생이 강진에 있을 때에 명승名僧 초의草衣(의순意恂)의 청에 의하여 기술한 것인데, 이번 간행된 《여유당전서》 중에는 들지 않았다.[21]

---

21   그 밖에도 문암일인門巖逸人, 태수苔叟, 사의재四宜齋 등의 호를 사용하였다.

선생의

거지 居地

소고

I

(1) 마현馬峴

선생의 고리故里인 마현(마재)은 위에 말한 바와 같이 동리의 뒷산인 철마산에서 연기緣起된 것이거니와 철마의 호칭은 또한 무엇에서 연기된 것인가. 여기에는 재미있는 이야기가 있다. "소천苕川의 북, 유산酉山의 서편에 철로 만든 말 한 마리가 산등성이[山脊]에 놓여 있었으니 크기가 조그마한 쥐와 같았다. 전언에 의하면 옛날 임진란에 풍수를 잘 아는 일본인이 있어 이곳의 산천이 너무 수려한 것을 시기하여 철마를 만들어 산마루턱에 세워두어 지기地氣를 누르고 갔다"라는 것이다. 선생 당시에도 이민里民들은 질역과 요사夭死가 있으면 콩[菽]과 보리[麥]를 삶아 가지고 철마에 삼가 제사하였던 것이다. 선생은 이에 대하여 사리의 만부당한 참설讖說인 것을 변문辨文을 지어 논파論破하였다.

〈철마변鐵馬辨〉이 문집 중에 있는데, 그 요지는 이러하다. "철마제鐵馬祭는 유래된 바가 오랜 것이고 결코 야설野說과 같이 왜인이 만들어 둔 것은 아니다. 왜인이 한 것이면 그것은 비술秘術인데 어찌 거민居民

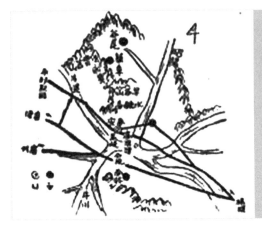

마현 주변. 본래 신문 연재 때 수록된 지도인데, 〈동여도〉를 이용한 것으로 보인다.

에게 알렸을 것인가. 만일 거민이 자기들에게 불리한 '기운을 억누르는 물건[壓氣物]'인 줄 알았으면 단 주먹에 부숴서 식칼[食刀]을 만들었을 것이지 어찌 도리어 그것을 신神으로 섬기어 복을 빌 것인가?" 하였다.

압기설壓氣說은 진시황이 검을 묻어 동방의 천자기天子氣를 눌렀다는 등 한인漢人의 미술迷術에서 발단하여 조선 중고시대에 풍수가들이 많이 써먹었던 것이므로 역내 도처에 이런 풍설이 돌아다녔던 것이니 괴론掛論의 가치가 물론 없는 것이다.

그러나 선생의 말과 같이 철마제속鐵馬祭俗은 단순한 음사陰祀가 아닌 것을 말하고자 한다. 철마숭사鐵馬崇祀는 상고 기마족이 군마軍馬를 소중히 여기는 현실적 생활의 관념에서 발원한 것이다. 그래서 마신馬神을 군신軍神, 즉 일종의 수호신으로 높이던 유속遺俗일 것이다. 성황신城隍神은 조선 사람에게 있어서 촌락, 성읍의 유일한 수호신으로 아는 동시에 성황신이 말이란 것은 조선 각처에 골고루 퍼져 있는 민간신앙이다. 일례를 들면 음사陰祀만치 예부터 유명한 영동嶺東 삼척

三陟의 읍성황사邑城隍祠에는 역시 쥐만 한 철마 여러 개가 신탁神卓 위에 놓여 있는 것을 필자도 최근에 목도한 바다. 이런 것을 보아서 마현의 철마도 또한 예외 없이 고대 군마신앙의 유속임에 틀림없고 한인의 마조신馬祖神(시양마자始養馬者) 숭사와는 그 취의趣意가 근본적으로 다른 것이다.

(2) 소천苕川

소천은 방언에 '소내'이니 '소내장터(市)'가 곧 그곳이다. 그러나 《여지승람》에는 소천小川이라 하였고 고산자古山子의 〈대동여지도大東輿地圖〉에는 우천牛川이라 하였으되 소천苕川이라고 쓴 데는 없으니 이것은 아마 선생이 스스로 한토초계漢土苕溪(절강성浙江省)를 취음取音하여 소내를 소천苕川이라 한 동시에 장지화張志和의 "물 위에 둥실 뜬 집을 지어 초계 삽계 사이 오가는 게 원이라네[浮家泛宅, 往來苕霅之間]"[1]의 은취隱趣를 우의寓意한 것이 아니었던가. 또 소천을 바로 소계苕溪라고도 하여 열수와 같이 거지명居地名으로 써서 소계정용苕溪丁鏞, 소계산인苕溪散人이라 자칭하였다.

소천(우천)은 〈여지도輿地圖〉에 표시한 것과 마찬가지로 마현 고택의 문전을 횡과橫過하는 한강이 아니다. 이것은 광주廣州 경안景安 고역古驛 방면에서 북향해 오는 한강의 지류로서 마현 앞에 와서 한강에 합류하는 고로 선생은 한강인 열수와 함께 우천인 소계를 거지명으로 병용하였던 것이다.

---

1   《당서唐書》〈장지화전張志和傳〉에 실려 있다.

선생의 고거故居 소천은 과연 산천이 수려하기가 한강 연안에 있어서 월계月溪, 천양天陽 등의 명구名區를 능가할 만한 곳이다. 소천이 마현에서 합류할 뿐 아니라 단양丹陽 · 충주忠州 · 여주驪州 · 양근楊根으로 쫓아오는 남한강, 즉 선생의 이른바 습수濕水와 회양淮陽 · 금성金城 · 춘천春川 · 가평加平을 지나오는 북한강, 즉 선생의 이른바 산수汕水도 또한 마현의 앞 쪽자섬(藍子洲, 簇子島)에서 합류되니 마현은 삼강三江 합세의 절승처다.

忽已到鄉里	어느덧 나의 고향에 돌아왔다
門前春水流	봄 강은 문턱을 스쳐 흐른다
欣然臨藥塢	약초 심은 언덕을 반가이 보살피며
依舊見漁舟	고기잡이배는 기다린 듯 떠 있네
花煖林廬靜	고요한 초당에 꽃기운 후덥고
松垂野徑幽	그윽한 들길에 소나무 우거졌네
南遊數千里	수천 리 타향을 골고루 돌았건만
何處得玆丘	이같이 좋은 곳을 어데서 보오리

이것은 선생의 소년시절에 남유南遊하고 소천 고거에 돌아와 지은 것인데,[2] 고거의 낙토절승樂土絶勝은 후인으로 하여금 일폭의 그림을 보는 듯한 감이 있지 않은가.

산수汕水와 습수濕水를 합하여 방기십리邦畿十里의 긍대적矜帶的[3] 형승을 이룬 열수(한강)는 선생의 이른바 '내 집 문 앞을 흐르는 물[吾家門前水]'이므로 선생은 소싯적부터 경향京鄕(상거相距 70리) 왕래를 가끔 이 강의 배로 하였던 것이 문집 중 시편에서도 자주 발견된다.

봄에 막내숙부를 모시고 배를 타고 한양에 가면서[春日陪季父 乘舟赴漢陽]

旭日山晴遠	아침 햇살 받은 산 맑고도 멀고
春風水動搖	봄바람이 스친 물 일렁거리네
岸廻初轉柂	도는 기슭 만나자 키를 돌린 뒤
湍駛不鳴橈	여울 빨라 노 소리 울리지 않아
淺碧浮莎葉	옅푸른 풀 그림자 물위에 뜨고
微黃着柳條	노오란 버들가지 하늘거린다
漸看京闕近	차츰차츰 서울이 가까워지니
三角鬱岌嶢	울창한 삼각산이 높이 솟았네

15세에 지은 시[4]이니 나이에 비하여 대단히 평온하고 조숙[淸穩早熟]하였거니와 이번 길은 부인 홍씨와 백 년의 가약을 맺기 위하여 서울로 장가가는 길이라 춘풍에 동요하는 한 조각배는 장래 대학자인 선생의 인생의 봄에 대한 꽃다운 꿈을 가득히 실었을 것이다.

그리고 지도에 그린[圖示] 바와 같이 집 뒤편 멀지 않은 곳 약 20리

---

3 띠처럼 이루어졌다는 뜻으로 보이는데 잘 알 수 없다.
4 막내숙부 정재진과 함께 서울에 갈 때(1776년 2월 15일) 배에서 지은 시다. 다산은 2월 22일 혼례를 치렀다.

에 있는 운길산雲吉山의 수종사水鍾寺는 신라의 고찰인데, 선생이 소싯적에 항상 놀고 독서하던 곳이다. 문전수門前水의 두미斗迷(두모포豆毛浦 두뭇개)는 선생이 23세 시에 서학西學 선각자인 광암曠庵 이벽李檗을 좇아 서학을 연구하던 강협승지江峽勝地다. 선생의 주거는 오직 산수의 절경으로써 울타리를 삼고 있지 않았는가.

선생은 이렇게 산수향山水鄉에서 생장하니만큼 산수의 벽癖이 본래 깊었거니와 더구나 중년에는 속절없이 환파宦波에 한없는 번뇌를 느꼈고 만년에는 하늘 끝에 떠도는[天涯流落] 축신逐臣으로서 천고千古의 근심 나라의 걱정에 머리가 세었으니 고향 산의 산수는 항상 선생의 청몽淸夢을 자아냈던 것이다. 선생은 강진 유배에서 풀려난 후 귀향해 있을 때에 독서와 편술編述의 여가이면 산수, 습수 양 강을 거슬러 올라가고 용문산龍門山, 청평산淸平山 등지에 거닐며 즐기기[逍遙自樂]를 마지않았던 것이다.

《산행일기汕行日記》에 의하면 회갑 이듬해 계미 여름에 선생은 고깃배[漁艇] 큰 것 하나를 구하여 선상에 가옥假屋을 장치하고 손수 쓰기를[手書] 그 배꼬리[梢]에는 '산수녹재山水綠齋'라, 좌우 기둥에는 '장지화가 초삽에 노닌 취미, 예원진이 호묘에 노닌 정취[張志和苕雪之趣, 倪元鎭湖泖之情5]'라 제액題額하고 큰아들[允子] 학연學淵의 배에는 신작申綽의 예서隸書로서 '황효와 녹효 사이에서 노닌다[游於黃驍綠驍之間]'와 '물

---

5   원문에는 호묘湖泖를 호상湖湘으로 오기. 장지화는 당나라 때 은사隱士. 초삽은 초계苕溪와 삽계霅溪를 가리킴. 그는 태호太湖와 오흥吳興의 초계와 삽계를 오가며 고기잡이하며 은거하였다. 예원진倪元鎭은 원나라 때의 뛰어난 문인화가인 예찬倪瓚을 이름.

에 뜬 집, 물위에서 자고 바람을 먹는다[浮家汎宅 水宿風餐]'[6]를 역시 배꼬리와 기둥에 제액하고 그다음에는 병풍[屛], 휘장[帷], 침구[氈褥], 붓, 벼루, 서적[籍] 등속과 약탕관[藥爐], 다관茶罐, 밥솥[飯鉎], 국솥[羹鐺] 등 물건을 전부 갖추고 화공畵工 하나로 하여금 단연丹鉛과 담채澹采의 화구畵具를 갖고 '물이 다하고 구름이 일어나는 곳[水窮雲起之地]'과 '버들 그늘이 깊고 꽃이 활짝 핀 마을[柳暗花明之村]'에 이르는 때마다 배를 머무르고 승경을 가려서 표제작화票題作畵하니, 예를 들면 '사라담에서 바라본 수종사[沙羅潭望水鍾寺]', '고랑도에서 바라본 용문산[皐狼(=高浪)渡望龍門山]' 등이다. 선생의 이 계획을 듣고 각처 풍류 인사들이 많이 와서 배를 같이하였다. 이 얼마나 운치 있고 신선한 행색이었던가!

그래서 선생의 일행은 집 근처인 남자주藍子洲에서 발선發船하여 산수汕水의 공달담孔達潭에서 점심點心하고 황공탄惶恐灘[7]을 지나 호후판虎吼阪에 이르러 숙박하였다. 호후판은 '세 집이 사는 촌[三家村]'인데, 두 집[兩家]은 마침 닭싸움으로 상투를 잡아 나누고 가슴을 차면서 호랑이 엉패를 치고 있으되[8] 남은 한 집은 문을 닫고 있는지라. 일행은 그 집에 가서 문을 두드리고 하룻밤 자기를 빌었다. 그래서 자게는 되었으나 주인마누라는 새밭[畬田]에 불 지르기 위해 산에 올라갔다가 그루터기에 발을 찔려 가지고 아파서 밤새도록 아우성을 치는 판에 일행은 잠을 한숨도 못하였다. 산수의 낙樂에 맨주[9]가 된 선생일지라도 세상은

---

6 원문에는 "浮家泛宅 風餐水宿"라고 기재되어 있는데, 범泛을 범汎으로 고치고 수숙풍찬으로 순서를 바꾸었다.
7 충청북도 제천시 한수면 서창리에 있는 여울.
8 《산행일기》에는 "호랑이처럼 고함지른다[其吼如虎]"라고 되어 있다.
9 무슨 뜻인지 알 수 없다.

고경苦境이란 탄식을 연발하지 않을 수 없었던 것이다.

　이는 《산행일기》 일부분에 불과한 것이니 귀중한 지면에 장황하게 인록引錄할 필요가 없겠지마는 필자는 선뜻이 느낀 바 있다. 이 부분은 선생의 일생 역정과 당시 사회적 광경이 우연히, 그러나 핍진逼眞하게도 은유적으로 묘사되어 있지 않는가!

　　태어난 님의 나라
　　산고수려山高秀麗 하옵시다
　　수진운기水盡雲起 좋을세라
　　유암화명柳暗花明 그 어딘가
　　세로世路는 뱃길 같아라
　　님이래[10] 아니 갈손가

　　산수습수汕水濕水 모아 흘러
　　열수강洌水江 구비치네
　　용문산龍門山 바라보고
　　청평산淸平山 몰아들고
　　그곳이 갈 곳이라면
　　남의 배를 저어리라

　　인의仁義라 돛을 달고

10　'님이라고'의 뜻.

절개節介라 돛대 세고[11]

학문學問이라 닻줄 삼꼬

경륜經綸이라 키를 잡고

남자주藍子洲 맑은 새벽에

어기야 소리쳤네

수종사水鍾寺 종소리는

손의 배에 들건만

고랑진高浪津 찬 물결은

원수라 거세구나

황공탄惶恐灘 오르고 보니

두려워라 세상일네[12]

호후판虎吼阪 삼가촌三家村에

저물다 배 대었네

세 집에 두 집이라

할 일이 싸움인가

애숙다[13] 새밭사리 저 댁은

손발에 피 나누나

---

11 '세우고'의 뜻.
12 '세상일세'의 뜻.
13 '얄궂다'의 강원도 사투리.

두 집은 양반이오

한 집은 백성일네

양반은 싸움인가!

백성은 울음인가!

울음이 밤을 사무치나니

님이여 잠드시리까

그 언젠가 필자가 16세 되던 봄이었다.[14] 나의 조부를 모시고 나의 중세中世의 고향[15]이고 우리 흙[16]의 수도인 서울을 구경할 양으로 울진蔚珍 향리에서 도보로 출발하여 십이령十二嶺을 넘고 죽령竹嶺을 넘고 단양丹陽부터서는 남한강, 즉 선생의 이른바 습수를 따라 4~5일 만에 광주廣州에 들어서 마현의 건너편 소내장터 어느 주막에서 하룻밤을 지냈다. 그러나 그때는 마현이 무엇인지 또는 마현이 어디 있는 것까지도 몰랐던 것이다. 그리고 그곳에서 이웃 고을 양주楊州 협중峽中에 계신 선영先塋[17]을 참배하기 위하여 여태까지 옆에 끼고 오던 한강은 그것을 서천西天에 내어버려 서울을 먼저 가게 하고 나룻배로써 북안北岸에 올라 어떤 한 동네 가운데로 지나게 되었다.

수십 호의 촌락에 기와집[瓦家]이 경성드뭇[18]하고 당우堂宇는 청초

---

14   최익한이 1897년생이므로 1912년쯤으로 볼 수 있다.
15   최익한의 집안은 증조부 정민廷民이 1855년 서울에서 솔가하여 울진으로 내려왔다. 따라서 이전에는 서울이 고향이라는 뜻이다.
16   '우리 땅'의 뜻으로 쓴 듯하다.
17   최익한의 고조부(기棋)의 선영을 가리킨다. 선영은 당시 양주군 진접면(현재 남양주시 수동읍)에 있었다(후손 증언).
18   많은 수효가 듬성듬성 흩어져 있는 모양.

하고 담장은 소쇄瀟灑하고 옥상옥하屋上屋下에 움직이고 있는 강광산색江光山色은 마치 거울 속을 들여다보는 것 같았다. 나는 바쁜 행각을 잠깐 멈추고 마음으로 강거江居의 절승絶勝을 부러워하여 속말로 "얌전한 동네로군!" 하였다. 이것이 어떤 동네인지를 조부에게 물은즉, 그도 투철히 알지 못한 어조로 "무어 마재 정씨촌丁氏村이라지" 하실 뿐이었다. 나도 어찌 그랬는지 그 이상 더 추궁해 묻지 못하였다. 그때는 그것이 선생의 고리故里인 마현인 것을 통 모르고 무심히도 지나버렸던 것이다!

그뿐이랴, 지금부터 19년 전 나의 23세의 일이었다. 나는 무슨 소관이 있어 원주原州를 갔다가 마침 큰비 끝에 경성통로京城通路의 교량이 많이 파손되어 자동차가 불통하므로 문막강文幕江[19]에서 상선商船 하나를 개평 들어 타고 충주忠州 서창西倉에 와서 남한강의 본류에 들어서니 다시 불어난 강물에 "물은 넘실대고 배는 달리는구나[水盛舟駛]!"라는 문자 그대로였다. 여주에서 하룻밤을 봉창蓬窓[20]에서 지내고 나는 약주 한 병을 사서 실었다. 배는 쏜살같이 다시 달아난다. 배 안의 일행은 청풍일석淸風一席 아래에서 한잔 두잔 먹기 시작하면서 좌우 연안에 우거진 풍경을 손가락질하고 글로 읊기도 하였다. 반나절이 채 되자마자 배는 벌써 마현의 소내장터에 다다랐다. '소내장터' 하니 이것은 8년 전의 기억이 분명하지만, 맞은편 기슭[對岸] 아주 가까운 거리[咫尺地]에 있는 '마재'는 이번 두 번째 지나되 역시 선생 고향인 마재인 줄은 전연

---

19 남한강의 지류. 강원도 원주 부근.
20 배의 창문. 곧 배 안에서 하룻밤을 지냈다는 뜻.

몰랐다. 조부가 일러주신 '마재 정씨촌' 다섯 글자에 '마재' 두 자는 8년이란 시간이 벌써 가져갔고 '정씨촌' 석 자는 머릿속에 떠돌다가 때마침 강원도 협중峽中에서 북한강 입구로 내려 밀리는 굉장한 뗏목 구경에 눈이 쏘였던 것이다. 사공은 무슨 눈치를 차리고 젓던 노를 급작이 놓고 앉았노라니 맞은편 기슭 주점酒店의 미녀들은 일인일선一人一船으로 각기 쪽배에다가 술상을 싣고 군도軍刀만 한 짧은 노[短櫓]를 번개같이 저으면서 우리 배우리에 바짝 다가붙어서 걸줄로 두 배를 걸어 매고 소내장 특색인 권주가를 부르는 판에 정신이 빼앗겼던 것이다. 그러고 나니 일편단정一片短艇에 어구를 가득이 싣고 우리 배를 스쳐가는 어옹漁翁 하나는 보기에 하도 유한悠閑하므로 부러운 마음에 글 한 수 지어 읊었던 것이다.

이러는 동안에 정씨촌은 그만 문제 밖으로 보냈던 것이다.

이제 당시 기행 옛 원고舊稿를 들추어보면

배를 타고 소내 저자로 내려가다[舟下牛川市]

峽江驅漲浪花愁　협곡의 강이 파도를 몰아 물보라 근심스러운데

柔櫓人閒片帆秋　가벼운 노에 사람은 한가하니 작은 돛배는 가을이네

未了驪陽一壺酒　아직 여양의 한 동이 술도 마시지 못했거늘

靑山爭報廣山州(廣州舊號)　푸른 산은 다투어 광주 고을임을 알려주네

소내강 위에서 어부에게 주다[牛川江上贈漁翁]

菱市顚汀到處幽　능시 전정 가는 곳마다 그윽해서

漁翁身世泛淸秋　어부 신세 맑은 가을에 떠가네

鬢華不是人間色　귀밑머리 밝은 것이 인간의 색이 아닐러니

濯盡緇塵似白鷗　검은 티끌 모두 씻어내어 마치 흰 갈매기 같도다

　이런 시뿐이고 강상지척지江上咫尺地인 선생 고거에는 터럭 끝만치
도 언급된 것이 없었다. 청강淸江에 둥실둥실 떠 있는 어옹의 신세는 부
러워하면서도 대학자요 대사상가 다산 선생의 고거유풍故居遺風은 이
것을 눈앞에 두고도 찾아볼 줄을 몰랐으니 '꿈속에 봄산을 지나는[夢過
春山]' 것도 분수가 있지 않는가! 나는 이로부터 한강을 말하지 못하겠
다. 남을 대하야 한강 일대의 명승과 고적을, 아니 조선의 명승과 고적
을 자랑할 자격도 권리도 잃어버렸다.

　그때에는 '마재 정씨촌'은, 즉 선생의 마현 고리였으며 청초한 기
와집들 중 하나는 선생의 서옥書屋인 여유당이었음에 틀림없을 것이
다. 만일 내가 그때에 선생에 대한 인식과 성의가 다소 있었더라면 아
무리 홀조忽兆한 여행일지라도 면모面貌가 전과 다름없는 선생의 고택
을 방문하여 손때[手澤]가 어려 있는 수천 권의 장서와 수십 종의 유물
을 마음껏 배견拜見하였을 것인데!

　선생 고거의 표시로서는 수와 양 양자에 있어 '소천苕川'이 첫 번째
가 될 수 있다. 전집 중에 소천, 소계苕溪, 소수苕水, 소상苕上 등 글자가
가끔 눈에 뜨일뿐더러 시詩의 〈소천사시사苕川四時詞〉의 세목細目을 시
거試擧하면

① 검단黔丹(山名)의 꽃구경[賞花]

② 수구정隨鷗亭의 버들 구경[問柳]

③ 남자주藍子洲(쪽자섬[簇子島], 즉 남·북한강 합친 곳) 답청踏靑

④ 흥복사興福寺의 꾀꼬리 소리[聽鸎]

⑤ 월계粵溪의 고기잡이[打魚]

⑥ 석호정石湖亭의 납량納涼

⑦ 석림石林(고 이판吏判 이담李潭의 별서別墅)의 연꽃 구경[賞荷]

⑧ 유곡酉谷²¹의 매미 소리[聽蟬]

⑨ 사라담紗羅(=鈔羅)潭에서 달빛 아래 뱃놀이[汎月]

⑩ 천진암天眞菴의 단풍 구경[賞楓]

⑪ 수종산水鍾山(수종사가 있는 곳)의 눈 구경[賞雪]

⑫ 두미협斗尾(=斗迷)峽의 물고기 구경[觀魚]

⑬ 송정松亭의 활쏘기[射帿]

등이니 그 범위가 실로 마현 주위의 수십 리 지대를 포괄치 않았는가. 그러므로 소천, 소계는 선생 고거의 광의적, 대표적 칭호라 할 수 있는 것이다.

(3) 고택故宅과 유서遺書

지금은 선생의 고리 마현이 벌써 그때 필자가 두 번이나 무심히 지나던 그때의 것이 아니다. 14년 전 을축 홍수에 한강이 전에 없이[空前的] 넘쳐흘러서[漲溢] 마현 일대가 수국화水國化하였던 것이다. 선생의 사현손

---

21   원문과 신조선사 본에는 酒谷으로 잘못 표기되었다.

嗣玄孫 규영奎英 씨(사망)의 결사적 작업에 의하여 겨우 건져낸 선생 전서 (!) 이외에는 여유당 고택과 유물 전부와 고택 앞 노송 한 그루와 대안對 岸 소내장터까지가 모두 수포에 돌아가고 말았던 것이다. 이 어찌 창상 滄桑의 일겁一劫²²이 아니냐!

고택은 비록 강안江岸이지만 산구山丘의 경사면에 있었고 또 전청 前廳의 기둥 아래 섬돌의 높이가 3~4척이나 되므로 강창江漲의 침범이 원래 가능하지 못했던 것이다. 〈여름날 소내에서 지은 잡시[夏日苕川雜 詩]〉(신축. 선생 20세 때인 듯) 중

連宵雨脚水東西　　밤중 내내 내린 빗물 동강 서강 모여들어
潦漲潮來上柳堤　　점점 더욱 불어나서 버들 둑에 올라오네
門外刺舟新有響　　문밖에는 노질하는 소리 새로 들리는데
帆竿高與屋檐齊　　높이 솟은 돛대는 집 처마와 가지런해

이것을 보면 선생 당시에도 강창의 핍박이 상당했던 것이다. 그래도 시 경詩景의 도움은 될지언정 직접 집의 재난은 되지 않았던 것이다. 전전 을축년²³ 홍수에는 강창이 비교적 심하여 고택 전청 기둥에다가 뱃줄 을 매었다는데 전 을축²⁴에는 배가 지붕마루[屋脊]를 지나갈 만큼 되었 다니 불과 100여 년간에 강역江域의 변화가 얼마나 되었다는 것을 알

---

22 창상은 푸른 바다가 뽕나무밭이 되듯이 세상이 크게 변하는 것, 일겁은 도저히 헤아릴 수 없는 무한 히 긴 시간을 말한다.
23 1865년을 말함.
24 1925년을 말함.

수 있지 않는가.

고참자故參者의 말을 들으면 고택은 구口 자형字形인 20여 칸의 기와집으로서 여유당은 좌편 전청이요, 종택宗宅 쌍벽정雙璧(南北漢江)亭의 뒤 서편 1000미터 너머에 있었는데, 강을 안고 남향했으며 '여유당' 지액紙額(후인필後人筆)과 '품석주위品石周圍의 세 개三個 암석정岩石亭', '서향묵미각書香墨味閣', '소상연파조수지가苕上烟波釣叟之家' 등 판액板額(절반은 초필草筆, 친필親筆)은 당堂과 같이 끝끝내 있었다 한다.

규영 씨의 구서求書 미담美譚은 문화 보존 사상에 있어 대서특필하지 않으면 안 될 것이다.

지난 을축 홍수에 한강이 불어나서 여유당의 구들[坑房]에 물이 달려든지라. 씨는 생명같이 세수世守해오던 선생 전서 서궤를 벽장에서 끄집어내 가지고 절대로 안전하다고 생각한 안방[內房] 다락에다가 옮겨 두었더니 조금 있다가 물이 안방에 쫓아 들어와서 경각간에 허리[腰部]에 찼다. 때는 어두운 밤이고 가인家人과 촌인村人은 제각기 도망쳐 살기[逃生]에 여가[暇給]가 없으되 씨는 홀로 황급히 다락에 뛰어올라가서 서궤를 다시 끄집어내려 하니 아까 서궤를 맨 먼저 가져다둔 고로 그 위에 집안 물건이 산같이 쌓여서 갑자기 끄집어낼 수 없고 물은 벌써 다락으로 올라왔다. 급보를 들은 촌락의 구조선이 달려와서 어서 나오라고 외쳤으나 "나는 다산 전집을 건져내지 못하면 죽어도 못 나가겠다"(!)라고 소리쳐 응답하고 물탕을 쳐가면서 겨우 서궤를 찾아 등에 걸머지고 헤엄쳐서 집을 나와 배에 오르자마자 물은 곧 지붕마루[屋脊]로 올라갔었다.

씨는 그래서 집 뒤편 작은 언덕 위의 선생 묘 앞에 올라가서 지고

여유당 고택. 집 뒤는 선생의 묘소.

있던 서궤를 내려놓고 다시 앉아 일장통곡을 하였다고 한다.

다음 날 강수江水가 물길이 줄어들면서 선생의 고택은 배가 되어 떠나가 버렸고 오직 선생의 전서만이 사후嗣後의 매운 손에 잡혀 있다가 오늘날 세인의 안전에 활자로서 그 위용을 나타내게 되었다.

아! 순서殉書 각오자인 씨여!

문화의 수호신인 씨여!

다산 선생 - 학연學淵 호 유산酉山 - 대림大林 호 연사連史 - 문수文樹 호 낭헌琅軒 - 규영奎英 호 성재惺齋

(4) 서울 남촌南村(창동倉洞, 회현동會賢洞, 명례방明禮坊 등)

마현과 서울의 거리가 70리에 지나지 않고 또 강로江路의 편便이 있었으니 선생이 처음으로 서울에 몇 살에 왔었는지는 모르겠으나 15세 봄에 초행醮行[25]이 있은 후부터는 선생의 무대는 마현서 서울로 옮겼던 것이 사실일 것이다. 말은 나면 제주로 보내고 사람은 나면 서울로 보내

야만 된다는 속담과 마찬가지로 장래 대학자, 대사상가가 되고야 말 선생은 마현의 조그마한 외양간을 떠나 정치, 문화의 수부首府인 서울이란 대목장으로 일찍부터 오게 된 것은 우연찮은 역사적 모멘트였다.

그때 남인 명가인 선생 처가 홍씨는 경성 회현방會賢坊에 살았는데, 관객館客²⁶인 선생의 첫 출입은 벌써 훌륭한 문화적 교제였다. 그리고 부친 하석荷石은 장헌세자 변후 즉시 퇴거, 귀농하였다가 정조의 치세를 만나 다시 출사하여 병신(즉 결혼년) 4월부터 명례방明禮坊 소룡동小龍洞에 머물러 살았으므로[僑居] 선생도 부친을 따라 서울 생활을 하게 된 것이었다.

회현방(현재 욱정旭町)이니 명례방(현재 명치정明治町)이니 하는 데가 모두 남산 아래 이른바 남촌이다. 당시 경성반족京城班族의 분포 상태를 보면 대개 남촌과 북촌 둘로 나눌 수 있다. 서인西人의 색목色目을 가진 척리戚里, 권신權臣들은 대개 궁정의 대밑인 북촌 일대에 감돌며 살고[蟠居] 있고, 남인南人(소론파小論派까지) 일당은 숙종과 경종 이후 정권[政柄]을 잃고 재야당적 지위를 겨우 보존하여오던 그들이라 시골로 퇴각되는 과정에서 남산을 등지고 북궐北闕을 회고하면서 남촌 일대에 산거해 있는 것이 그때의 현상이었다.

그러므로 남인 색목을 가진 선생의 경거京居 위치도 또한 끝끝내 이러한 배정적配定的 범위와 운명을 벗어나지 못했던 것이다.

---

25 신랑이 초례를 지내기 위하여 신부의 집으로 감.
26 성균관 학생을 가리키는 듯함.

지루한 객지의 생활[倦遊]

鄕里堪携隱	고향에서 처자와 살 만도 한데
京城又倦遊	서울에서 또다시 지루한 생활
文章違俗眼	문장은 세속 안목과 맞지 않고
花柳入羈愁	꽃과 버들은 나그네 시름 자아내
屢擧遮塵扇	먼지 막는 부채를 여러 번 들고
長懷上峽舟	산골로 가는 배를 노상 그리네
馬卿亦賤子	사마상여 그 또한 천박한 사람
題柱欲何求[27]	다리 기둥에 글 쓴 것은 무엇을 구하렸던고

이것은 선생이 20세 때 회현방에 머물면서 반궁과시泮宮課試[28]에 3차 실패한 것을 자탄한 것이다. 18세 이후 지금까지는 재경在京의 주된 과업이 부친의 명에 의하여 과문科文 각체各體를 연습하는 것이었다. 그러나 선생의 소지素志는 결코 단순한 공명과 사진仕進에 있지 않았다.

여태까지의 주경住京 장소는 부형의 집 혹은 처가였던 것이 21세 중춘仲春부터는 창동倉洞(현재 남미창정南米倉町[29]) 체천穉川에다가 집을 사서 거주하였다 하니 아마 선생 분가의 형식이 이때에 비로소 정립되었던 것이다.

창동은 어디인가 하면 〈대동여지도〉에 표시한 것과 같이 숭례문崇

---

27 사마상여가 일찍이 꼭 출세하겠다는 각오로 촉蜀에서 장안으로 갈 때 성도成都의 승선교昇仙橋를 지나면서 교주橋柱에다 "높은 수레와 사마駟馬를 타지 않고는 내가 이 다리를 다시 지나지 않으리라"라고 쓰고 갔다는 고사를 인용한 글.
28 성균관에서 치르는 과시.
29 1914년 남미창정이었다가 광복 후 남창동으로 바뀌었다.

禮門(남대문) 내 남산 밑인데, 선혜청 창고[宣惠倉]의 소재지인 고로 창동 속칭 창꼴이다. 거기에 두 우물이 있었는데 형제천兄弟泉, 속칭 형제우물인 고로 선생은 점거占居 즉시 형제에 비유한《모시毛詩》의 상체常棣[30]를 취하여 형제천을 체천棣泉이라 하고 집은 체천정사棣泉精舍라 하였던 것이다. 정사精舍는 간수㵎水의 남쪽에 있어 문짝[紫扉]이 북향했다고 한다. 지금 가서 답사해보면 선혜청 소재지는 본청 공지空址를 제한 외에는 창고는 전부 공설시장이 되었고 형제우물은 그 명칭과 지점을 몇 고로故老에 의하여서만 겨우 발견할 수 있다.

당시 그림 같았던 체천 교거僑居의 상황은 선생의 〈봄날 체천에서 지은 잡시[春日棣泉雜詩]〉로서 말하게 한다.

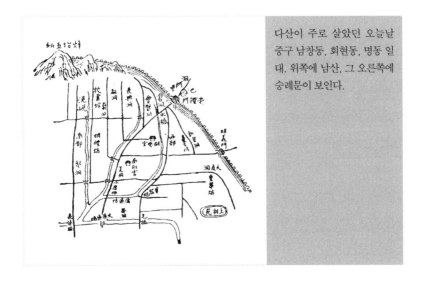

다산이 주로 살았던 오늘날 중구 남창동, 회현동, 명동 일대. 위쪽에 남산, 그 오른쪽에 숭례문이 보인다.

---

30 《시경》〈소아小雅〉 '상체지편'을 가리킴. 형제간은 아가위꽃이 꼭지가 서로 이어진 것 같다고 하여 형제간의 우의를 표현함.《모시》는 곧《시경》을 가리킴.

鴉谷新茶始展旗　　백아곡[31]의 새 차가 싹이 처음 펼쳤는데

一包纔得里人貽　　그곳 마을 사람에게 한 포를 겨우 얻었네

棣泉水品淸何似　　체천이라 수질은 그 얼마나 맑은지

開就銀瓶小試之　　은병에 길어다가 시험 삼아 끓여보네

崇禮門前市曉開　　숭례문 앞 저자가 이른 새벽 열리어

七坡人語隔城來　　모여든 사람 말소리 성 너머로 들려오네

携筐小婢歸差晚　　조금 늦게 돌아온 바구니 든 계집종

能得新魚一二枚　　한두 마리 신선한 생선을 얻어왔네

層松幽壑晚陰淸　　높은 솔 깊은 골짝 저녁 그늘 맑은데

麗日輕風浣縹聲　　고운 햇살 산들바람 빨래하는 소리로세

徐就黃莎岸頭坐　　슬며시 노란 잔디 언덕 위에 앉아서

隔溪閒對杏花明　　시내 저쪽 살구꽃을 한가로이 마주하네

徹裯新衣帶酒壺　　펄럭이는 새 옷에다 허리에 술병 차고

三三五五過城鋪　　삼삼오오 짝을 지어 저자 앞을 지나는데

試看童子携箭籬　　돌아보니 동자가 화살통을 짊어졌네

全是南山舊射徒　　이들 모두 남산의 옛 활잡이들 아닌가

澹雲輕靄弄新晴　　옅은 구름 가벼운 안개 맑은 기운 자아내어

駘蕩煙光滿一城　　평화로운 풍경이 온 성안에 가득하다

31　백아곡은 경기도 광주 검단산 북쪽으로, 이곳에서 작설차가 난다.

遠遠須看關帝廟　저 멀리 관제묘를 눈 들어 처다보소

百花紅裏露靑甍　온갖 꽃 붉은빛 속에 푸른 지붕 드러났네

竹扉淸晝每慵開　대사립은 맑은 낮에 항상 아니 열어놓아

一任溪橋長綠苔　시내 다리 푸른 이끼처럼 자라던 차에

忽有客從城外至　뜻밖에 성 밖에서 손님이 찾아왔는데

看花要往弼雲臺　꽃구경을 하려고 필운대로 간다나

苕水鐘山興杳然　소수 종산 지난날 흥취가 아련하다

幾廻怊悵送歸船　몇 번이나 서럽게 돌아가는 배 보냈는지

每逢憶念丘園日　고향 전원 생각이 떠오르는 날이면

閒誦陶詩一兩篇　도연명 시 한두 편을 한가로이 읊조리네

　체천 이주 이듬해에 바로 그 동편 인촌隣村인 회현방의 재산루在山
樓 아래에 이거하여 누산정사樓山精舍라 칭하였는데, 간수澗水의 동쪽에
있는 북향 집 서향 문이었다.

　재산루는 원래 잠곡潛谷 김육金堉의 구택舊宅인데, 어째 재산루라
했는가 하면 전언에 잠곡의 용모[狀貌]가 '호랑이 표범이 산에 있는 듯
한 기세[虎豹在山之勢]' 같으므로 서루書樓를 재산在山이라 하였다 한다.
근자까지도 '재산루 집'이란 것이 내려오다가 집은 뜯기었고 '재산루'
란 현판만은 그 터에 사는 어느 집에 달려 있었다고 한다.

여름날 누산루에서 지은 잡시[夏日樓山雜詩]

山裏蕭然白板扉 산속이라 흰 널판자 사립문이 쓸쓸한데

小溪新雨草菲菲 작은 시내 내린 비에 풀이 무성하다

坐看一片斜陽色 앉아서 한 가닥 석양빛을 보노라니

輕染蒼苔照客衣 푸른 이끼 나그네 옷 살짝 물들여 비추네

淸晝山樓客滿庭 맑은 낮 산중 누각 객이 뜰에 가득 모여

輕風煖日射帳靑 따뜻한 햇살 잔바람에 푸른 과녁 활을 쏘네

莎場不讓三淸洞 잔디 마당 삼청동에 뒤지지를 않고요

松籟還勝白虎亭 솔바람은 도리어 백호정보다 낫다오

溪上新開織錦坊 시냇가에 비단 짜는 마을이 새로 열려

層層花塢百花香 층층의 꽃동산에 온갖 꽃이 향기롭다

茶來酒去渾無事 차와 술 오갈 뿐 별다른 일이 없어

徑造松棚納晩涼 솔 평상을 얽어서 저녁 바람 쏘이네

깨끗하고 그윽하고 서늘한 정사精舍의 풍경! 빈우賓友와 음사飲射[32]
에 흥이 짙은 선생의 정경! 날마다 옷과 갓을 틀어쥐어야 할 만성홍진
滿城紅塵[33]의 가운데서라도 선생의 생활 일면은 의연히 은자적隱者的 고
취였다.

---

32 단옷날과 삼짇날에 시골 한량들이 모여 편을 갈라 활을 쏘는 재주를 겨루던 일.

33 홍진은 햇빛에 비쳐 벌겋게 일어나는 티끌. 번잡한 세상을 가리킴.

甕村紅露倒三杯　옹기마을 맛좋은 술 석 잔을 들이켜니
月白風清醉不開　밝은 달 청풍 속에 취한 기운 도도하고
磁椀沈瓜寒似玉　뚝배기에 담근 오이 차가웁기 옥 같은데
細君親剝一條來　아내가 몸소 하나를 갈라서 가져오네

봉건시대의 사자士者 신분이요 중산 계급인 선생이라 그 가정생활은 청온한 자미滋味를 상상할 수 있다.

握管當窓到日曛　창가에서 석양까지 붓대 잡고 앉아서
蟲魚辛苦述前聞　좀벌레처럼 아는 대로 애쓰며 적고 있다
猶存一段名途想　벼슬길 생각 한 가닥 오히려 남아 있어
時閱楊盧[34]四六文　양형 노조린 사륙문 이따금 뒤적이네

이때 선생이 생원은 되었으되 문과에는 아직 오르지 못했으므로 간혹 공령문체功令文體에 유의留意했던 것이나, 그의 소지素志는 이에 국한되지 않았다. 광암曠庵 이벽李檗을 좇아 두미협斗尾峽[35]에 가서 서학의 오묘에 심취하는 것은 곧 누산樓山 거주 기간의 일이었다.

담연재澹然齋도 역시 선생의 회현방 주택이었다. 24세 때에 누산정사로부터 이거한 것인데, 담연재는 선생의 장인 홍화보洪和輔가 명명한 것이다.

34　양노는 양형楊炯 노조린盧照隣을 가리키며, 왕발王勃 낙빈왕駱賓王과 함께 당나라 초기 4걸四傑로 불린 문장가.
35　한강 가운데 경기도 하남시 검단산과 남양주시 예봉산 사이의 좁은 협곡을 흐르는 강.

봄날 담재에서 지은 잡시 [春日澹齋雜詩]

楊檖花開曲院深　깊숙한 뜰 한쪽에 팥배꽃이 피었는데

晴窓烏几[36]注魚禽　맑은 창 오피궤에 물고기 새 응시하네

怪來一桁微雲色　이상할사 옅은 구름 고르게 깔린 빛이

留作春城半日陰　봄날 성안 반나절 그늘을 이루었네

澹煙輕靄[37]羃林間　맑은 연기 옅은 안개 숲 사이에 덮였으니

全是徐熙畫裏山　서희라 그림 속의 산 모습이 분명하다

看了東坡詩一卷　소동파 시 한 권을 한 번 다 보고 나니

夕陽初下詔門關　석양이 뉘엿뉘엿 서산으로 넘어가네

담재澹齋의 담연澹然한 풍경과 정취가 구중句中에 재현치 않는가.

芹菜靑調作乳黃　미나리 푸성귀로 안줏거리 삼았는데

新篘少麴湛盈觴　새로 거른 맑은 술 술잔에 넘치누나

松餌尖尖魚作餡　뾰족한 송편 고기로 떡소를 만드느라

山妻每到午時忙　한낮이 될 때마다 산가 아내 바쁘다네

扶牀稗子若鸞停　외모도 비범할사 평상 높이 자란 아이

問姓能知又問齡　성을 묻자 능히 알아 나이를 또 물어보네

投與藍紅雙陸子　푸르고 붉은 쌍륙을 그놈에게 던져주고

36　오피궤烏皮几는 옻칠한 검은 책상을 말함.

37　오대 남당의 화가. 자연의 생물을 잘 그렸다고 한다.

看他排列作軍形　줄을 지어 군대 모양 만드는 걸 구경하네

이상 두 절로써 선생 소시小時의 실가지락室家之樂[38]을 엿볼 수 있거니와 당시 경사京士 가정의 풍속 및 아동 유희의 일편一片을 주어볼 수 있다.[39]

豹翁山閣接溪園　시내 동산 접해 있는 표옹의 산중 누각
求畫人來若市門　그림 구하러 온 사람 장터 문밖 흡사하네
蘭竹一揮酬熟客　난초와 대 단숨에 그려 손님 요구 받아주고
靜時方許寫桃源　고요할 때 바야흐로 도원도를 그린다오

표옹豹翁은 인물서화人物書畫가 표일일세飄逸一世하던 표암豹庵 강세황姜世晃일 것이다. 내게《표암집豹庵集》이 없어 직접 참고하지 못하나 이 참봉參奉 광려匡呂가 표암에게 준 "고개 위 소나무 천만을 이루고 택권에는 남산이 없다. 이것이 세간 물건이니 아직 산골짜기 사이에 남아 있네[嶺松千萬萬, 宅券無南山. 也是世間物, 尙餘丘壑間]"란 시구를 보더라도 표암의 남산 거주는 확증적 사실이었다. 표암의 필적인《상피첩霜皮帖》한 첩이 필자의 가장家藏 중에 있으므로 어렸을 때[兒時]부터 눈 익혀 본 것인데 근자에 선생 수필인《하피첩霞帔帖》을 본손本孫에게서 얻어 본즉, 일견에 표암 필풍筆風이 완연하기에 내 홀로 이상히 여겼더니 이제 이

38　뜻이 맞고 정다운 부부 사이에서 생기는 즐거움.
39　눈주어보다(눈여겨보다)는 뜻으로 보인다.

시 일 절을 보고 비로소 선생의 표암과의 인접적 관계는 필체적 관계에까지 미치게 된 것을 추정하여 의심하지 않는 바다.

회현방의 이웃 방[隣坊]인 명례방도 역시 선생 거주지의 하나였다. 전년에 선생은 회현방 담연재로부터 처자를 데리고 소천고장苕川故庄에 일시 귀거하였다가 다음 해 5월에 부친이 사도시司導寺 주부主簿가 되었으므로 선생은 따라 서울에 돌아와 명례방 용동龍洞에다가 집을 사서 살게 되었으니 15세 시에 내왕하던 소룡동小龍洞의 바로 곁이었다.

용동 거주 기간은 선생의 가장 영달한 기간이었다. 중간에 해미海美, 금정金井, 곡산谷山 등 외출外黜이 있었지마는 어수魚水의 제우際遇[40]는 더욱 긴밀하여 선생의 이상과 포부를 전적으로 실현할 만한 기회가 머지않았던 것이다.

선생은 집 안에 아름다운 꽃과 나무[佳花美果] 수십 본을 모아 분에 꽂고 대나무로 난欄을 만들어 죽란竹欄이라 칭하고[41] 〈죽란화목기竹欄花木記〉를 짓고 죽란시사竹欄詩社를 설립하였다.

이로부터 10여 년간 죽란사회竹欄社會는 시편 중에 가끔 나타났으나 정조 승하 후부터는 선생 재경 생활의 안온청일安穩淸逸을 상징한 죽란은 그만 삽작[42]을 닫고 영어囹圄의 참담과 영호嶺湖의 풍상이 그의 수염과 머리털[鬚髮]을 물들이게 되었을 뿐이다.

---

40 정조와의 만남. 정조는 신하와의 만남을 고기와 물의 만남이라고 일컬었다. 따라서 창덕궁 규장각으로 오르는 문의 이름이 어수문이며 연못 한쪽에 고기를 새겨놓았다.
41 집 이름을 죽란사竹欄舍라고 하였다.
42 사립문을 가리키는 강원도 사투리.

남촌 살던 곳을 회고하다[南村居址懷古]

예 르 곳이 예런가

어찌 다 예올세라

선혜청宣惠廳 헐어졌다

재산루在山樓 간곳없네

남산南山이 허울이어니

임의 터를 물을손가[43]

---

43 대략 다음과 같이 풀이할 수 있다. "갈 곳이 여기였던가, 어찌다 여기 온 것인가. (……) 허울만 남았
으니 임이 살던 터를 물을 수가 있겠는가?"

선 생
저 서
총 목總目

I

우리 조선 선배의 저술계에 있어서 선생의 저서는 수량 양자에 절대적으로 수위를 점령하였다. 선생은 10세 전에 벌써 시문 저작인《삼미자집》이 있었으나 한 편도 유전遺傳된 것이 없고 현전 전서 중에는 15세 때의 〈동악을 그리며[懷東嶽]〉, 〈수종사에 노닐며[遊水鐘寺]〉[1] 두 수의 시가 선생 최초의 작품이 될 것이다. 그리고 정조조의 왕실[朝家] 편술 사업은 실로 백토百土에 탁월하였는데, 이 사업에 대하여 선생의 직접적, 간접적 참여가 또한 적지 않았으니, 예를 들면《사기영선집주史記英選集註》,《규장전운옥편奎章全韻玉篇》,《두시교정杜詩校正》등등이다.

이러한 종류와 기타 소멸[泯滅] 혹은 잘라낸[刪外] 것을 전부 합산한다면 현존 전서 양의 몇 배가 되지 않을 것인가. 선생이 61세에 지은《자찬묘지명》(집중본) 중에 열거된 저서의 총목 및 그 권수는 다음과 같다.

---

[1] 두 시 모두 1775년 작품이라고 하니 정확히는 다산 14세 때의 작품이다. 여기서 동악은 금강산을 가리킨다.

《자찬묘지명》에 실린 저서 총목록 및 분류

서명	권수
《모시강의毛詩講義》	12권
《모시강의보毛詩講義補》	3권
《매씨상서본梅氏尙書本》	9권
《상서고훈尙書古訓》	6권
《상서지원록尙書知遠錄》	7권
《상례사전喪禮四箋》	50권
《상례외편喪禮外篇》	12권
《사례가식四禮家式》	9권
《악서고존樂書孤存》	12권
《주역심전周易心箋》	24권
《역학서언易學緒言》	12권
《춘추고징春秋考徵》	12권
《논어고금주論語古今註》	40권
《맹자요의孟子要義》	9권
《중용자잠中庸自箴》	3권
《중용강의보中庸講義補》	6권
《대학공의大學公議》	3권
《희정당대학강의熙政堂大學講義》	1권
《소학보전小學補箋》	1권
《심경밀험心經密驗》	1권
※ 이상은 경집經集, 모두 232권	

서명	권수
《시율詩律》	18권
《잡문전편雜文前編》	36권

《잡문후편雜文後編》	24권
《경세유표經世遺表(=邦禮草本)》	48권(끝내지 못함[未卒]) 이하 잡찬雜纂
《목민심서牧民心書》	48권
《흠흠신서欽欽新書》	30권
《아방비어고我邦備禦考》	30권(완성하지 못함[未成])
《아방강역고我邦疆域考》	10권
《전례고典禮考》	2권
《대동수경大東水經》	2권
《소학주관小學珠串》	3권
《아언각비雅言覺非》	3권
《마과회통痲科會通》	12권
《의령醫零》	1권
※ 이상은 합하여 문집文集이라 칭함, 모두 267권	

　　이상에 인록引錄한 경집, 문집을 합계하면 한 권이 부족한 500권의 절대적 거질巨帙이다. 이것만 가지고 보더라도 규모의 거대한 것과 수량의 풍부한 것은 참으로 경탄하지 않을 수 없다. 규모의 넓음[汎博]은 실학 선구자인 반계磻溪, 성호星湖, 여암旅庵[2]의 어찌 미칠 바이랴. 양적 방면으로만 단순히 말하더라도 시가詩家인 신자하申紫霞[3]라든지 문가文家인 박연암朴燕巖이라든지 이학가理學家인 이한주李寒洲,[4] 곽면우郭俛宇[5]

2　신경준申景濬(1712~1781)의 호. 조선 후기의 문신으로 《훈민정음운해》(1750) 등을 저술하고, 《동국여지도》(1770) 등을 완성하였다.
3　신위申緯(1769~1845). 조선 후기의 문신. 서예가, 화가.
4　이진상李震相(1818~1886). 조선 후기의 성리학자. 문집으로 《한주집寒洲集》을 남겼다.
5　곽종석郭鍾錫(1846~1919). 한말의 성리학자. 이진상의 제자. 3·1운동이 일어나자 파리 강화회의에 한국의 독립을 호소하는 파리 장서사건長書事件의 주모자. 《면우집俛宇集》을 남겼다.

라든지가 다 유집遺集이 많기로 유수有數하나 도저히 선생을 바라볼 바가 아니며, 서피西陂 유희柳僖의《문통文通》100권과 혜강惠岡 최한기崔漢綺의《명남루전집明南樓全集》300권으로도 역시 비견할 바가 아니다. 선생의 탁월한 정력과 자강불식적自彊不息的 근면은 또한 후인의 절대적 격찬을 받지 않을 수 없다.

61세 이후로는 신규적 작품, 즉 별도로 책을 만든[別成一書] 것은 없었고 몇 편의 시문 이외에 오로지 기성 저작에 대한 분합分合, 필삭筆削, 윤색潤色을 베푸는 것이 그의 주된 사업이었던 것이다. 동시에 그 호대浩大한 편질篇帙을 깨끗이 옮겨 쓰고 책을 만들어[淨寫成冊] 후인의 전독傳讀 및 간행의 자資가 되도록 하는 것이 또한 선생의 절대적 관심이었다. 이제 이 초본을 배견拜見하면 문생門生, 자질子姪의 온공정연溫恭整然[6]한 등사謄寫 이외에 단상아묘端詳雅妙[7]한 일가一家를 이룬 선생의 필적이 간혹 발견된다. 지엽紙葉마다 외광내란外匡內欄[8]의 흑선黑線을 정제整齊하게 그었고 함장函粧[9]과 표제標題는 모두 깨끗하고 우아하여[明潔優雅] 보는 사람으로 하여금 그 공력과 기술에 또 한 번 다시 감탄하게 하여 마지않는다.

선생의 필법에 관하여 일화 하나가 있다. 선생의 글씨는 해자종획楷字縱劃[10]이 본래 조금 오른쪽으로 기울어졌으니 이것은 종획의 기두

---

6 얌전하고 공손하며 가지런하다.
7 바르고 자세하며 우아하고 묘하다.
8 책 판면의 네 면에 둘러진 선을 변란邊欄 또는 광곽匡郭이라고 하는데, 광匡 및 난欄과 같은 뜻이다. 여기서 '외광내란'이라고 한 것은 두 줄을 둘렀는데 이를 광과 난으로 구분하여 칭한 것이다.
9 책을 넣은 함의 장식.
10 해서체 글자 세로획. 원문에는 '화畵' 자를 썼으나 내용으로 볼 때 '획劃'으로 읽어야 하며, 다음 줄 획신, 획각도 마찬가지다.

起頭가 보통체보다 우편으로 과도하게 첨각을 내는 까닭에 획신劃身이 힘의 균형 작용을 취하기 위하여 자연히 궁형弓形에 근사하고 획각劃脚은 또한 약간 첨경尖輕하게 된다. 여기서도 선생의 심기가 호방격앙豪放激昂한 것을 엿볼 수 있는 것이다. 그러나 정조는 이것을 좋아하지 아니하여 사체斜體 개정改正을 일찍이 요구하였다. 그 후 35세 시에 어명을 받아 화성華城 제궁諸宮의 상량문과 어람御覽 《오경백편五經百篇》[11] 및 《팔자백선八字百選》[12]의 제목을 정체正體로 사진寫進하였더니 정조는 그 선서善書를 탄상歎賞하여 진찬珍饌, 법주法酒, 백미白米, 땔나무[炊木], 오탄烏炭, 곶감[乾柿], 생꿩[生雉], 생선[鮮魚], 감귤柑橘, 호초胡椒 등 물품을 하사하고 내장內藏 서적을 허관許觀하였다 한다.

지금 이 전서 초본 중에도 사체斜體의 흔적을 선생 수필에서 지적할 수 있다.

이하에 '열수전서洌水全書 총목록'을 인록한다.

이것은 선생의 최후 수정手定 가장본家藏本인 선생 전서 초본에 딸려 있는 총목록인데, 현존본은 역시 정규영丁奎英 씨의 필적이다. 이것을 가지고 상기한 선생 《자찬묘지명》 중에 열거된 서명, 권수 및 분류와 비교, 대조해보면 그 후 50년간 자저自著에 대한 가감, 정리의 공작이 어떠하였던 것을 거의 고찰할 수 있는 것이다.

---

11 《주역》, 《서전書傳》, 《시전詩傳》, 《춘추(좌씨전)春秋(左氏傳)》, 《예기》에서 편자 자신이 중요하다고 생각하는 부분만을 뽑아 100편篇으로 만든 책. 편자는 정조.
12 《오경백편》과 마찬가지로 정조가 친히 찬수撰修한 책으로 알려졌지만, 책은 전해지지 않는다.

열수전서 총목록

서명	책 수	권 수
《시경강의詩經講義》	4	12
《시경강의보詩經講義補》	1	3
《매씨서평梅氏書平》	3	9
《매씨서평속梅氏書平續》 　제1책 = 1, 2권이 《염씨고문상서초閻氏古文尙書鈔》	2	5
《상서고훈尙書古訓》	7	21
《상례사전喪禮四箋》	17	50
《상례외편喪禮外篇》 　제1책 = 1, 2권이 《전례고典禮考》 　제2책 = 1, 2, 3권이 《단궁잠檀弓箴》 　제4책 = 1, 2, 3권이 《정중변正重辨》 　제5책 = 1, 2, 3권이 《조전고弔奠考》, 《고례영언古禮零言》, 　　《예고서정禮考書頂》	5	14
《상의절요喪儀節要》	2	6
《제례고정祭禮考定(가례작의부嘉禮酌儀附)》	1	3
《악서고존樂書孤存》	4	12
《주역사전周易四箋》	12	24
《역학서언易學緖言》	4	12
《춘추고징春秋考徵》	4	12
《논어고금주論語古今註》	13	40
《맹자요의孟子要義》	3	9
《중용자잠中庸自箴》	1	3
《중용강의中庸講義》	2	6
《중용강의보中庸講義補》	1	3
《대학공의大學公議》	1	3
《대학강의大學講義(소학보전小學補箋, 심경밀험부心經密驗附)》	1	3

※ 이상 경집 합계 88책, 250권, 5483장(매 권 장수는 생략함)

서명	책수	권수
《시집전편詩集前編》	5	15
《시집후편詩集後編》	3	8
《문집文集》 　제10책 = 27, 28, 29권이《문헌비고간오文獻備考刊誤》	12	34
《문집속집文集續集》	10	30

※ 이상 문집 합계 30책, 87권, 1941장

서명	책수	권수
《방례초본邦禮草本》	15	43(=경세유표)
《목민심서牧民心書》	16	48
《흠흠신서欽欽新書》	10	30
《강역고疆域考》	4	12
《수경水經》	4	10
《소학주관小學珠串》	1	3
《아언각비雅言覺非》	1	3
《마과회통痲科會通》	11	11
《민보의民堡議》	1	3
《풍수집風水集》	1	3

※ 이상 잡찬 합계 64책, 166권, 3993장

이상 '열수전서' 경집, 문집, 잡찬 총계는

(1) 182책

(2) 503권

(3) 1만 1417장(매 장이 대개 22자 20행)

(4) 23개 장권粧圈, 1개 서장書欌

상기 목록 이외에도 〈균암만필〉(균암筠庵은 선생의 호)과 선생 〈연보〉

《여유당전서》 초본 책궤. 을 축년 홍수 때 건져낸 것.

가 말단에 부기되어 있다.

(1) 〈균암만필筠庵漫筆〉 1책 64장

(2) 〈연보年譜〉 2책 122장

전자는 선생의 소저所著 《자균암만필紫筠庵漫筆》이요, 후자는 선생의 고제高弟 이청李晴의 기초起草를 현손 정규영이 수식修飾한 것이라 한다.

K형[13]에게 드리는 서간書柬

K형 족하足下[14]

13　K형에 대해서는 편집 책임을 맡은 다산의 외현손 김성진과 신조선사 사장 권태휘(?~?)로 추측할 수 있는데, 최근 연구에서 권태휘 설을 제기했다. 곧 김성진은 1874년생으로 참여 인물 중 가장 연장자이므로 1897년생인 최익한이 족하라고 부르기에는 어려운 상대다. 또한 편지 내용에서 "사회의 여러 선배에게 공을 돌리시니"라는 구절이 있으니 가장 연장자인 김성진이 될 수는 없다. 마지막으로 정오표, 상세 목록, 연보를 조속히 간행해달라는 내용은 편집을 맡았던 인물보다는 비용과 관련된 것이므로 간행 책임자에게 요청함 직한 내용이다(김보름, 〈《여유당전서與猶堂全書》 간행경위 일고찰-전서초본全書草本의 행방과 여유당전서발행소의 활동을 중심으로〉, 《한국한문학연구》 제57집, 한국한문학회, 2015. 3.).

14　주로 편지에서 상대방의 이름 밑에 쓰는 말 또는 비슷한 나이끼리 상대방을 높여 이르는 말.

족하가 간행해주신 거대한 전서를 듬뿍 안고서 선생의 당일을 추억해보았지요. 실로 감개무량합니다.

선생이 강진 유배에서 당신 아드님께 보낸 편지에 이런 말씀이 있습니다.

"나는 천지에 외로이 섰다. 의지하여 생명으로 할 것은 오직 문묵文墨이다. (……) 조괄趙括[15]은 부서父書를 능담能談하였으니 나는 현자賢子라 한다. 너희들이 내 저서를 읽지 않으면 내 저서는 무용이다"[16]

가 얼마나 불우不遇한 비애였습니까?

친필《하피첩霞帔帖》[17]에는 역시 아드님에게 준 글이 이러합니다.

"너의 부서父書를 읽는 이로서 연장자이면 아비로 섬기고 연배자이면 형제처럼 하여라"

가 얼마나 심절深切한 부탁입니까? 그의 후손이 신명을 돌보지 않고 홍수에서 건져낸 것을 그들이 선생의 저서를 선생과 꼭 마찬가지로 여겼던 전통적 인식에서 나온 행동이었을 겁니다.

족하! 저《삼운성휘三韻聲彙》의 저자 홍계희洪啓禧는 장조흉화莊祖凶禍[18]의 음모적 거괴巨魁라 하지만《반계수록磻溪隨錄》을 올리고《반계전磻溪傳》을 찬진撰進하지 않았습니까? 그러나 선생의 저서에 대하여는 어찌나 그렇게도 세인의 동정과 발천發闡[19]이 없었던가요?《흠흠신서》,《목민심서》같은 것은 그 내용이 워낙 탁월하고 수용적需用的 첩경이기

---

15 중국 전국시대 조趙나라의 장군 조사趙奢의 아들. 자기 아버지의 병서를 읽고 병법을 배웠다.
16 〈두 아들에게 부치노라[寄二兒]〉 1802년 12월 22일.
17 강진 유배 시 부인이 보낸 낡은 치마를 재단하여 만든 서첩에 작성한 아들에게 보낸 편지.
18 사도세자를 해한 일. 장조는 사도세자의 추증 연호.
19 열리어 드러남.

때문에 사색四色을 막론하고 환로宦路에 뜻이 있는 자는 다투어가며 등초謄草하여 보았으므로 세계 유행이 적지 않았지만, 이것은 결국 과유속사科儒俗士가 성경현전聖經賢傳을 한갓 표절, 과거 응시[應擧]의 용구로만 인식하는 것과 조금도 다름이 없는 것입니다. 선생과 선생의 친구가 오랫동안 세인의 영합을 받지 못한 것은 결국 선생과 선생의 저서가 당시 사회보다는 100년이나 앞섰던 까닭이 아니었습니까?

족하는 선생의 후자운後子雲[20]이 아니십니까? 그러나 족하는 사회 여러 선배들에게 공을 돌리시니 족하의 훌륭한 덕[盛德]을 이어서 한 번 더 감탄하지 않을 수 없습니다.

족하! 간행 전서를 언뜻 읽어보니[瞥讀] 족하의 감사 글[謝言]과 같이 사력事力의 군속窘俗과 교열校閱 제공諸公의 불의적 사고로 인하여 잘못된 글자와 그릇된 글귀[誤字訛書]가 없지 않은 것은 정오표의 첨부로써 문제는 해결될 줄 압니다. 그러나 편질篇秩이 호양浩穰한 만큼 상세한 목록의 첨부가 없이는 손 가는 대로[隨手] 참고가 도저히 불가능합니다. 동시에 연보의 참고가 없이는 선생과 저서에 대한 이해가 역시 요령을 얻을 수 없는 바입니다. 이 두 가지는 종속縱速히 간행해주시기를 간절히 바랍니다.

그리고 본집 부록이 될 만한 선생에 대한 만가[挽], 제문[祭], 기타 기술記述 문자를 널리 모으고 정밀하게 선정하여[廣蒐精選] 연보와 함께 간행해주었으면 선생의 시공時空을 이해하는 데 적지 않은 도움이 될까

---

20 후세의 자운. 자운은 전한 말기 유학자인 양웅揚雄의 자字. 그가 《논어》를 본떠서 《법언法言》을 지었음을 비유한 듯하다.

합니다.

이청李晴은 연보 기초자起艸者라 할 뿐 아니라 선생의《대동수경大東水經》중에 첨기되어 있는 안설案說[21]을 보면 선생의 고제高弟인 것이 분명하나, 그의 사행事行과 저술에 관한 상세는 강호江湖 동호자同好者[22]의 통지通知 있기를 바라는 바입니다.

족하! 금번 간행 76책의 분류 목차는

제1, 시문집詩文集, 부잡찬집附雜纂集

제2, 경집經集

제3, 예집禮集

제4, 악집樂集

제5, 정법집政法集

제6, 지리집地理集

제7, 의학집醫學集

등으로 되어 상기한 '열수전서 총목록'과는 다르게 되었습니다. 물론 인쇄의 관계로서 권수, 책 수의 축소를 따라 분류의 세분과 목차의 변동이 없지 못할 것이겠지마는 선생의 수정手定 분류 및 그 목차가 원래 무정견無定見한 것이 아니고 또 그것이 본래 면목인 이상에는 될 수 있는 대로 이전 관례를 따랐[仍舊貫][23]더라면 하는 감이 없지 못합니다.

금번 간행본의 제목은《여유당전서》라 하였지마는 수정초본手定草

---

21 보충한 설명.
22 같은 취미를 가지고 함께 정보 따위를 나누면서 즐기는 사람.
23 관貫은 관慣이 적절한 듯하다.

本에는 전체적 제목이 없고《여유당집與猶堂集》이라 하였을 뿐이며《흠흠신서》,《목민심서》,《마과회통》은 별개 제목이 없으니 아마 이것은 단행본으로서 전집과는 독립적으로 간행할 예정이 아니었는가 합니다. 그 외 표제는 전부《여유당집》이고 다만 문집의 일부분에 있어《열수전서속집》이란 표제가 있으니 이것을 보면 '열수전서' 넉 자는 가장 만년晩年에 정한 제호題號인 듯하며, 상기 총목록에도 '열수전서 총목록'이라 하였으니 만일 전서라 하려면《여유당전서》보다는 '열수전서'라고 그냥 습용襲用하는 것이 득책得策이 아니었을까 합니다.

단행 저서, 예를 들어《목민심서》,《흠흠신서》등 서문序文이 문집 중〈서문유취序文類聚〉중에 중견重見된 것이 간혹 발견되니, 이것은 초본 그대로 인쇄한 까닭이지만 재판再版 시에는 물론 삭거될 것입니다.

그리고《자찬묘지명》(집중본)에《아방비어고》30권 미성未成이라고 적혀 있으나 '열수전서 총목록' 및 그 가장초본家藏草本에는 없으니 이 것은 의도뿐이요, 1, 2권의 실현도 없었던 것인가 혹은《민보의民堡議》1권 1책이 그것의 일부분이 아니었든가, 혹은 정위당鄭爲堂[24]이 말씀한《상두지桑土[25]志》1책이 그것의 일부분이 아니었든가 합니다.《상두지》는 가장본 및 그 '열수전서 총목록' 중에는 없으나 정다산 소저所著라 하고 또 그 서명과 내용이 비어備禦에 관한 것인즉, 혹시 이것이 비어고의 시작이 아니었든가 합니다.

《균암만책筠庵漫策》은《목민심서》중에 인용한《자균암만필紫筠庵漫

---

24 위당 정인보.
25 원문에 '土'에 '두'라고 음을 달았다. '상두桑土'는 뽕나무 뿌리를 가리킨다.

筆》인데, 서명 및 그 장수張數만은 '열수전서 총목록' 중에 기재되었으니 이것은 어찌 된 것입니까?

묘지명 중 정헌貞軒[26]-복암茯庵 이기양李基讓-여암鹿庵 권철신權哲身-매장梅丈 오석충吳錫忠-선중씨先仲氏[27]-《자찬묘지명》(광중壙中 및 집중본)을 1책으로 한 것은 표지에 비본秘本 두 자가 쓰여 있으니 이런 것도 당시와 선생을 이해하는 데 홍미 있는 문제인즉, 그냥 적당한 곳에 기재해두는 것이 좋지 않았을까 합니다.

일후 연보 간행 시에는 선생 필적과 여유당 고택과 가장초본 내관內觀 일부 및 그 책장冊欌 등등을 정명精明하게 촬영하여 배치해[揷置]주시기를 앙망하는 바입니다. 그 외 여러 가지는 면담으로. 12월 28일.

---

26 이가환을 가리킴.

27 둘째 형 정약전.

선생의

천품재덕 天稟才德

■

선생의 천품과 재덕에 관하여는 독자로 대개 일정한 상상이 각기 있겠지마는 정신적, 사상적 방면과 달리 선생의 육체적 특징에 대하여는 초상肖像 같은 구체적 재료와 위의풍신威儀風神을 묘사한 문자가 잘 발견되지 않는다. 이것이 선생을 경모하는 후인으로서 적지 않은 유감이 되지 않을 수 없다.

신빙할 만한 전언에 의하면 선생은 체구[軀幹]가 중인中人 이상으로 장대하였다고 한다. 《자찬묘지명》에는 "어려서 매우 영리하여 자못 문자를 알았다[幼而穎悟 頗知文字]"라 하였을 뿐이고, 강진 유배 중에 지은 〈칠회七懷〉시 중 '조카를 생각하며[憶舍姪篇]'에 "체구는 나를 닮아 건장하려무나[軀應似我長]"라 하였으니, 이것을 보면 선생의 장대長大는 전언前言과 상합한 것이다.

선생이 지은 〈선중씨先仲氏(若銓)묘지명〉 중에 정조가 일찍이 약전을 보고 형의 준위俊偉가 동생의 무미嫵媚보다 낫다고 하였으니, 이것을 보면 선생은 구간軀幹이 석대碩大한데다가 자태가 거칠지 않고 아름다웠던 것을 족히 알 수 있다.

선생은 유시에 두역痘疫을 곱게 치러서 면상에 일점 반흔이 없고 오직 오른쪽 눈썹의 두흔痘痕으로 인하여 눈썹[眉身]이 조금 나누어졌으므로[中分] 삼미자三眉子라 자호自號하였으니, 이것은 선생 용모의 후천적 특징이었다. 그 외 상세는 필자의 과문寡聞으로서는 측지測知할 바가 아니다.

선생의 재분才分은 여러 가지 야담 일화를 퍼뜨릴 만큼 신기하였던 것이다. 필자도 어린아이 적에 촌부자村夫子[1]와 향선생鄕先生[2]들에게 직접 들은 것이 적지 않았다. 항간에 유전하는 기이한 행동과 익살스러운 말[奇行詼諧]은 대개 오성鰲城 대감大監[3]을 들추는 것과 마찬가지로 재담 경구才談警句는 대개 정다산을 찾는 경향이 없는 바는 아니지만, 하여간 다산의 기이한 타고난 재질[天分][4]이 당시 사람에게 깊은 인상을 주었던 것만은 이것으로서 십분 짐작할 수 있는 것이다.

선생이 15세 시에 초례석상醮禮席上에서 처妻 종형從兄 홍인호洪仁浩의 "사촌 매부가 삼척동자구나[四寸妹夫 三尺童子]"란 희구戱句에 "중후한 장손이 경박한 소년이로다[重厚長孫, 輕薄少年]"라고 곧바로 즉답한[應聲卽答] 것은 세상에 너무나 회자한 것이거니와, 정조에게 곧바로 대답한[應口輒對] 것이라는 해어경구諧語警句 몇 가지 사례[數例]를 들면 이러하다.

---

1 시골 글방의 스승.
2 지방의 이름 있는 선비.
3 오성 이항복을 가리킴.
4 원문에는 대분大分이라 하였으나 천분天分의 오기라고 보인다.

정조 "말이 마치(馬齒의 音) 하나둘 이리(一二의 音)."

선생 "닭의 깃이 계(鷄羽의 音) 열다섯이오(十五의 音)."

정조 "보리뿌리 맥근맥근."

선생 "오동열매 동실동실."

정조 "아침까지 조작조작."

선생 "낫송아지 오독오독."[5]

정조 "못 위 붉은 연꽃은 '나는 점'과 같다[池上紅荷 吾與點也]."[6]

선생 "앞에 펼쳐진 붉은 버들은 '모두 말하기를 '수'라고 한다[展前碧柳 僉曰垂哉]."[7]

    일설에는 이상 세 개 대해對諧는 선생이 아니고 윤행임尹行恁의 것이며 '전전벽류展前碧柳' 대구對句는 번암樊巖 채제공蔡濟恭의 것이라 하나 필자의 처음 들은 대로 그냥 기입한다.

    어느 때엔 정조와 선생이 세 개 자를 한 개 자로 합성한 한자, 즉 정

---

5   이상 네 구는《실학파와 정다산》에는 麥根, 桐實, 朝鵲, 午犢 등의 한자가 병기되어 한자음으로서 의태어, 의성어를 삼았음을 보여준다.

6   《논어》〈선진편〉을 보면, 공자가 제자들에게 각자의 포부를 물었을 때 모두 정치적 경륜을 펼치겠다고 답하는 내용이 나온다. 이때 유독 증점(증자의 아버지)만이 다음과 같이 답을 한다. "늦은 봄철에 봄옷을 갈아입고 5~6인의 어른과 6~7인의 아이들과 함께 기수에서 목욕하고, 무우에서 바람 쐬고 노래하면서 돌아오고 싶습니다[莫春者 春服既成 冠者五六人 童者六七人 浴乎沂 風乎舞雩 詠而歸]." 이에 공자는 "나는 증점과 같다[吾與點也]"라고 답하였다. 본문의 문장은 이를 끌어들였으나, 여기서 점은 증점이 아니라 정말 점을 가리킨 듯함.

7   《서경書經》권1〈우서虞書〉'순전舜典'에 순임금 가라사대 "누가 나의 장인 일을 잘 다스릴꼬?" 하니, 모두가 아뢰기를 "수입니다"라고 하였다. 순임금 가라사대 "그렇구나. 아, 수여! 그대는 공공이로다" 하니, 수가 절하고 머리를 두 빈 조아려 수와 장과 및 백여에게 사양하니, 순임금 가라사대 "그렇구나, 가거라. 그대는 잘 화합하라"라고 하였다[帝曰疇若予工 僉曰垂哉 帝曰兪 咨垂 汝共工 垂拜稽首 讓于殳斨 暨伯與 帝曰兪 往哉汝諧]. 여기서도 '수垂'는 사람 이름이 아니라, 버들이 늘어져 있다는 뜻으로 사용하였다.

品, 간姦, 묘淼, 삼森, 뢰磊 등 자의 글자 모으기[書聚] 내기를 하게 되었다. 각기 글자 모은 것을 대조, 비교하려 할 때 선생은 문득 아뢰어 가로되 "전하께서 한 자만은 신에게 불급할 것이올시다" 하니, 정조 가로되 "모든 자전字典에 있는 것을 하나도 빠짐없이 죄다 암기하노니 '일자불급'이 웬 말이냐?" "그래도 한 자만은 불급할 것이올시다" 하고 비교해본즉, 정조는 '삼三' 자를 기입하지 않았다. 그래서 군신이 크게 웃었다고 한다.

선생의 다문박식이 일세를 누리게 되니 다른 당 문사의 시기가 또한 적지 않았다. 어느 때 어느 모임[會所]에서 그들은 선생에게 곤욕을 줄 량으로 전부 난해한 고자古字를 사용하여 서간 하나를 만들어 선생에게 보내고 즉석 회답을 요구하였더니 선생은 조금도 지체 없이 회답해주었다. 그들은 답서를 열어본즉, 또한 전부 모를 고자라 자서字書를 뒤져가면서 한참 동안 공동 해독해본 결과 결국 그들의 편지를 다른 모양의 고자로 베껴 보낸[謄送] 것이다. 그들은 하염없이 선생의 신랄한 반사적 조롱을 만끽할 뿐이었다고 한다.

이들 일화가 물론 선생의 절특絶特한 재분에 대한 칭찬이 아닌 것이 아니지만, 그 반면에 선생을 도학자나 정인군자正人君子로 인정하지 않고 한갓 재화인才華人으로만 평가하려는 편피偏詖한 태도가 의연히 숨어 있는 것이다. 선생을 일개 사학이론邪學異論, 사문난적斯文亂賊으로 지적指斥하고 유학자의 반열에 세워주지 않았던 것은 최근까지 향곡유생鄕曲儒生의 지배적 월단月旦[8]이었던 것이다. 선생의 광명탁월한 정

---

8   인물을 비평하는 것. 후한시대 여남이라는 곳의 허소許邵와 사촌인 허정許靖이 매달 초하루에 향리

체가 당시 부유악당腐儒惡黨의 귀설鬼舌에 얼마나 말살되었던 것을 넉넉히 짐작할 수 있지 않은가?

〈병조에서 임금의 분부를 받고 왕길 석오사 일백 운을 지음[騎省應敎賦得王吉射烏詞一百韻])[9]은 본문과 응교제상應敎製上의 경위가 시집 중에 상세히 기록[詳記]되어 있거니와 선생은 일찍 병조 숙직하는 밤에 시제詩題를 받아가지고 오경삼점五更三點에 완편完篇한 것이다. 정조는 그 극히 빠름[神速]을 탄복[歎賞]하고 사슴가죽[大鹿皮] 한 장[一領]을 하사하였으며 당시 문임文任 제신諸臣에 심환지沈煥之, 이병정李秉鼎, 민종현閔鍾顯[10] 등은 모두 선생의 기재奇才 조화藻華를 입을 모아[交口] 논평을 올렸다[評進]. 선생의 재화문명才華文名은 드디어 상하 많은 관료[百僚]를 울리게[聳動] 하였다.

그러나 여기에 달린 일화 하나가 있다. 선생의 받은 시제[受題]는 '폐하의 만수무강을 축원하오니 신의 몸은 이천 석 관리입니다[陛下壽萬歲 臣爲二千石]' 열 자뿐이므로 선생은 이 벽제僻題가 왕길 석오시王吉射烏詩인 것을 적확히 알지 못했다. 그래서 내각內閣 장서 중에서 본제의 출처를 널리 열람하여[廣覽博考] 새벽 대궐문을 열기 전[曉鑰以前]으로 일백 운 시一百韻詩를 지어 올리라고[製進] 정조는 엄명하였다. 그러나 널리 열람하기는 시간의 제한이 불허하므로 선생은 부득이 문지기[門直]를

인물을 비평한 데서 나온 용어다.

9　왕길은 서한시대의 인물. '석射(맞힐 석)' 자는 원문에 '재財' 자로 잘못 기재되었다.

10　원문에는 종상鍾祥으로 표기되었으나 《여유당전서》에는 종현鍾顯(1735~1798)으로 나타난다. 이때 그는 홍문관 제학을 지냈으므로 확실하다.

밀사密使로 하여 해제解題를 자세히 보여줄 것[詳示]을 당시 박식가[博識神]인 정헌貞軒 이가환李家煥에게 화급히 간청하였다. 정헌은 밤중에 일어나 앉아서[起坐] 붓을 날려[飛筆] 즉답하여주므로 선생은 그것을 의거하여 한정한 시간 내에[限內] 신속히 지어 올렸[製上]다 한다.

이와 같이 정헌의 '널리 읽고 기억이 뛰어나기[博覽强記]'가 천고에 관절冠絶한[11] 것은 다산 선생으로도 누차 탄복하였던 것이다. 그러나 술작述作의 민활과 일을 처리함[料事性]의 신통神通과 사변에 대한 온화하면서도 굳건한[雍容剛正] 기상氣像과 학문에 대한 침잠조창沈潛條暢[12]한 견해는 선생이 정헌에 훨씬 뛰어났[遠過]던 것이다.

전서와 연보를 통관通觀하면 자연히 알게 되지만 선생은 전후 혹독하기 이를 데 없는[酷毒無比] 세고가화世故家禍[13]에서 처신과 응변의 기술[術]이 극히 명석하되 급기야[及其] 의리를 위하고 학문을 위하여서는 부귀와 빈천이 능히 그 뜻을 흔들지 못하고 사생死生과 화복禍福이 그의 마음을 털끝만큼[一毫]도 건드리지 못하였다. 경제의 재식才識과 학문의 포부는 그만두고 지절志節과 조행操行의 방면만 가지고 보더라도 선생은 실로 백세의 사표師表라 아니할 수 없다.

선생이 강진 유배[在謫] 시에 시색時色[14] 모씨某氏가 호남 관찰사로 와서 선생에게 편지하여 해배解配의 방법[辦法]을 몰래 써 보였다[秘示]. 천애방축天涯放逐[15]의 생활은 끝이 없고 가국家國의 그리움도 가없는 터

---

11   '가장 뛰어나 견줄 사람이 없음'의 뜻.
12   '조용히 침잠하여 이치에 통달함'의 뜻.
13   '세상의 사고와 집안의 재화災禍'의 뜻. 신유사옥과 다산 집안이 겪은 일을 가리킨다.
14   시파時派의 뜻으로 보인다.
15   '하늘 끝까지 멀리 추방된'의 뜻.

이니 웬만하면 처세술에 응종할 것이지만 선생은 의리의 생명을 위하여 일신의 사생화복을 헌 나막신[弊屐]처럼 생각 밖[度外]에 버렸던 것이다.

선생 답서의 대의는 이러하였다. 귀하의 뜻[貴意]은 감사히 생각한다. 그러나 내 일신은 벌써 늙었고, 일인의 해배는 국가로선 큰일[大事]의 관계가 아니다. 정작 호남의 큰일이 있다. 방장 민의 곤궁[民困]은 극도에 달하고 탐리의 착취[剝割]는 더욱 심하니[益甚] 어떤 대방침이 미리 서지 아니하고는 호남의 도현倒懸¹⁶은 구해救解¹⁷될 도리가 없고 도현이 구해되지 않으면 오래지 않아[未久] 큰일이 터질 것이다. 내 일신은 유배 중에 생을 마쳐도[流竄終生] 큰 문제[大關]가 아니니 모름지기 정작 큰 문제에 유념하라 하고 이어서 민곤이탐民困吏貪¹⁸을 구할 방략을 그에게 지시한 바가 있었다 한다.

이 한 가지로서 선생의 전체를 판단하기에 넉넉지 않은가 보라! 망신우세忘身憂世¹⁹의 위대한 정열과 죽어도 변하지 않는[至死不變] 순도적殉道的 지절志節을! 선생을 짝할 자가 천고에 몇몇이나 될 것인가? 성誠과 명明은 서로 떠나지 않는 덕이다. 선생의 우세적憂世的 지성은 또한 미래의 기미機微를 명견明見치 않았는가. 봉건 붕괴[倒壞]의 선발적先發的 거포巨硘인 갑오 고부의 민란은 일세기 전에 벌써 선생의 예언한 바라 아니할 수 없는 것이다. (문집 중 '여금공후서與金公厚書' 참조)

---

16 '거꾸로 매닮'의 뜻.
17 '구해서 풀어줌'의 뜻.
18 '민곤의 질고와 관리의 탐학'의 뜻. 원문에는 빈貧으로 썼으나 내용으로 봐서 탐貪이 옳은 것 같다.
19 '몸을 잊고 세상을 걱정하는'의 뜻.

학문의
연원
경로 徑路

I

선생의 《제가승찰요題家乘撮要》에 의하면 이조李朝가 정도定都한 후 선생의 선세先世는 곧 한양漢陽에 머물며 벼슬[居仕]하였는데 정승政丞, 이판吏判, 문형文衡[1]의 대관大官은 없었으나 옥당화직玉堂華職[2]이 9세를 계승하였으며 고조 이하 3세가 포의布衣로서 한양을 떠나 마현馬峴에 이거하였으나 부친 하석荷石은 음사蔭仕로서 진주목사晋州牧使에 이르렀으니 선생의 가벌家閥은 봉건시대의 양반 사회에 있어서 상당한 중류 이상의 귀족 계급이었다.

당시 귀족 계급의 관학은 경례삼백經禮三百과 곡례삼천曲禮三千[3]을 운운하는 유학이었으므로 이 분위기 속에서 자라나 길러진[生長哺育] 선생은 역시 유학으로서 다반茶飯을 삼고 무장武裝을 삼지 아니하지 못하였다.

1 　홍문관, 예문관의 대제학을 가리킴.
2 　홍문관의 높고 중요한 관직.
3 　《예기》에 나오는 말로, 경례經禮는 예禮의 대강령大綱領을 뜻하며 곡례曲禮는 그 밑의 소목을 말한다.

원래 유교는 그 본질이 동양적 봉건사회의 문화적 산물인 동시에 주도 계급의 존엄한 생활을 합리적으로 지지하던 이데올로기의 체계다. 이것의 현란중첩絢爛重疊[4]한 후광은 부문허례浮文虛禮[5]를 방사放射하며, 부문허례는 문화적 주도 계급의 진부해감을 따라 말할 수 없는 위학폐습僞學弊習으로 전화하여 인간사회의 이성적 발작發作과 진보적 요소를 극도로 억압 교살絞殺하는 필연적 임무를 담당하게 되는 것이다. 선생 당시 문화적 실권實權 계급의 작폐作弊는 이러하였던 것이다.

이러한 문화적 뇌옥牢獄의 컴컴한[暗黑] 가운데서 선생은 어찌하여 구출되었던가? 묵고 낡아 좀먹은 문화뇌옥의 판벽은 커다란 구멍이 뚫리게 되지 않을 수 없었다. 이 구멍을 통하여 한 줄기 광선을 받아들여 암흑의 막을 적이 깨뜨렸으니 선생 학문의 연원 경로가 얼마나 깊숙이 흘렀[潛流的]으며 우회가 많았던 것을 넉넉히 짐작할 수 있지 않은가?

선생의 모계 해남윤씨海南尹氏는 쟁쟁한 유가인 동시에 남인당의 명가였다. 고산孤山 윤선도尹仙道의 증손 공재恭齋 윤두서尹斗緖(진사)는 선생의 외증조인데, 그는 박학호고博學好古하고 경제 실용의 도서를 많이 가장家藏하였으며 화예畵藝가 절세하여 현재玄齋 심사정沈師貞의 산수山水와 겸재謙齋 정선鄭敾의 절벽고송絶壁古松과 공재의 인물이 화계畵界의 이른바 삼재三齋다. 공재의 조선 지도는 선생의 칭선稱善한 바였다. 공재의 소영小影이 지금까지 전래하는데, 선생의 안모수발顏貌鬚髮[6]이 이것에 방불하다 한다. 선생은 일찍이 문인에게 일러 가로되 나의

---

4   눈부시게 찬란함이 겹쳤다는 뜻.
5   공허한 글과 겉으로만 번드레한 예의.
6   얼굴의 모습과 수염과 머리카락.

정신과 재분才分은 외가의 유전을 많이 받았다 하였으나 정신재분뿐 아니라 실학의 경향도 역시 공재의 감화가 많았던 것이다.

그러나 선생 학문의 연원에 있어서는 주적主的으로 성호星湖의 학파였다. 당시 실학의 정예 부대인 남인 일부는 모두 성호의 학도였으니 선생의 가내에서도 둘째 형 약전과 셋째 형 약종若鍾이 대개 그들이었다. 선생이 16세에 성호 유고遺稿를 비로소 배독拜讀하고 감발感發한 바가 있었는데, 《자찬묘지명》 중에 그 경위를 이렇게 말하였다.

15세에 장가를 들었는데, 마침 선고先考가 다시 벼슬하여 호조좌랑이 되어 서울에 우거하였다. 이때 이가환이 문학으로 한세상에 명성을 떨쳤고, 자부 이승훈이 또 몸을 단속하고 뜻을 가다듬어 모두 성호 이익 선생의 학문을 조술하였다. 용鏞이 성호의 유저遺著를 보고는 흔연히 학문하기로 마음먹었다.

十五而娶 適先考 復仕 爲戶曹佐郎 僑居京內 時 李公家煥 以文學 聲振一世 姊夫李承薰 又飭躬勵志 皆祖述星湖李先生瀷之學 鏞得見其遺書 欣然以學問爲意

22세 때 〈섬촌의 이 선생 옛집을 지나며[過剡村李先生舊宅]〉란 시는 다음과 같다.

道脈晚始東　도맥이 후대에야 동국에 전해
薛聰啓其先　설총이 그 시초를 열어놓았고
傳流逮圃牧　그 맥이 포은 목은 몸에 미치어

忠義濟孤偏　높디높은 충의를 이루었다네

退翁發閩奧　퇴옹은 주자 진수 드러내시어

千載得宗傳　천년 뒤에 그 도통 이어받으니

六經無異訓　육경은 다른 뜻이 있지를 않아

百家共推賢　백가들이 다 함께 받들었다네

淑氣聚潼關　맑은 기운 마침내 동관에 모여

昭文耀剡川　밝은 문장 섬천에 환히 빛나니

指趣近鄒阜　주된 뜻은 공맹에 가깝게 되고

箋釋接融玄　주석은 마융 정현[7] 뒤를 이었네

蒙蔀豁一線　몽매한 나 한 줄기 빛이 보이어

扃鑰抽深堅　깊이 잠긴 자물통 열고 싶어도

至意愚莫測　짐작을 못할레라 지극한 뜻을

運動微且淵　그 운용 오묘하고 또한 깊다네

(성호 선생은 벽동군碧潼郡에서 태어났다)

　　더구나 섬촌剡村은 동향 광주廣州이며, 선생은 성호의 향인이므로 성호 학풍에 대한 감촉感觸 기회가 누구보다 빨랐을 것이다.

　　만년에 자질子姪더러 일러 가로되 "나의 큰 꿈[大夢]은 성호 사숙私淑[8]에서 깨었다" 하고 강진 유배 중에서 중씨仲氏 손암巽菴[9]에게 올린 편

7　마융馬融(79~166)과 정현鄭玄(127~200)은 둘 다 후한시대의 훈고학자訓詁學者다. 정현은 마융의 제자다.

8　직접 가르침을 받지는 않았지만, 그 사람의 행적이나 사상 따위를 마음속으로 본받아서 도나 학문을 닦음을 이르는 말.

9　정약전을 이름.

지에 가로되 "성옹星翁의 저작은 거의 100권에 가깝습니다. 스스로 생각해보면 우리들이 천지의 웅대함과 일월의 광명함을 알 수 있게 된 것은 모두 이 선생님의 힘이었습니다[星翁文字 殆近百卷 自念吾輩 能識天地 之大日月之明 皆此翁之力]"라 하였으니 선생의 성호에 대한 경앙景仰은 일생을 통하여 일관하였던 것이다.

성호학파의 대성자大成者인 선생은 성호의 학과 유서遺書를 성호의 종손 이가환과 그의 학파 이승훈李承薰에게서 듣고 보았던 것은 상단에 약술한 바 가장 첩경이었을 것이려니와, 선생의 학문 체계에 가장 참신한 요소를 기여한 서양학은 그 전수의 왕로往路가 또한 어떠한가?

서학을 선생에게 가장 먼저 소개한 사람으로는 《자찬묘지명》이나 〈사암연보俟庵年譜〉에 모두 광암曠庵 이벽李檗(자 덕조德操)을 들었다. 광암도 역시 광주 사람인 동시에 성호 학파에 속하였을 것이다. "현인 호걸 기운은 서로 맞는 법, 친근하고 도탑게 정을 나눠야[賢豪氣相投, 親篤欣情盻]"란 것은 선생 16세에 이벽에게 준 시의 1연인즉, 지동기합志同氣合이 조년早年부터 되었던 것을 가히 상상할 수 있는 것이다. 22세, 즉 상상上庠[10]한 이듬해 여름에 선생은 배를 타고 마현의 하류 두미협에 내려가서 광암에게 서교를 듣고 그에 관한 서적 한 권을 보았으니, 이것이 서학 접촉의 첫 기회였다 한다.

선생뿐 아니라 중씨 손암도 일찍이 광암을 종유從遊하여 역수曆數의 학을 듣고 《기하원본幾何原本》[11]을 연구하여 그 깊은 뜻[精奧]을 명확

---

10 성균관에 들어감.
11 유클리드의 기하학을 서광계, 마테오 리치 등이 번역한 책.

히 분석[剖析]하였으며, 또 신교설新敎說을 듣고 기뻐했으나 몸소 교敎에 종사는 하지 않았다고 하였다(《선중씨묘지명》). 광암의 박아博雅는 원래 선생의 칭도稱道한 바이거니와, 이것을 보면 그는 당시 서학의 선각자이었던 것이다. 중씨뿐 아니라 삼형 약종도 역시 그에게서 맨 처음으로 계발啓發되었을 것이 아닌가 한다.

그러나 서학에 대한 서적 및 그 구체적 설명은 광암이 제일차적으로 선생에게 제공하였다 하나 서학을 학문으로서 취급하여 유학의 결함을 보충하고 완미完美하게 하려는 학적 충동은 광암의 전수보다 먼저 성호 유서遺書에서 인상 깊게 얻었을 것이다.

이제 성호의 명저인《성호사설星湖僿說》일서를 가지고 보면 서학의 상위象緯 교리에 관한 제서諸書뿐 아니라 방적아龐迪我[12]의《칠극七克》과 필방제畢方濟[13]의《영언나작靈言蠡酌》과 탕약망湯若望[14]의《주제군징主制群徵》등 책을 모두 정독, 논단하여 억양찬부抑揚贊否의 학문적 견해를 기탄없이 진술하고 썩은 유생과 바르지 않은 선비[腐儒曲士]의 선입적 편견으로서 일률적으로 증오 배격하는 고루한 태도[陋態]는 취하지 않았던 것이다. 성호 선생 전집 55권《발천주실의跋天主實義》에 이렇게 말하였다.

《천주실의》는 마테오 리치가 지은 것이다. (……) 그 학문은 오로지 천주를 숭상하니 천주란 곧 유가儒家의 상제上帝다. 하지만 그 공경하고 섬기며

---

12 판토하Didace de Pantoja(1571~1618). 에스파냐 출신의 예수회 선교사, 신부.
13 삼비아시Franciscus Sambiasi(1582~1649). 이탈리아 출신의 예수회 선교사.
14 샬Adam Schall von Bell(1591~1666). 독일 출신의 예수회 선교사.

두려워하고 믿는 것은 곧 불교[佛氏]의 석가와 같다. 천당 지옥으로 징계하고 권면하면서 두루 돌아다니며 교화[導化]하는 것으로 예수가 되니, 예수는 서양의 구세주를 말한다. (……) 예수의 시대로부터 1603년이 지나 이마두利瑪竇[15]가 중국에 이르니. (……) 중국어를 익히고 중국 책을 읽어서 지은 책이 수십 종에 달하였다. 위로는 하늘을 관찰하고 아래로는 땅을 살펴 추리하고 계산하며 달력을 만든 그 신묘한 방법은 중국에는 아직 없던 것이었다. 그는 머나먼 땅의 외신外臣으로 망망대해를 건너와서 학사 대부들과 교유하였다. 학사와 대부 가운데 옷깃을 여미고 존경하면서 그를 선생이라 부르지 않는 이가 없었고 감히 대항하지 못했으니 그는 분명 뛰어난 인물[豪傑之士]이었음이 분명하다. 그러나 그가 인도의 교리를 배척한 것이 지극하나 오히려 필경국 불교와 같이 환망幻妄한 데로 귀착될 것을 깨닫지 못하였다.

天主實義者 利瑪竇之所述也 (……) 其學專以天主爲尊 天主者 卽儒家之上帝 而其敬事畏信 則如佛氏之釋迦也 以天堂地獄爲勸懲 以周流導化爲耶蘇 耶蘇者西國救世之稱也 (……) 耶蘇之世上距 一千有六百有三年而瑪竇至中國 (……) 習中國語 讀中國書 至著書數十種 其仰觀俯察 推筭授時之妙 中國未始有也 彼絶域外臣 越溟海而與學士大夫遊 學士大夫莫不斂衽崇奉 稱先生而不敢抗 其亦豪傑之士也 然其所以斥竺乾之敎者至矣 猶未覺畢竟同歸於幻妄也.

《성호사설》에서 성호는 천주교사天主敎士 방적아의 《칠극》 책을 칭

15   마테오 리치Matteo Ricci(1552~1610). 이탈리아 출신의 예수회 선교사.

찬해 가로되

> 칠지七枝 중에는 또 절목이 많고 조리가 있고 비유가 절실하고, 그리고 간
> 혹 우리 유가에서 아직 발로하지 못한 것도 있어서 극기복례의 공부에 크
> 게 도움 된다. 다만 거기에 섞여 있는 천주귀신설天主鬼神說은 해괴한 것이
> 다. 만약에 자갈과 모래[沙礫=천주귀신설]를 걸러내고 명론名論(칠극설)만을
> 취한다면 곧 유가와 같은 유流다.
> 七枝之中 更多節目 條貫有序 比喩切己 間有吾儒所未發者 是有助
> 於復禮之功矣 但其雜之以天主鬼神之說則駭焉 若刊汰沙礫 抄採名
> 論 便是儒家者流耳.

이상 인용한 여러 절을 보면 성호의 서학에 대한 견문과 견해가 어
느 정도에 있었는지를 알 수 있지 않을까? 성호의 유학이 실학의 경향
을 띠어 신선한 기색을 나타내게 된 것은 무엇보다 서학의 접촉으로서
정관적井觀的 편견을 깨뜨리고 비판적, 과학적 정신을 무의식간에 부식
扶植한 까닭이다. 16세부터 그의 유서遺書에 학적 흥미를 가지게 된 선
생은 서학에 관한 성호의 논평적 정신을 어찌 등한히 간과하였으랴.

두미협에서 광암 이벽에게 서교에 대해 듣던[聞敎] 전년, 즉 계묘 겨
울에 선생의 자부姊夫 이승훈은 그의 아버지 동욱東郁의 연행燕行을 따
라 북경에 가서 사신 일행과 함께 천주교당을 왕방往訪하여 서양인 교
사敎士가 선교 방법으로서 신증贐贈하는 《천주실의》 여러 질, 《기하원
본》, 《수리정온數理精蘊》등 서적과 망원경, 지평표地平表 등 기구를 얻
어갖고 귀국하였으니, 후일 서학옥안西學獄案에 이른바 이승훈 구서購書

사건이란 것이 즉 이것이다. 그는 그것을 읽어 익히고[誦習] 연구하였을 뿐 아니라 동지 교우에게 서로 전파하였으니 그의 외숙 이가환과 선생 형제는 가장 먼저 얻어 보았을 것이다. 얻어 보았을 뿐만 아니라 그들의 학적 탐구열은 호상 논구하기에 마지않았을 것이다.

그러나 《자찬묘지명》 기타 문자에 서교를 처음 들은 것[始聞]을 어디까지 이벽에게만 돌리고 가환, 승훈과의 관계는 말하지 않았으니 그 이유는 없지 않다. 이벽은 두미 회합 이듬해 을사에 곧 요절하여 후일 서학옥안에 하등 문제가 되지 않았으니 연기緣起의 명언明言이 역시 꺼릴 바 없으되 옥안의 중심인물인 가환과의 관계 내용은 일생의 시휘時諱가 되었던 까닭이다. 그러나 반면에 26세 정미 이래 친구[友人] 이기경의 용산龍山 강정江亭에서 자주 일과 공부[課工]하는 동시에 서학에 대한 논구가 있어 기경 자신도 그것을 즐겨 듣고[樂聞] 서학 1권을 손수 초록[手抄]까지 한 것은 어디까지 명기하여두었으니 이는 후래 기경이 본래 생각[素志]을 변하고 세리勢利의 부추김[指嗾]을 받아 홍낙안, 목만중과 공모하여 사학안邪學案을 거짓으로 꾸며[羅織] 선류善類를 함정으로 얽어매던[構陷] 정체를 밝히기 위한 것이었다.

이상 필자가 논증하려는 것은 다른 것이 아니라 성호의 유학은 서학의 영향을 중요한 요소로서 흡수한 것이며 성호의 사숙私淑인 선생은 가환, 승훈 등 선진을 계제로 하여 성호의 학풍을 받든 일시日時에 서학 갈구의 출발은 그의 유서 중에서 벌써 얻게 되었으리라는 것이다. 그래서 이벽 문교聞敎 이전에도 선생의 서학 개념이 전연 백지가 아니었으리라는 것이다.

그러나 이벽은 당시 서학 대가임에 불구하고 일찍 사망한 관계로 그의 학적 파문은 크지 못하였고 그의 존재는 미처 세인의 인식에 오르지 못하였으니 이 어찌 애석할 바가 아니랴. 이하에 선생 집중에 그를 언급한 여러 곳을 대강 인록하여 그의 소멸할 수 없는[不可泯沒的] 가치를 드러내려 한다.

《자찬묘지명》 중에는 "계묘년 봄에 경의진사가 되어 태학에 유학하였는데 《중용강의中庸講義》 80여 조를 내리시다. 이때 용의 벗 이벽이 박아하기로 이름이 났더라. 함께 의논하여 조내할새 이발기빌에 대하여 벽은 퇴계의 학설을 주장하였고, 용의 대답한 바는 우연히도 문성공 율곡 이이의 논한 것과 합치되었다. 주상이 보고 나서는 극히 칭찬하여 제일이라 하였다[癸卯春 爲經義進士游太學 內降中庸 講義八十餘條 時鏞友李檗以博雅名 與議條對 理發氣發 檗主退溪之說 鏞所對偶然與 栗谷李文成珥所論合 上覽說亟稱爲第一]" 하였고,

〈선중씨묘지명〉 '명부견銘附見 한화조閑話條'[16]에는 "갑진년 4월 15일에 만형수의 기제를 지내고 나서 우리 형제와 이덕조李德操가 한 배를 타고 물길을 따라 내려올 적에 배 안에서 덕조에게 천지조화의 시작과 육신과 영혼의 생사에 대한 이치를 듣고는 정신이 어리둥절하여 마치 하한河漢이 끝이 없는 것 같았다. 서울에 와서 또 덕조를 찾아가 《실의》와 《칠극》 등 몇 권의 책을 보고는 비로소 마음이 흔연히 서교에 쏠렸으나 이때는 제사지내지 않는다는 말은 없었다[甲辰四月之望 旣祭丘嫂之忌 余兄弟 與李德操 同舟順流 舟中聞天地造化之始 形神生死之理 惝怳驚疑 若河漢之無極 入京又從德操 見實義七克等數卷 始欣然傾嚮 而此時無廢祭之說]"라 하였으니

---

16 〈선중씨묘지명〉 글 마지막에 명銘을 기술한 뒤에 한화조를 덧붙였다.

이때이며, 이것을 보면 서교와 서학의 구별을 알지 못한 당시에 이벽의 소설所說은 신교적信敎的 방면보다도 학리적 방면에 치우쳤던 것이 짐작되는 바다.

시집 중에 〈벗 이덕조와 함께 배를 타고 한양에 들어가며[同友人李德操乘舟入漢陽]〉 시가 있고, 그에 대한 만사輓詞는 다음과 같다.

仙鶴下人間　선학이 인간 속에 내려왔든가
軒然見風神　고고한 그 풍채가 절로 드러나
羽翮皎如雪　날개 털 새하얗기 눈과 같아서
鷄鶩生嫌嗔　닭이며 따오기들 시기하였네
鳴聲動九霄　울음소리 하늘 끝 울려퍼졌고
嘹亮出風塵　맑고 고와 풍진을 벗어났더니
乘秋忽飛去　갈바람 타고 문득 날아가 버려
怊悵空勞人　남은 사람 마음만 슬프게 하네

정조 19년 을묘에 이가환 등의 서학을 탄핵한 박장설朴長卨의 상소 글[疏語]에 대하여 정조는 청몽기淸蒙氣, 사행四行 등 설이 사학邪學이 아니라는 변명을 한 다음에 또 전교해 가로되 서양 서적이 동국東國에 나온 지 이미 수백 년이므로 사고史庫와 옥당玉堂(홍문관)의 구장舊藏에 있는 것이 몇십 편뿐 아니라 연전에 특히 수취를 명하였으니 오늘에 처음 있는 일이 아니라 하고 또 고상故相 이이명李頤命의 문집에 서양인 소림蘇霖,[17] 대진현戴進賢[18]과 왕복하여 법서法書를 구견求見한 사실이 있는 것을 지적하였다. 이것이 비록 가환과 선생 형제를 변호하는 말뜻[語意]

이지만, 그러나 이것을 보면 재고박현才高博賢한 정조도 서서西書의 탐독이 평일에 상당하였던 것이며, 내각에 비장한 장서를 관람하는[內閣秘藏賜覽] 특전을 받은 선생은 항간에서뿐 아니라 관각館閣 내內에서 서서西書 열람의 기회가 많았던 것이다. 더구나 부父 자字의 '나를 처음 낳은 분始生己'[19] 해석은 일찍이 시독侍讀 시에 보았다는 선생의 변답辨答을 보면 군신공독君臣共讀이 적지 않았던 것을 족히 알 수 있지 않는가.

최조의 서서西書 독평자讀評者로는 기록이 알리는 한에는 선조조宣祖朝 문신 이수광李晬光을 들 수 있다. 그는 이마두의《천주실의》를 보고 그의 명저《지봉유설芝峯類說》 중에다가 평론하였다. 광해조光海朝 문신 허균許筠은 천주교서를 읽고 신교 사상을 가졌다는 것은 이규경李圭景의 《오주연문五洲衍文》에 《이택당집李澤堂集》[20]을 인용하여 증명한 것이다. 효종대왕孝宗大王은 세자로서 북경에 인질로 머무를[質留] 때에 서양인 탕약망을 종유從遊하여 천주교리서를 많이 얻어 보았다고 한다(이능화李能和 씨《조선기독교급외교사朝鮮基督敎及外交史》 참조).

이뿐 아니라 인조仁祖 21년 계미에 서양학 사건이 벌써 있었던 것은 정조 15년 신해 겨울 10월 정묘에 장령掌令 한흥유韓興裕의 상소 글[疏語]로서 알 수 있으며, 숙종肅宗 12년 병인에 천주학이 치행치행하므로 묘당廟堂이 이국인異國人으로 와서 머무는 자[來寓者]를 잡아 보내기[捉送]를 청하였다 하며, 영조英祖 24년 무인에 해서海西, 관동關東에 천

17 사우레스 J. Saurez, 포르투갈 신부.
18 쾨글러Ignatius Kögler(1680~1746). 독일 출신의 예수회 선교사, 신부. 중국 이름이 대진현.
19 《규장전운奎章全韻》에 부父 자를 '처음 나를 낳으신' 분이라고 훈고하였다—편주.
20 조선 중기의 문인 이식李植(1584~1647)의 시문집.

주학이 크게 성하여[大熾] 제사를 폐하는 자[廢祀者]가 있기까지 하였다고 한다.

이상 역거歷擧한 것을 보면 서교와 서서의 전래가 벌써 오래된 동시에 많은 학자와 수만의 군중이 그것의 영향을 입었던 것을 알 수 있다. 제사를 폐지하고 신주를 철거하는 것[廢祀撤主] 같은 행사는 물론 금지하였지만 서적 구입과 학문적 취급만은 정조 9년 을사 이전까지는 아직 나라에서 금함[邦禁]이 매우 엄하지[申嚴] 않았던 것이다. 그러므로 선생 초년에는 혹은 가내에서 혹은 배 안[舟中]에서 혹은 대학에서 혹은 강정江亭에서 혹은 각내閣內에서 혹은 어전御前에서 무난히 읽고 마주 보며 의논[對論]하였던 것이다.

그러나 교敎와 학學, 즉 종교와 과학은 서양에 있어서는 르네상스 운동 이후로 양자의 구분이 획연할 뿐 아니라 양자가 도리어 적대의 불상용적 관계를 보임에도 불구하고 천주교사들이 동양에 와서는 동양인의 생소生疏를 이용하여 양자 적대의 관계를 은휘隱諱하고 과학적 진보를 적극적으로 과장하였다. 다시 말하면 우수한 과학은 모두 신앙의 산물인 것처럼 표시하여 교의 신비력에 군중의 호기심을 유도하였다. 일례를 들면 갈릴레오 천문학과 코페르니쿠스의 지동설은 종교재판의 최대 금단이었음에도 불구하고 교사들은 측상測象, 지구地球 등 의기儀器를 가지고 그것을 신神의 운화運化로서 소개하고 설명하기에 전문적 노력을 아끼지 않았다.

명明의 신종神宗 만력萬曆 27년에 이마두는 북경에 와서 포교하려다가 뜻대로 안 되자 다다음 해[再翌年] 1월에 시계, 양금 등 기교한 물품을 헌상하니 그제야 황제가 크게 기뻐하여 위로하고 우대하였다. 그는 천문, 역법, 포강布講, 혼의渾儀가 중국인보다 매우 뛰어난[絶勝] 것을 이용하여 당시 상류 인사인 서광계徐光啓, 이지조李之操, 이천경李天經 등의 의귀依歸[21]를 받은 동시에 교서역행敎書譯行을 힘입었다.

박연암朴燕巖의 《열하일기熱河日記》에 왕곡정王鵠汀[22]은 야소교耶蘇敎를 평하되 "그 본령이 명물도수名物度數[23]에 벗어나지 못하여 우리 유학의 제2의義에 지나지 않습니다[落在]"[24] 하였으니 명물도수는 야소교와는 전연 별개물임에 불구하고 교의 분화가 분명하지 않은 유교의 조준照準으로서 그것을 도리어 교의 본령이라고 하였다.

이계耳溪 홍양호洪良浩의 〈여기상서서與紀尙書書〉에서는 이렇게 말하였다.[25]

제가 전해에 연경에 가서 천주당을 보니 초상화를 높이 숭상하는 것은 불교 사찰과 같고, 황당하고 사악함이 족히 볼 수 없으되, 오직 그 측량하는 의기는 극히 정밀하고 교묘하여 사람이 만들 수 있는 것이 못 되는 것 같아서 가히 기예가 신에 가깝다고 이를 만합니다. (……) 12중천은 한열온寒熱溫 3대帶의 말과 일월성日月星 대소 광륜廣輪은, 즉 우리 유학이 말하지 않은 바이오. 그들은 모두 기구를 잡고 측상하고 배를 타고 바다를 끝까지 가는 자이라 그 말이 근거에 의거함이 있으니 이교異敎로서 폐하지 못할

---

21 이들이 천주교를 믿게 되었다는 뜻.
22 거인擧人 왕민호. 호가 곡정임.
23 명목名目, 사물事物, 법식法式, 수량數量을 아울러 이르는 말. 유교의 본령인 성명의리지학에 비해 말단적 기술론을 가리킴.
24 《열하일기》〈곡정필담〉.
25 원문에는 〈여기상서윤서與紀尙書昀書〉라고 하였으나 착오다(《이계집》 권15, 〈여기상서서與紀尙書書〉).

것이니 진실로 물리의 무궁하고 불가사의한 것이라.

不侫曩歲赴京(燕) 往見天主堂 則繪像崇虔 一如梵宇 荒詭奇衰 無足
觀者 惟其測象儀器 極精且巧 殆非人工所及 可謂技藝之幾於神者也
(……) 第其十二重天 寒熱溫三帶之語 日月星大小廣輪 卽是吾儒之所
未言 而彼皆操器而測象 乘舟而窮海者 其言 皆有依據 則不可以異
敎而廢之 眞是物理之無窮不可思議者也.

그들의 선전적 방법과 기술[方術]이 얼마나 유효한 것을 볼 수 있
지 않는가. 그들이 만일 동양에 와서 천주교의 본질 및 그 진체眞諦 그
것만을 선전하였다면 유식有識 계급은 일고의 가치도 인정하지 않았을
것이다.

선조 36년 계묘에 불신佛臣[26] 이광정李光庭, 권희權憘[27]가 가지고 온
[持來] 〈구라파여지도歐羅巴輿地圖〉와 인조 9년 신미에 진주사陳奏使 정두
원鄭斗源이 귀헌歸獻한 서양 화포, 염초, 천리경, 자명종, 자목화紫木化,
기타 도서 등과 효종조에 김육金堉이 청행請行한 시헌력법時憲曆法은 모
두 천주교사의 포교적 부수물인 선물이었다. 이것을 보면 당시 선생 일
파 학자들의 서교에 대한 탐혹의 주적 이유는 교리 그 자체에 있지 않
고 교리와 혼동시한 학술 기물器物에 있었던 것이 더욱 명백하다. 학술
기물의 정교신묘를 제한 부분인 교리 자체만으로는 중동中東[28]을 물론

---

26 유신儒臣의 오기인 듯하다.
27 이광정(1552~1627), 권희(1547~1624)는 조선 중기의 문신. 1063년 주청사奏請使와 주청부사奏請副
    使로서 명나라에 다녀왔다.
28 무슨 의미인지 알 수 없다.

하고 학자 계급은 공통적으로 비시卑視하였던 것이다. 성호의 이른바 "만약에 자갈과 모래를 걸러내고 명론名論만을 취한다면 곧 유가와 같은 유다[若淘汰²⁹沙礫 抄採名論 便是儒家者流耳]"란 것과 〈기상서답서紀尙書答書〉의 이른바 "그 책은 중국에 간 자는 비각에 모두 있으니 산법에 관한 책 외는 모두 그릇되었다[其書入中國者 秘閣皆有 除其算法書外 餘皆觀駁]"란 것이 모두 그 교학 양자에 대한 취사를 언명한 것이다. 선생 가내에서도 급진적, 개혁적인 삼형 약종을 제한 외에는 중형과 선생은 절두철미 학술적 탐구에 그쳤고 신교적 행위에는 이르지 않았던 것이다.

선생의 서학 접촉 범위가 얼마만 했었는지는 확실히 알 수 없으나 교리 이외에는 천문, 지리, 역법, 수리, 의학 특히 우두 방법, 기계류에 그쳤고 변화 자유가 풍부한 서양 사회의 정치, 경제, 역사, 철학, 문물, 제도에 대한 지식은 별반 획득하지 못했던 것이다. 문예부흥과 종교개혁과 입헌제도와 민주주의로서 종횡 교착된 서양 문화의 실상은 천주교회의 최대 금기물이므로 교사 그들은 그것을 충실히 소개, 보도하였을 리가 만무하지 않는가.

선생의 22세는 서기 1783년이었다. 인류 초유의 이상 국가인 미국은 8년의 의전義戰³⁰을 겪고 베르사유 조약으로 독립이 완전히 승인되었던 해였다. 6년 후에는 서양의 천지는 또다시 1789년의 프랑스 대혁명으로서 유사 이래 인류의 최대 활극을 유럽의 중앙에서 전개시키던 해였다. 전자에 있어서는 제퍼슨의 독립선언과 프랭클린의 불국佛國

---

29 본래는 간태刊汰인데《성호사설》권11,〈인사문〉칠록), 여기서는 도태淘汰라고 썼다.
30 미국의 독립전쟁을 가리킨다.

유세遊說와 워싱턴의 혁혁한 무공과 프랑스 라파예트, 프러시아[普魯西] 사관士官 스토이벤,[31] 폴란드[波蘭] 지사志士 코슈시코[32] 등의 열광적 원조는 각기 황금의 결실을 세계 사상에 빛내는 반면에, 동양 은자국隱者國의 양반 청년인 선생은 무엇을 했던가. 평화의 꿈으로서 장식한 봉건시대의 금보장錦步障[33] 속에서 천천히 걸어 나오는 선생은 경의진사經義進士라는 아름다운 화관을 쓰고 선정전宣政殿 사은謝恩의 자리에서 거안擧顔[34]의 영전을 입었던 것이다. 또 후자에 있어서는 인류 문화 조직의 근본적 변혁의 서막으로서 삼부회의三部會議는 소집되고 바스티유 뇌옥은 파괴되고 인권선언은 공표되었다. 미라보, 라파예트 등의 입헌주의적 활동은 개시되었고 롤랑, 주무리에 등 온화파와 당통, 마라, 로베스피에르 등 강경파는 각기 장래할 역사적 임무를 준비하고 있었다.

　　서천벽력西天霹靂에 귀먹었던 우리 선생은 이때 28세의 전시 급제로서 《희정당대학강록熙政堂大學講錄》을 만들기에 눈과 손이 바빴던 것이다. 선생이 백번 천번으로 신기하게 여기던 한 개 둥근 구球 위에 동남의 현격懸隔이 이처럼 심했던가!

뜻을 밝히다[述志] 2수首 (임인壬寅, 21세)

弱歲游王京　結交不自卑　　소년시절 서울로 나가 노닐어 교제하는 수준

31　독일의 장교 슈토이벤Friedrich Wilhelm von Steuben을 말함.
32　폴란드의 정치가 코시치우슈코Tadeusz Kościuszko를 말함. 지사를 원문에는 지지志志라고 잘못 기재하였음.
33　비단으로 만든 보장. 보장은 고대에 귀족이 출행할 때 바람과 먼지를 막기 위해 사용하던 이동식 가리개.
34　얼굴을 드는 것.

이 아니 낫았네

但有拔俗韻 斯足通心期　　속기 벗은 운치가 있는 그걸로 충분히 속마음
을 통할 수 있네

戮力返洙泗 不復問時宜　　힘을 다해 공맹의 도를 따르고 두 번 다시 시
속을 묻지 않아서

禮義雖暫新 尤悔亦由玆　　예의는 비록 잠깐 새로웠으나 허물 후회 이에
서 또한 생겼네

秉志不堅確 此路寧坦夷　　지닌 뜻 확고하지 않다면 가는 이 길 그 어찌
순탄할쏘냐

常恐中途改 永爲衆所嗤　　언제나 두려워라 중도에 변해 뭇사람 웃음거
리 되지 않을지

***

嗟哉我邦人 辟如處囊中　　우리나라 사람들 애달프다마다 주머니 속에
처한 듯 궁벽하거니

三方繞圓海 北方繆高崧　　삼면으로 바다가 에워쌌는데 북방에는 산맥
이 누르고 있어

四體常拳曲 氣志何由充　　사지 삭신 언제나 펴지 못하니 욕망 염원 그
어찌 채울 수 있나

聖賢在萬里 誰能豁此蒙　　성현은 만 리 밖에 멀리 있거니 뉘 능히 이 어
둠을 밝혀주려나

擧頭望人間 見鮮情瞳曨　　고개를 들어 온 누리 쳐다보아도 보이는 것
없어라 정신만 흐려

汲汲爲慕倣 未暇揀精工　　남의 것 모방하기 급급하느라 흠은 미처 정밀

히 못 따지는데

衆愚捧一癡 嗜唅令共崇　　뭇 바보가 한 천치 치켜세우고 와자지껄 다
　　　　　　　　　　　함께 받들게 하니
未若檀君世 質朴有古風　　순박한 옛 풍속을 간직하였던 단군의 세상보
　　　　　　　　　　　다 못하다는 거야

　21세는 즉 두미협에서 시교에 대해서 듣기[斗尾聞敎] 전 2년이었다.
선생 일생의 사상적 윤곽과 학문적 취향을 벌써 단적으로 예시하였으
니 이〈술지述志〉2수는 선생을 이해하는 데 중요한 참고 재료다. 윗글
[上首]은 자기 교유交遊의 성盛과 지학志學의 비범성을 말하고 또 당시 유
학의 맹목적 상고尙古를 기풍譏諷하였거니와, 아랫글[下首]은 조선의 지
리인문의 치우친[偏屈的] 성격과 문화 견문의 고루와 학자의 무비판적
흉내[效顰][35]와 유학의 폐단[儒弊]을 반복하여 행하는[常習] 우상적 숭봉崇
奉을 함약陷約히 개탄하고 끝으로 괴리희박乖離稀薄한 현세에서 상고上
古 단군시대의 질박한 고풍을 도리어 흠모하였다. 이 단편에 나타난 것
만 가지고 보아도 유폐儒弊의 질곡을 벗고 참신하고도 실용적인 서학에
공명한 소질을 충분히 갖고 있지 않은가. "성현은 만 리 밖에 있으니[聖
賢在萬里]"는 우연한 말이 아니고 서양의 인문을 사모한 어의인 듯하다.
당시 천주교 신자는 물론이거니와 뜻있는 학자들도 천문, 물리 등 서학
을 매개로 하여 서양은 개물성무開物成務의 성현이 많이 있는 이상적 국

35　동시효빈東施效顰, 곧 중국고사에서 동시가 서시를 본받아 찡그리는 것을 흉내 내는 일을 가리키는
　　것으로, 소신 없이 흉내 내는 것을 비꼬는 뜻.

토로서 동경하였을 것이다. 학문과 이상의 불꽃이 타오르는 청년 수재인 선생은 당시 서학과 서국西國에 관한 감회술지感懷述志의 시편[篇什]³⁶이 적지 않았을 것이나 시휘 관계로 대개는 삭제 인멸해버렸고, 오직 이들 구어句語만이 그 편린으로 잔존된 것이 아닌가 한다.

이하에 선생의 무학武學에 대한 이야기를 잠깐 말하려 한다. 선생은 문사文事에뿐만 아니라 무사武事에 대하여도 상당한 소질이 있었던 것이다. 지금 충분히 고증할 재료가 없으나 문과 급제 전, 즉 26세 시에 반시泮試 우등으로 중회전重熙殿에 입대入對하였다가 왕이 내리신[御賜] 계당주桂餳酒³⁷ 한 잔에 크게 취하여[酩酊大醉] 내감內監에게 부축되어 나가 빈청賓廳에 잠깐 머물렀더니 승지 홍인호洪仁浩(선생 처 종형)가 한 권의 책을 소매에 숨겨 전하고[袖傳] 밀교密敎를 내려 가로되 "네가 장재將才를 겸비한 고로, 특히 이 책을 주노니 이다음 날에 만일 동철東喆(때마침 영동嶺東에 정진성鄭鎭星, 김동철金東喆 적옥賊獄이 있었다) 같은 자가 일어나면 네가 가히 출전할 것이라" 하기에 집에 돌아와서 펴보니 《병학통兵學通》이었다고 한다. 이것을 보면 선생이 어릴 때[早年]부터 병학에 유의하였을 뿐 아니라, 지략과 풍모가 삼군을 지휘할 만한 자질이 있는 것으로 임금에게 인정되었던 것이다.

선생이 병사에 대한 견문적 제공을 받은 한 곳이 있으니 누구냐 하면 선생의 장인 홍화보洪和輔다. 그는 몇 곳[數三處]의 수군 및 병마절도

---

36 《시경》의 아雅, 송頌은 열 편씩 묶어 한 권을 삼아 십什이라 하였다. 여기서는 시를 많이 지었다는 뜻으로 사용하였다.

37 계당주는 소주에 계피와 당귀를 넣어 누룩으로 빚은 술이라고 한다. 다산의 시 〈잉어 노래를 지어 장생에게 주다[鯉魚篇贈張生]〉에 계당주가 보인다. 장생의 이름은 덕해德海로서 다산에게 약을 지어준 인물이다.

사水軍及兵馬節度使를 역임하였고 선생도 그의 묘갈문에 "병법에 밝고 재략이 많다[曉兵法, 多才畧]"라고 하였다. 선생은 결혼 직후부터 그의 임소에 자주 가서 병마의 훈련을 참관하였으니 실지 소득이 적지 않았을 것이다. 당시 쇄국적 승평昇平이 벌써 200년에 가까웠고 또 귀문천무貴文賤武가 특히 심한 시대였다. 무계武界의 대관급大官級은 모두 시위소찬尸位素餐 격이었으므로 그들의 무장武裝은 족벌族閥의 피뿐이요, 그들의 용감은 당파의 싸움뿐이었다. 기술이 변변하지 못하나마 그래도 "총을 잡고 화살을 쏘거나[操銃發矢]", "싸움터에 나서서 적과 맞서는 일[臨陣對敵]"에 감당할 만한[堪能] 이는 중류中流 이하 무관급 중에서만 다소 발견할 수 있었다. 홍화보의 무재武才도 그 획득의 기회가 결코 우연하지 않은 것이었다.

선생이 사예射藝에 능한 것은 문집 중 〈북영벌사기北營罰射記〉를 보면 짐작할 것이다.

선생의 병학에 대한 포부를 전적으로 표시할 《아방비어고》 30권은 불행히 완성되지 않아[未成] 《상두지》(1책 미간), 《민보의》 이외에는 독립적 저작이 없고 《경세유표》, 《목민심서》 등 책 중에 산견散見된 것만 가지고 보아도 그 일단을 엿보아 추측할 수 있다. 문무장발文武獎拔의 식式과 둔전양병屯田養兵의 제制로서 병농양진兵農兩進할 것을 주장하고 성곽 수축과 병제 혁신과 기계 개량을 고찰하였더니 다 당시 탁월한 경세가적 견지였다(《통색의通塞議》 참조).

더구나 선생의 경제, 정치에 관한 대책人策을 논술한 《경세유표》는 성호의 학을 거쳐 유반계柳磻溪의 《반계수록》에까지 그 원류를 추구할 수 있는 것이다.

《경세유표》,《흠흠신서》와 함께 3대 저서라고 하는 《목민심서》는 주군 목민지도州郡牧民之道에 대하여 구체적으로 논열論列한 세계에 유가 없는[世界無類] 성전聖典인 동시에, 선생의 특수한 이재吏才와 명달明達한 경험을 전적으로 표현한 것이다. 그러나 사목司牧에 관한 경험적 제공은 누구보다도 부친 하석荷石에게 받은 바가 많았던 것이다. 다시 말하면 이도吏道는 그의 가정지학家庭之學이었다. 부친은 원래 염결명백廉潔明白한 성격의 소유자였다. 장헌세자의 절의로서 정조의 지우知遇를 받아 2현 1군 1부 1주를 역임하여 이르는 곳마다[所到處] 치적이 있었다. 선생은 소년시절부터 때때로 임소에 가서 성알省謁한 나머지에 실지 견학의 기회가 가장 유효하였던 것이다.《목민심서》자서自序에 "비록 나는 불초하지만 그때 따라다니면서 보고 배워서 다소 듣고 깨달은 바가 있었으며, 뒤에 수령이 되어 이를 시험해보아서 다소 증험도 있었다[雖以鏞之不肖 從以學之 竊有聞焉 從以見之 竊有悟焉 退而試之 竊有驗焉]" 란 것이 즉 이것을 이름이다. 이상에 역론歷論한 바 선생의 유학, 서학, 경국학, 이학 등의 각기 일정한 연원 경로를 대개 찾아볼 수 있거니와, 특히 서학에 대하여는 당시 동서교통적 상태는 선생으로 하여금 직접 관계하지 못하게 하고 항상 중국의 중계를 힘입었던 것인 만큼 중국인의 서학적 색채가 또한 선생에게 반영되지 않을 수 없었다. 예를 들면 청淸 초 이주梨洲 황종희黃宗羲의 《명이대방록明夷待訪錄》같은 것이 선생의 정치사상에 영향을 준 것은 틀림없을 것이다.

또 청유淸儒 고증학考證學은 송학宋學에 대한 반동인 동시에, 만주滿洲 문화에 대한 한족漢族 문화의 자기 해명이었다. 호적胡適 박사의 말과 같이 그것이 꼭 유럽의 문예부흥운동에 비류比類할는지는 모르나,

하여간 명明 말 이래 서양 실증학적 영향이 동점東漸하는 데서 미묘한 충격을 받아 가지고 역점을 고서 고증에 두었던 것만은 사실일 것이다. 이것은 선생에게 어떠한 작용을 미쳤는가.

선생은 6경六經 4서四書에 나아가 풍부한 고설考說을 지었는데, 물론 자기 독창적 견해가 많았다. 선생은 힘써 송유宋儒의 불로적佛老的 논리의 수식을 삭거하고 유교의 윤리적, 실용적 본래 면목을 회복하기에 최대 노력하였다. 선생은 청유淸儒의 문의적文義的 편집偏執에 대하여는 송유의 성리학풍을 옹호하고, 송유의 이론 편중에 대하여는 고대 공맹학의 실용성을 옹호하는 것이 일관한 논평적 태도였다. 그러나 송유 맹종주의를 타파하고 자기 독창적 견해를 주장한 것만은 청유의 자극이 적지 않았던 것이다. 또 부분과 지엽에 있어서는 그들의 견해를 섭취한 것이 많다고 아니할 수 없다.

더욱이 선생의 박학다문은 정조의 힘이 또한 적지 않다. 정조의 문식文識은 실로 백토百土에 탁월하니《홍재전서弘齋全書》100권이 그것을 웅변적으로 말하지 않는가. 그뿐만 아니라 어명御命 및 어재御裁에 의하여 임어臨御 기간에 편찬된 서적이 종류만 해도 118의 다수에 달하였으니 끔찍이 놀랄 만한 문화의 퇴적堆積이었다. 이에 대한 선생의 직접, 간접 기여가 또한 적지 않았던 것이다.

기타 교유제배交遊儕輩로 말하면 백가百家가 무성한[蔚然] 관觀이 있었다. 서학유전西學流傳과 정조 장학정책은 당시 문화의 양대 박차拍車였다. 이가환, 이승훈, 이벽 등은 그만두고라도 초정楚亭 박제가朴齊家의《북학사의北學私議》와 담헌湛軒 홍대용洪大容의《의산문답醫山問答》과 연암燕岩 박지원朴趾源의《열하일기》는 사상적으로 일맥상통한 바이며,

순암順庵 안정복安鼎福의 《동사강목東史綱目》과 아정雅亭 이덕무李德懋의 《청장관집青莊館集》과 정상기鄭尙驥의 《농포문답農圃問答》〈도령편韜鈴篇〉[38]과 풍석楓石 서유구徐有榘의 《임원경제지林園經濟志》와 한치윤韓致奫의 《해동역사海東繹史》와 정동유鄭東愈, 유희柳僖 등의 정음학正音學 등등은 당시 신선한 기풍을 띤 문화의 암류暗流로서 교류적 소용돌이[卷渦]를 이루었던 것이다. 선생의 선생 된 시대적 배경이 어찌 간단했으랴.

---

38 원문에는 〈기도긍편其韜矜篇〉으로 오기되어 있음.

남인·서학·
성호 학파의
교착 交錯

I

상단 도시圖示¹와 같이 당시 서학에 관여[參涉]한 자는 대개 남인 명사들이며 특히 성호학파를 중심한 것은 그 역사적 이유가 무엇이었든가? 장원경제의 조직과 편협하고 막힌[固滯] 풍조[風氣]에서 자연적으로 산출된 이조 당쟁은 그 출발과 진행에 있어서 일시일비一是一非가 없는 한 개 무원칙한 봉건 붕당적 정쟁이었다. 그러나 그 역사적 특징으로 보아서는 서인은 항상 훈척을 중심으로 한 정부당이오, 동인(남인)은 사류士類를 배경으로 한 재야당이란 것만은 출발에 있어서뿐 아니라 진행 전 과정에 있어서도 감출 수 없는[不可掩] 사실이었다. 그러므로 재덕이 있으나 불우[才德不遇]한 사士가 서인계보다는 동인계에 많이 속해 있을 것은 또한 필연의 이치와 형세[理勢]다.

서인 일파는 동인 별파인 북인의 세력을 무너뜨리기[倒壞] 위하여 광해를 폐출하고 인조를 세운 이후 조정 실권을 굳게 잡았고 효종조에

---

1   원문에선 글 앞에 있던 도표를 책의 편집상 도표를 뒤쪽에 배치하였다. 뒤쪽 도표 참조.

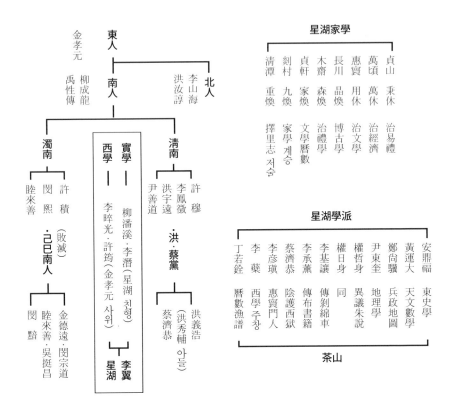

星湖家學

貞山 秉休 治易禮
萬頃 萬休 治經濟
惠寰 用休 治文學
長川 晶煥 治古學
木齋 森煥 博古學
貞軒 家煥 治禮學
剡村 九煥 文學曆數
清潭 重煥 家學 계승
擇里志 저술

星湖學派

安鼎福 東史學
黃運大 天文數學
鄭尙驥 地理學
尹東奎 兵政地圖
權哲身 異議朱說
權日身 同
李基讓 傳刻綿車
李承薰 傳布書籍
蔡濟恭 陰護西獄
李彦瑱 惠寰門人
李葉 西學 주장
丁若銓 曆數漁譜

茶山

東人
金孝元
柳成龍
禹性傳
南人
李山海
洪汝諄
北人

濁南
實學 西學
清南

許積 (敗滅)
閔熙
睦來善

己巳南人
金德遠·閔宗道
睦來善·吳挺昌
閔黯

李晬光·許筠(金孝元 사위)
柳潘溪·李潛(星湖 친형)
李瀷 星湖
李翼

許穆
李鳳徵
洪宇遠
尹善道

洪·蔡黨
洪義浩(洪秀輔 아들)
蔡濟恭

蔡黨·西學派(正祖 陰護)

尹持忠 首罹死獄·茶山外從
權尙然 同 持忠戚從
李家煥 邪獄首領·基讓少子妻父
李承薰 購書主犯·家煥甥姪
權哲身 日身連坐·日身親兄
權日身 主敎謫死·安鼎福婿
黃嗣永 帛書主犯·丁若鉉福婿
丁若鍾 久在謫中·洪義浩從妹夫
丁若銓 帛書連坐·茶山三兄
丁若鏞 謫中病死
李基讓 謫中病死·哲身甥姪

洪黨·攻陷蔡黨西學

洪義運 改名樂安
李基慶 初耽西書
睦萬中 哭子仁圭
李益運
成永愚
崔獻中
姜浚欽
金鼎元
洪光一
權襵

송시열이 존명대의를 고조한 이후 허언위학虛言僞學과 존화양이의 가혼적假魂的 표방은 드디어 위정자의 재갈을 물리는[鉗制的] 무기로 되어 버렸다. 근래[邇來] 백여 년간에 다소 부침[昇沈]이 없지 않았지만 숙종 갑술에 기사남인己巳南人의 여지없는 패퇴[一敗塗地]로 인하여 남인은 영원히 정치 실권으로부터 탈락되었고 영조조에 서인 별파인 소론의 실권失權으로 인하여 일국의 정령은 영원히 노론의 손안의 물건[掌中物]이 되고 말았다. 그러다가 장헌세자의 참화에 이르러서는 당쟁의 포악이 절정에 달하였다.

군주를 노론화시키고(장헌세자 참화의 예) 공맹정주孔孟程朱를 노론화시키고(지난날[往時] 북인 남판서 모某의 말) 나아가선 우주만물을 노론화시키는 서인 일파는 현상 유지에 최대 기원을 드리고 있으니 자기 운명을 가장 합리적으로 지지해주는 허언위학과 존화양이의 가혼적 표방 이외에 현상 타파를 임무로 한 실학과 서학에 대하여는 처음부터 도외시하고 사갈시蛇蝎視할 것은 또한 필연적 요구가 아닌가.

소론 일파로 말하면 주권적 지위는 잃었다 하지만 청환영직淸宦榮職[2]에 있어서는 오히려 노론과 서로 각축할 여지가 있으므로 역시 현상을 부인하고 신기축新機軸[3]을 요구할 만한 정신 기백을 저축하지 못했던 것이다.

논보論步가 이에 이르매 남인 일파의 서학적 진출에 대한 해답은 거의 능히 짐작할 수[思過半] 있다.

---

2 학식과 문벌이 높은 사람에게 시키던 규장각奎章閣, 홍문관弘文館, 선전관청宣傳官廳 등의 벼슬.
3 이미 있던 것과는 전혀 다른 방법 또는 체제.

그러나 남인계 중에서도 다시 한 번 변별치 않으면 안 될 중요한 사회적 내용이 가로놓여 있었다[橫在]. 남인의 근거지는 어디보다도 영남 일대지만 영남은 정치 중심지로부터 격리된 관계로 시대문화의 영향에 대하여 지감적遲感的[4]인 동시에 견문이 고루하고 또 퇴계 선생 창학唱學 이래로 퇴영근졸退嬰謹拙[5]한 풍조[風氣]는 사류의 진취적 기백을 전적으로 거세케 하였으니 비록 실세한 남인의 후예일지라도 대개는 사족의 명분으로 일방 할거에 자기 만족하였다. 정조, 순조 양조에 여러 번 일어난 남인 서옥西獄 사건 중에 영남 남인으로선 문제의 인물이 별반 없었던 것을 보면 저간의 소식을 가히 알 수 있는 것이다.

그러나 기호 일대에 산거한 남인 일파는 그 취향이 영남 남인과는 크게 달랐다. 정치문화의 중심지에 접근한 만큼 견문은 고루하지 않았다. 정치적으로 실세한 그들은 현상 불만에서 현상 모순을 직감케 되었다. 다른 당색[他色]과의 교착 중에서 사회적 자격刺激[6]은 항상 강렬하였다. 또는 과거의 누[科累]와 관직의 복[宦福]에 소비해버릴 귀중한 정력을 유용무위有用無爲한 방면에다가 전념[專注]할 만한 한가로운[長閑] 기회를 가졌던 것이다.

이 몇 가지 조건이 성호학파를 산출한 동시에 성호학파는 또한 필연적으로 실학과 서학의 영역을 걸치게 된 것이었다. 물론 그들 개개인의 천재적 우수도 중요한 요소였지만은.

서학과 남인의 교착적交錯的 관계는 얼핏 보면 일종 기현상적으로

---

4 '더디게 감응하는'의 뜻.
5 뒤로 물러나 삼가는 몸가짐.
6 '자극을 받아 격동함'의 뜻.

보이지만 그의 저면에는 일정한 사회적, 역사적 조건이 결정적으로 횡재橫在했을 뿐 아니라 당시 반대파의 공격 적발이 더욱 그 기현상을 선명히 구성시켰던 것이다.

당시 서학은 과연 남인 일파에만 한한 것이었던가.

이상에 약술한 바와 같이 조선의 천주교는 선조, 광해군 때부터 수입되었다. 인조 계미 이후로 점차 전파되었다. 숙종 병인에 벌써 성행하였고 영조 무인에 해서, 관동 지방에는 가가인인家家人人이 모두 사당을 헐고 제사를 폐하였다. 정조 9년 을사에 형조가 서교 신자를 죄를 다스렸고[按治], 20년 무신에 또 서교 문제가 있어서 도신道臣에게 엄금을 명하였다. 이것을 보면 당시 조선의 천주교 유래가 벌써 2세기에 가까운 역사를 가진 동시에 전포傳布의 범위가 실로 광범하였다. 더구나 당시 양반 계급의 중압과 봉건제도의 질곡과 탐관오리의 발호는 필연적으로 천민 대중을 이상理想의 다른 길[他路]로 몰지 않을 수 없게 되었다.

이렇게 수만의 생령生靈이 이도異道와 사교邪敎에 침음유혹浸淫誘惑(?)[7]되어 그 범위가 한 지방을 벗어나 전국에 뻗침에 불구하고 그것은 별반 큰 문제로서 통감되지 않고 오직 호남湖南 진도珍島의 사인士人 윤지충尹持忠, 권상연權尙然 양인의 신교信敎가 문제의 첨단에 올랐다. 홍낙안의 장서長書(채제공에게)를 발단으로 하여 사헌부와 사간원이 교장交章[8] 성토하여 그의 척사적 총부리는 은연히 채당蔡黨 일파로 향하게 되었으니 그 역사적 이유는 무엇이던가. 무엇보다도 윤, 권 양인은 양반

---

7   어떤 풍습에 차츰 젖어 들어가는 유혹. (?)는 원문의 표시.
8   합동 연명 상소.

계급으로서 남인인 동시에 채당에 속한 것이 유일한 도화선이었던 것이다. 그러므로 반反 채당이 신성하게 표방한 사교 배척은 결국 본질에 있어서 음험하기가 헤아릴 수 없는[陰險難測] 당쟁에 지나지 못한 것이다. 당쟁을 떠나서는 그것을 조금도 이해할 수 없는 것이다.

원래 번암樊巖 채제공은 정조의 아버지 장헌세자를 위하여 극력 보호한 이른바 시파時派의 영수였다. 그래서 정조의 신임은 절대적이었다. 이가환과 다산 선생도 역시 시파의 가인家人으로서 그들의 탁월한 재학才學은 모두 정조의 특별한 지우를 받아 번암과 함께 정조조의 삼걸이었다.

그러나 그들은 모두 당계가 남인 시파일 뿐 아니라 왕이 돌보기를 [上眷] 융중隆重히 한 것이 서인당西人黨, 특히 벽파僻派(세자 모해파)의 커다란 눈엣가시[眼中釘]이었던 것이다. 그뿐만 아니라 채蔡는 성격이 호매豪邁하여 기절氣節이 있었으며 용인用人에 관하여는 동당 중에서도 인물을 본위하고 벌급閥級의 자기보다 나은 자[勝己者]는 혐오하였으니, 이것이 남인 벌족인 홍의호洪義浩 부자와 대립한 요인이었다. 그래서 홍洪은 당시 서인 및 그 벽파인 이른바 '환관유달煥觀裕達(심환지沈煥之, 김관주金觀柱, 권유權裕, 김달순金達淳)' 등의 세리적勢利的 지휘에 영합하고 홍낙안, 이기경 등 일부 남인은 홍洪의 음험한 부추김[陰嗾]에 응하여 서교 사건을 기화로 삼아 채당을 공격하고 함락하는 싸움[攻陷戰]에 선봉적 임무를 충실히 다하였던 것이다. 이것은 정조 승하 직후의 일이지만 반대파의 음해적 계획이 얼마나 흉악했던 것을 잘 알 수 있는 일례다. 즉 채당이요, 성호 수제자인 권철신이 서교를 믿고 제사를 폐지[信敎廢祀]하였다는 증거를 꾸며대기 위하여 그들은 가만히 도적을 시켜 권씨가의 사세四世 신주神主를 훔쳐서 수화水火에 던지려 하였다. 이 한 가지로서 척사라는 진체적 성격을 판단하기에 족하지 않을까.

당쟁과
척사의 표리적
관계

■

당시 천주교 전파는 남인 일파뿐 아니라 서울 중인 일파가 그것을 더 빠르게[捷徑的] 수행하였다. 북경을 왕래하는 역절역관曆節譯官[1]과 홍삼紅蔘 상인은 모두 중인 당차當差인 고로 연경燕京 물품을 구하여 사려면[購求] 반드시 중인에게 의뢰하였다. 또 역관은 한어漢語와 한속漢俗에 통한 고로 연경에 가면 한인漢人 및 서양인 교사의 교제와 각종 서적 물화를 구하려는 데 우선적 편의가 있었다. 양반 문화의 중압에 역시 불만을 가진 중인 계급은 서교 감염이 가장 빨랐던 것이다.

그러므로 윤지충은 역관 김범우金範佑[2]의 집에서 《천주실의》를 빌려 읽었고[借讀] 권일신權日身도 또한 중인 김 모와 함께 그 책을 열람했다 하였다. 실록에 의하면 정조 신해 11월 임오 형조 계언啓言에 사학 죄인 정의혁鄭義赫, 정인혁鄭麟赫, 최인길崔仁吉, 최인성崔仁成, 성손경成

I   역절사행曆節使行의 역관. 사행의 중요한 소임이 대통력大統曆이라는 역서曆書를 받아오는 일이어서
     이렇게 표현하였다.
2   원문에는 김우범으로 오기.

孫景, 현계온玄啓溫, 허속許涑, 김계환金啓煥, 김덕유金德兪, 최필제崔必悌, 최인철崔仁喆 열한 명을 포득捕得하였으니 이는 다 중인이었다. 서울 중인 일파의 서학 관계는 이로써 그 깊은 정도를 짐작할 수 있지 않는가.

그러나 양반이 아닌 중인 계급은 정쟁政爭에 대한 발언적 자격을 선천적으로 갖지 못하였으므로 그들의 사교邪敎 관계는 유교의 탈춤을 추는 정쟁의 극단劇壇에 중대한 물의를 야기치 못했던 것이다.

정조는 홍당洪黨의 척사적 이면을 밝게 알고 채당 보호에 주밀周密한 예지叡智를 다하였다. 윤·권 양인으로 발단된 사옥 사건에 대하여 처결권을 채蔡에게 전임하고 불확대 방침을 밀교密敎하였다. 이것이 후일 정조 승하 직후에 호사수괴護邪首魁란 죄명으로서 채상蔡相은 작위 추탈의 혹전酷典을 받게 된 원인이었다. 가령 당시에 벽파 서인이 영구히 집권하고 또 왕위 계승자가 정조의 혈통이 아니었다면 정조 자신도 호사護邪의 연좌율連坐律을 신후身後에 어떤 형식으로도 받지 않았을까.

정조는 원래 천주교에 대하여 관대한 정책을 취하였다. 12년 무신에 정언正言 이경명李景溟의 〈청금서양학소請禁西洋學疏〉와 채제공의 〈서학평주西學評奏〉를 비답하여 가로되 "오도吾道와 정학正學을 크게 밝히면 이런 사설邪說은 스스로 일어났다가 스스로 사라질[自起自滅] 것이다", "중국에는 육학陸學, 왕학王學, 불도佛道, 노도老道의 유류流가 있으나 어디 금령을 설하였느냐"라고 하였다. 또 위에 말한바 신해 중인 11인의 사학 사건[邪學案]에 대하여도 하교해 가로되 "중인 등의 미혹자는 그들의 와굴窩窟을 소탕할 것이로되 일변으론 '그 사람들을 그대로 두고[人其人]' 일변으로는 '백성을 교화시켜 좋은 풍속을 이루려는[化民成俗]'의 뜻을 두노니, 경卿 등은 이 뜻을 알고 각별히 조사 규명[査究]하여

한 사람도 요행히 빠져나가거나[幸漏] 한 사람도 잘못 걸림[誤罹]이 없이 다 모습을 고쳐 새롭게 바뀌도록[革面圖新] 하게 하라"라고 하였다. 그리고 권일신, 최필공崔必恭 등에게도 의리를 효유하여 자심自新하게 하라 하였다.

그러나 양반 당쟁의 질곡적 사회에서 '문선왕文宣王 지고 송사하는'[3] 판에는 일국의 군주인 정조도 할 일 없이 쓰라린 가슴을 움켜쥐고 '척사벽이斥邪僻異'라는 무기의 박력에 곡종曲從과 양보를 하지 않을 수 없었다. 정조의 최후 방패는 한유韓愈의 이른바 "그 사람들을 그대로 두고, 그들의 책을 불사르고[人其人 火其書]"[4]의 여섯 자였다.

그러나 이 여섯 자 방패가 채당 일파의 생명을 일시적으로 연장시키는 데는 유효했었지만, 그 반면에 조선 문화의 장래와 발전에 대하여는 일종 위대한 사형적 선고였다. 천주교서는 물론이요, 명청明淸 문집과 패관잡기까지도 소각, 금단하였으니, 이는 조선 인문의 세계적 연결성을 끊어버린 동시에 역사와 문화를 이끌고 어두컴컴한 뇌옥으로 들어간 것이었다. 당쟁의 유화遺禍가 홍수나 맹수보다 심하다는 것은 다시 설명할 필요도 없는 것이다.

이른바 '척사벽이'라는 유학의 무기가 '존화양이'라는 대의명분의 기치와 합세하여 '사자처럼 부르짖고 매처럼 꾸짖는[獅吼鷹嚇]' 통에 군신상하가 모두 두려움에 움츠려[畏縮], 퇴각退却하여 구생求生의 길을 제각기 찾기에 바빴던 것이다. 성호 고제高弟 순암 안정복은 서학에 대하

---

3   문선왕은 공자, 곧 '공자를 등에 업고 소송을 제기하는'의 뜻이다.
4   한유의 〈원도原道〉에 나오는 구절. 위에서 그 사람들이란 노자와 불가를 받드는 사람들을 가리킨다.

여 사문師門의 평론적 태도와는 달리 배척적 태도를 취하여 그의 자저自著《천학고天學考》,《천학문답天學問答》등 편에 서학을 풍각부수風角符水[5]에 비하였고, 연경에 가서 서적을 구입한 것[入燕購書]을 이승훈에게 허물을 돌렸으며[歸咎], 사위 권일신과는 조면阻面[6]하다시피 한 동시에 그의 외손 3인과도 멀지 않은 곳에 있으면서도 왕래하지 않았다고 한다.

이것이 후일 서옥연루에 초연히 홀로 면했을 뿐 아니라 봉군숭작封君崇爵의 영전까지 받은 이유였던 것이다.

그러나 다산은 성호도학의 직접 계통자로서 녹암 권철신을 들었고, 순암의 학문과 인격에 대하여는 별반 칭찬[稱許]하지 않았으니, 정신과 기미氣味가 같지 않았던 것을 짐작할 수 있다. 그러나 비록 채당 중 서학 제공諸公으로도 적극적 신교파인 황사영, 정약종 등 외에는 대개 속으로는 존경하면서 겉으로는 공격하는[陰尊陽攻的] 거짓 모습[假相]을 가졌던 것이다.

그리하여 그들이 호신용으로서 둘러쓴 유교의 낡은 껍질[舊殼]은 도리어 고정성을 더 부여하게 되었다. 다산 초년시대의 참신활발嶄新活潑한 분위기[氣分]도 만년에는 저것의 손해를 적지 않게 받았던 것이다.

그러나 정조의 재위 기간에는 채당에 대한 천만인의 중상무함도 그 효력을 발휘하지 못하였다. 정조의 채당 보호는 그 내용이 결코 단순하지 않았다. 정조 일생의 최대 목적은 불공대천의 원수인 벽파 서

---

5 주술의 일종. 풍각은 사방과 네 모퉁이에 이는 바람으로 길흉을 점치는 일. 부수는 부적을 태워 그 재를 물에 타 마시게 하여 사(邪)를 물리쳐 병을 낫게 한다는 것.
6 오랫동안 서로 만나보지 못함.

인을 주멸誅滅하려는 것이었으나, 그들의 반근착절적盤根錯節的[7] 세력은 군주의 영단으로서도 용이하게 손을 쓸[下手] 바가 아니므로 채당 일파에 깊은 촉망을 가지고 한갓 시기 도래만을 기다렸던 것이다. 다산의 성제설城制說[8]과 기중가도설起重架圖說[9]을 응용하여 수원성水原城을 쌓고 채제공을 화성華城 (수원읍) 유수留守로 하여 성지城池와 궁궐을 장려하게 수축하게 하고 팔도의 거부巨富를 뽑아다가 수원성 내에 살게 하여 민물民物의 은성殷盛을 꾀하는 등 이 모든 것은 후일 거사 시의 물러나 의거할[退據的] 지반을 만든 것이었다.

위와 같은 정조의 밀모비책密謀秘策에 참가한[參劃] 자는 오직 채제공, 이가환 및 다산 등 약간 인에 지나지 못했던 것이다. 만일 정조가 영단적 성격을 가졌고 또 보령寶齡[10]이 좀 더 길었다면 아닌 게 아니라 쿠데타에 의한 정권적 변동이 있었을 것은 명약관화한 일이다. 동시에 선생의 포부가 실현될 기회가 없지 않았을 것인데! 아! 선생의 불우는 조선의 역사적 불행이었다.

당시 뱀과 전갈[蛇蝎] 같은 벽파와 홍당의 정조와 채당에 대한 시기, 공포는 결국 사교라는 기화로서 그들을 일망타진하였지마는 순서에 있어서는 채당을 제거하기보다는 정쟁의 최고 대상이요, 채당의 최대 보호자인 정조부터 어찌지 않으면 안 되었던 것이다. 역의逆醫 심인沈鏔이 시상時相[11]의 비밀사주[密嗾]를 받고 독배를 정조에게 올렸다는 전언

---

7 '구부러진 나무뿌리와 울퉁불퉁한 나무 마디'라는 뜻으로, 매우 해결하기 어려운 사건을 가리킴. 《후한서後漢書》 〈우허선虞栩傳〉에 나타남.

8 《여유당전서》 문집 권10 〈성설城說〉.

9 《여유당전서》 문집 권10 〈기중도설起重圖說〉.

10 왕의 나이를 말함.

은 저간의 내막을 단적으로 폭로한 것이 아니고 무엇이랴.

선생 문집 중 〈고금도 장씨 딸에 대한 기사[紀古今島張氏女子事]〉에 의하면 영남嶺南 인동仁同 장현경張玄慶(여헌旅軒 장현광張顯光의 사손嗣孫)은 그의 이성異姓 친속親屬인 부사府使 이갑회李甲會의 부친을 인동부청仁同 府廳에 자주 방문하여 심인의 일을 말하면서 슬픔의 눈물을 흘렸는데[慷 慨流涕], 이것이 구화口禍가 되어 전가함몰全家陷沒을 당하였다고 한다. 이것을 보면 독배 전문傳聞이 먼 시골[巷間遐鄕]에까지 전파되어 일부 사 민士民의 울분이 상당했던 것을 족히 알 수 있는 것이다. 당쟁의 참화는 이에 이르러 언어도단이 아닌가!

---

11   심환지沈煥之(1730~1802)를 가리킴.

내외의
모순과 서학의
좌우파

I

선생은 철두철미하게 당시 사회적 산물이었다. 당시 사회의 구체적 정세를 대내, 대외 양 방면으로 대강 일별하면 과연 어떠했던가.

탄환소역彈丸小域¹을 유일의 도원桃源으로 알고 있는 당시 양반 사회에 있어 봉건적 경제가 쇄국정책과 서로 기다려[相竢] 도시의 발달을 충기衝起하고 국제적 교통을 유도할 만한 물질적 조건이 형성되지 못하였다. 농맹農氓의 무거운 짐[重荷]은 심하였고 상공기예의 천대와 업신[賤蔑]은 극도에 달하였다. 극히 완만한 자연생장적일망정 화폐경제의 형태는 그 맹아를 이미 나타내었으나, 그것은 도리어 이익을 취하려는 무리[征利黨]인 관리 호족의 토색적 대상을 간편화시켜주는 것에 불과하였다. 가혹한 세금과 별공別貢은 세민細民으로 하여금 어린아이[乳臭黃口]의 인두세와 썩은 백골[蝎螻白骨]의 족징族徵까지를 부담하게 하였다.

---

1   작은 땅. 우리나라를 가리킴.

양반도兩班道의 활극인 당쟁[黨戰]은 국가와 정치와 인민과 기타 모든 것을 희생으로 하여 권세신權勢神의 제단 위에 올려놓았다. '세도世道'와 권신은 정국과 왕실을 자가自家의 괴뢰傀儡처럼 조롱하였다. 게다가 공맹정주孔孟程朱의 학도가 아니라, 그들의 노예인 유생학자는 부문위학浮文僞學과 공담부설空談腐說을 일삼아 한갓 당쟁과 '세도'의 추악무비醜惡無比한 정체에 신성한 도덕적 분과 연지[粉脂]를 발라주었다.

이리하여 외관상 승평의 문운文運이 찬란무비燦爛無比한 영조, 순조² 양조兩朝의 치세를 현출現出하였다. 그러나 봉건 와해의 서막인 대규모적 민란의 징후는 도처에 박두하였다. 부여, 숙신肅愼, 여진, 고구려의 무강분방武强奔放한 성격을 전통으로 한 서북인은 기호畿湖 귀족의 문약한 혈통의 선천적 압력에 대하여 수백 년간 쌓이고 쌓인 울분의 불을 폭발하려는 기회가 무르익었다[濃熟]. 홍경래洪景來의 격문 중에 이른바 "조정의 고관들은 서도를 버리고 두엄과 다르지 않게 여긴다. 심지어 권문세가의 노비들도 서도 사람을 보면 '평안도 놈[平漢]'이라 하니 서도인인 것이 어찌 억울하고 원통하지 않으랴[朝廷之等棄西土 不異糞土 甚至於 權門奴婢 見西土之人 則必日平漢 其爲西土者 豈不冤抑哉]"란 것이 곧 이것을 말한 것이다.

이상에 간략히 든[畧擧] 당시 양반 사회의 내적 모순을 다시 요약해 말하면 (1) 귀족 대 농공상민의 계급적 모순 (2) 정쟁에 의한 양반 자체의 붕당적 모순 (3) 기호 대 서북의 지방적 모순 (4) 현실 생활과 공담위학의 학문적 모순 등등이다.

---

2 영조, 순조를 거론한 이유를 알 수 없다. 영조, 정조의 오기로 볼 수 있다.

이것만으로도 일정한 기연機緣에 의한 기존적 사회기구가 파탄의 운명을 면치 못할 것은 멀지 않은 필연이거니와, 더구나 외적 모순은 세계적 규모로서 당시 양반 사회를 위협하고 있었다.

그러면 외적 모순이란 대체 무엇이었던가. 광의적으로 말하면 동양 대 서양의 모순이었다.

18세기 시민사회의 도래를 예보한 15세기 문예부흥과 16세기 종교개혁 이후로 유럽 각국에 봉건은 동요되고 도시는 발흥되었다. 신대륙의 이식移植과 항해술의 발달과 식민지의 경쟁과 중금, 중상주의는 전前자본 계급을 전개하였다. 천문학을 위시하여 각종 과학은 중세기의 세계관을 근본적으로 파괴하였다. 영국의 입헌제도와 프랑스의 민권 사상은 착착 진행하였다. 1777년 미국 독립은 선생의 16세 때인 정조 원년이었으며, 1789년 프랑스의 부르주아 대혁명은 선생이 문과 급제하던 정조 13년이었다. 순조 연간에는 영미英米에는 철도 개통을 보았고 독일에는 전신이 발명되었다. 영국의 상품은 인도양을 거쳐서 중국의 관문을 돌파하였다.

그런데 당시 서교의 활약은 또한 어떠했던가. 노쇠와 부패로 두루마리 한 천주교, 즉 가톨릭교회는 프로테스탄트 신교의 발흥에 위대한 충동과 반성을 얻어 자체 유지의 응급책으로서 16세기 중반에 스페인 사람 로욜라는 예수회Jesuit를 조직했고 개신改新을 목적한 트렌트 종교회의가 열렸다. 그들은 일변으로는 신교도에 태반 이상을 빼앗긴 유럽 교역教域을 보충하기 위하여, 일변으로는 각자 국가의 상점 판로 및 그 식민정책에 대한 전도적前導的 임무를 위하여 포교의 개간지를 황막한 아시아의 광야에서 구하지 아니하지 못하였다.

중국에 있어서는 당 태종 정관貞觀 5년(631)에 페르시아인(波斯國人) 소노지蘇魯支가 경교景敎를 전래하니 칙령으로서 장안長安에 대진사大秦寺를 세웠고, 곽자의郭子儀는 〈경교유행중국송景敎遊行中國頌〉까지 새겼으니 경교는, 즉 기독교였으며, 그 후 원 세조 때에 이태리인 마르코 폴로瑪爾谷保祿(Marco Polo)는 그 아버지 니콜로 폴로尼各老保錄(Nicolo Polo)를 따라와서 원조元朝에 오랫동안 봉사했을 뿐 아니라 원조와 로마羅磨 법왕法王[3] 사이에 사절使節이 왕래하고 교사敎士들이 직접 파견되어 연경燕京을 극동성교회極東聖敎會의 수구首區로 정하고, 나중에는 세례 받은 자가 2만여 인에 달하였다 한다. 당唐, 원元 양조兩朝는 우리 신라와 고려와의 교통이 가장 빈번하였던 시대이므로 우리 사절, 유학생, 거류민 등은 물론 어느 정도까지 서교의 접촉이 있었을 것이나, 국내 전교傳敎의 흔적은 역사상 찾아볼 수 없다.

그러면 천주교의 조선 수입은 명明 말로서 기원을 삼지 않을 수 없다. 1599년, 즉 명의 신종 만력萬曆 27년에 이태리인 이마두가 연경에 와서 포교에 착수하였으니 국경의 봉쇄로 인하여 포교의 유파流波가 비록 미약했으나 조선에 들어오기는 그 직후의 일이었던 것이다. 정조조로 보면 서교 입국이 벌써 2세기에 가까웠던 것이다.

그러나 종교, 특히 기독교는 시대적 변장을 가장 잘하니만큼 동일한 기독교지만 명 말의 그것은 당, 원의 그것과는 역사적으로 성질이 다른 것이다. 벌과 나비는 꽃 속에 들어 있는 꿀을 채취하기 위하여 자웅엽雌雄葉[4]의 교구交媾를 공다지[5]로 매개하는 것과 마찬가지로, 동양에

---

3   교황을 가리킴.

와서 천국의 복음을 운운하는 당시 천주교사는 역시 서구의 자본주의 사상과 문물을 부대적으로 전파해주었다.

이리하여 봉건 이데올로기인 공맹정주의 학을 국교로 한 조선의 양반도는 서구 자본주의의 전구前驅⁶인 천주교와 세계적 모순의 의의에서 역사적 접촉을 하게 되었던 것이다.

위와 같은 내외 모순의 교충交衝에 있어서 양반도의 중압에 신음, 고통 하던 천민 대중은 물론 요원燎原의 세와 같이 다투어가며 천국의 문을 두드렸거니와, 양반 계급 자체에서 발생한 벌레인 일부 선각자들은 안으로 양반도의 환멸을 느끼고 밖으로는 현상現狀을 타격할 만한 외래 사상의 강렬한 자극에 신기新奇의 눈을 뜨게 되었다. 여기서 양반 출신인 정다산 일파가 반양반적 의식을 가지고 동시에 서학의 새 공기를 흡수한 사회적 의의가 존재한 것이다.

그러나 당시 서학 일파 중에서 좌우 두 날개[兩翼]가 대립해 있었던 것을 역사적 색맹이 아닌 우리는 엄밀히 간파하지 않으면 안 될 것이다. 이상에 누차 열거한 바와 같이 이벽, 정약종, 황사영黃嗣永, 홍교만洪教萬, 최창현崔昌顯 등은 좌익분자로서 열렬한 신교자였으며, 신교의 자유를 획득하고 이상의 사회를 실현하기 위하여 적극적 수단을 취하였으니, 이른바 황사영 백서帛書가 그 일단을 표시한 것이다.

순조 원년(1801) 신유사옥辛酉邪獄의 대탄압은 전국적 선풍을 휘감아 일으켜[捲起] 그들의 육신은 분쇄하였지만 그들의 정신은 죽이지 못

---

4   암술과 수술.
5   공짜의 경상도 사투리.
6   '행렬 따위를 선도하는'의 뜻.

하였다. 그들은 국정엄형지하鞠廷嚴刑之下에 혹은 죽을지라도 후회하지 않음[至死不悔]을 언명하고(정약종) 혹은 서학에 사邪 자字를 가할 수 없다는 이유를 항변하였다(홍교만).

그들의 유지遺志와 사상은 항상 그들 여당餘黨 중에 흐르고 민중의 저층에 침투되고 있었다. 헌종 12년 병오 홍주洪州 외연도外煙島[7]에서 정부에 서신을 보낸[致書] 프랑스 군함과 고종 3년 병인에 강화江華를 공격 함락[攻陷]하던 프랑스 군대[佛兵]는 모두 서학당이 초치招致한 것이었다. 그들은 헌종 기해의 주살과 고종 병인 대원군의 대학살을 참혹무비慘酷無比하게 겪어가면서도 그 잠행적潛行的 형세는 의연히 치성熾盛하였다. 자유와 평등을 내포한 천국의 사상은 서민과 실세층失勢層의 무조건적 의앙依仰을 받아 그것이 혹은 민요 민란을 조장하고 혹은 단체적 연결력을 부흥하였다.

조선 근대 사상에 유명한 동학당은 역사적 성격으로 봐서 무엇인가 하면 결국 봉건 와해의 작용인 농민반란의 내용에다가 이상과 희망을 추구하는 서교의 형식을 부가한 것이다. 동학은 서학, 즉 사학邪學이란 시휘時諱를 피하고 동시에 종래 '궁을弓乙' 등의 민간신앙에 영합하여 다소 개작은 있었을지언정 '천주조화天主造化'를 유일한 신조와 주문呪文으로 하였으니, 요컨대 동학의 형식은 서학의 가공품에 불과한 것이다. 그러므로 동학당의 원위源委[8]를 발생학적으로 고찰하면 필경 정조, 순조 양조의 양반 세계를 놀라게 하던 서학 좌파에까지 소급하지

---

7   지금은 충청남도 보령시에 속함.
8   본말, 자초지종.

않을 수 없는 것이다. 다시 말하면 동학은 서학의 일종 국산품이었다.

반면에 당시 최고 인텔리 분자인 이가환, 이승훈, 정약전, 정약용 등은 모두 서학파의 우익이었다. 그들의 신념은 학문적 영역에 편중하였고 실천적 욕구에는 약하였다. 박해와 고난이 닥쳐오는 때에는 그들은 혹은 조정에서 혹은 교우 간에서 혹은 옥중에서 혹은 소장疏章으로 혹은 문서로 혹은 구두로 배교적 태도를 쉽게 표시하였다.

성교聖敎 주창자요, 이승훈을 시켜 입연入燕하여 서학 책자를 가져오게[持來] 한 주요 인물은 광암 이벽이었는데, 다산은 20여 살 때에 그에게 세례를 받고 교敎를 듣고 약망若望이란 세례명까지 얻었으며(《고려주증高麗主證》[9] 권3 참조), 성교명도회장聖敎明道會長 정약종의 친동생으로서 26~27세부터 30세 전후경에는 서학을 열심히 연구하였으니, 선생의 천주교에 대한 관계는 결코 엷지 않았던 것이다. 그러나 나중에 극구훼척極口毀斥은 취하지 않았지만 배교의 형식은 선명했던 것이다. 당시 벽파토멸僻派討滅을 최고 숙제로 한 정조는 밀모密謀 참획자參劃者인 선생에 대하여 정치적 훈계訓戒가 유악帷幄 속에서 순순諄諄[10]하였고 양반 사회의 보수적 거인은 외래신기外來新奇한 영아嬰兒에 대하여 여지없이 교살絞殺해버리려 하였으니, 선생의 전향적 표시도 일종 이해할 수 있는 것이다.

당시 집권 계급은 정조 15년에 서학을 사학邪學이라 개칭하고 순조

---

9 조선 천주교회의 인물전人物傳. 중국인 신부 은정형殷正衡이 달레Dallet의 《한국천주교회사Histoire de l'Eglise de Coree, Paris 1874》에서 추려 한역韓譯한 것으로, 1879년 필사되었고, 1900년 중경重慶에서 활판본으로 간행되었다.

10 간곡하게 말하는 모양.

원년에 종시終始 신교자에겐 역률逆律을 가하였으나 인심의 진무鎭撫의 필요로서 회유책을 병용하여 옥관국리獄官鞫吏는 수인囚人의 참회를 재촉하고 감사수령은 사교의 패리悖理를 자세히 효유曉諭하였다. 이뿐 아니라 배교의 진부眞否를 확지確知하기 위하여 일본 도쿠가와德川 막부의 '회답繪踏'[11]에 근사近似한 방법을 사용한 일도 많았던 것이다.

신유사옥에 형제가 연체連逮[12]된 선생은 "신하는 임금을 속이는 것이 불가한 일이요, 동생은 형을 고하는 것이 불가하다[臣不可以欺君 弟不可以證兄]"하여 옥관獄官은 그 말에 감동하였고 세인은 명공술名供述로 전하였으나 당시 좌파분자인 정약종과 주장과 행동을 달리하였던 것이 용이하게 판명되었다. 당시 〈사학죄인단안邪學罪人斷案〉에 의하면 "죄인 정약종은 줄곧 사학을 정도正道라 하고 천주화상天主畵像을 봉치奉置하여 7일씩 건너 담례擔禮하고 천주는 대군大君, 대부大父이니 천天을 섬길 줄 모르면 생불여사生不如死이며 제사, 배묘拜墓는 다 죄과라 하니 멸륜패상滅倫敗常이 이에 더할 수 없으므로 처법할 것이라" 하였다. 신유사옥의 조종자는 서인 벽파요, 체포당한 대다수는 김백순金伯淳, 김건순金建淳(청음淸陰 김상헌金尙憲의 사양손嗣養孫, 김양행金亮行의 친손親孫) 몇 명을 제외하고는 모두 남인 채당이었으니 물론 죄를 꾸미며[羅織的] 단결斷結[13]함이 옥관의 목적이었지마는 어쨌든 약종 등의 시종불굴은 사실이었던 것이다. 그러나 선생에 대한 단안은 아래와 같다.

---

11 일본에서 기독교 신자를 색출하기 위해 예수상이나 성모마리아상이 새겨진 판을 밟게 하는 일을 가리킴. 보통은 후미에踏み絵라고 했다.

12 한 사람의 죄로 인하여 다른 사람들까지 관련되어 붙잡힘.

13 '번뇌를 끊는다'는 뜻. 여기서는 없는 죄를 꾸며 만들어서 서교를 끊도록 만든다는 뜻인 듯하다.

정약전, 약용은 당초의 염오미약染汚迷弱[14]을 죄범罪犯으로 논하여도 아까울 바가 없지만 중간에 기사귀정棄邪歸正[15]한 것은 자기 입으로 발명할 뿐 아니라 현착現捉 약종의 문서 중 사학서찰邪學書札에 나의 동생(약용)으로 하여금 알게 하지 말라는 어구가 있으며 또 약종이 스스로 쓴 문적文蹟 중에도 능히 형제와 함께 학을 같이 못한 것은 자기의 죄과라 하였으니, 이는 여러 죄인과는 약간 구별이 있는 것이니 차율次律로써 시행하는 것이 관대한 은전[寬大之典]에 해롭지 않다.

또는 유배인에 대하여는 순조 원년에 영상 심환지는 팔도 중 서북 양도(함경, 평안)의 유배 불가와 그 외 6도에 적당 배치를 김대비金大妃에게 품백稟白하고 감사[道臣] 수령[邑倅]으로 하여금 항상 유배인을 조관照管하여 개과 여부를 탐찰探察하여 묘당廟堂 혹은 형조[秋曹]에 논보論報하게 하였다.

이리하여 선생은 배교의 실증이 표명됨에 따라 약종 일파의 극형을 면하고 남해 변지인 강진康津에 적거謫居하였다. 이후[邇來] 항상 근신하여 처신에 명철하였다. 청신굉통淸新宏通[16]한 온포蘊抱[17]를 발휘할 곳이 없어서 경의예설經義禮說의 신해설에 주력하였으나 선생의 본뜻[素志]이 아니고 내심으로는 항상 신학신정新學新政으로서 개물성무開物成務[18]와 화민경국化民經國[19]을 실현하여서 당시 부패하고 비참한[腐敗慘

---

14 사학에 오염되고 미혹됨.
15 사학을 버리고 정도正道로 돌아감.
16 '새롭고 두루 통하는'의 뜻.
17 가슴속에 깊이 품은 재주나 포부.

慘] 소국면小局面을 한번 개조해보려는 염원과 동경이 그윽이 간절하였던 것이다. 선생의 최대 걸작인 이른바 2서 1표(《흠흠신서》,《목민심서》,《경세유표》)는 즉 그것을 알리려 한[致意]한 것이었다.

그러나 "냉冷하거나 열熱하거나 두 가지 중에 하나를 택하려는 것이 기독교이니라"(요한묵시록 3:15) 하였는데, 선생은 냉과 열의 양자를 조화하고 절충하려 하였으니, 결국은 극단을 주장하는 기독교가 아니고[가] 의연히 《중용中庸》의 사상인 유학의 한계를 멀리 벗어나지 못하였다. 선생은 여생의 정력을 합리적으로 이용하여 서학의 득력得力을 공맹학의 실용적 부분에 전개하여 독특한 일가를 구성하였다. 그러나 역사적 의의와 세계적 관련으로 보아서는 우파 대표인 약용의 위대하고 아름다운[偉麗] 저서는 좌파 대표인 약종의 분방불굴奔放不屈한 정신에 비교하여 가치의 손색이 적지 않았던 것이다.

---

18 만물의 이치를 깨달아 모든 일을 이룸.
19 '백성을 교화하고 나라를 경영하는'의 뜻.

정조의 복수와

서학파의

공동 전선

I

아무리 쇄국시대였지만 북경과 압록강의 사이는 겨우 2000리에 불과하니 수만 리의 해륙을 무릅쓰고 와서 동양 문명의 최고 아성인 중국의 수도 북경에다가 포교의 문을 크게 열어놓은 천주교사 그들로서 어찌 이 근린 소국인 조선에 교세 연장하기를 진작 꾀하지 않았으랴. 추측건대 북경 포교 직후 조선 전교가 개시되었을 것이나 그 정도는 아직 미약하여 몇몇 명인名人의 소개 및 그 단평短評 이외에는 자취가 없어 들을 수 없고[泯沒無聞] 100여 년간 하류층에서만 몰래 퍼뜨려 널리 퍼져[潛播蔓延] 있다가 정조 시대에 들어와서 저 정치적 불평과 학문적 기근을 통절히 느끼던 남인 일파, 즉 성호학파의 여러 명사가 앞을 다투어 신봉하게 되니, 서학은 비로소 지식 계급의 선전적 위력을 얻어 갑자기 문화적 사회에 활약의 자태를 나타내었다.

전언에 의하면 정조의 친모 혜경궁 홍씨惠慶宮洪氏는 서교의 신자라 하니 당시 그의 몰래 내통하는[潛通的] 매개의 선線이 얼마나 유력했던가를 짐작할 수 있는 것이다. 이뿐 아니라 정조의 친동생 은언군恩彦

君 인珖의 처 송宋씨와 그 아들 담湛의 처 신申씨도 서교를 믿고 외인外 人을 잠통한 것이 후일 순조 원년 청인淸人 주문모周文謨¹의 자수한 공사 供辭 중에 발로되었다. 선생 연보(정규영 소저所著)에 의하면 주문모는 중 국 소주인蘇州人으로서 정조 19년 을묘 여름에 변복하고 잠입하여 북산 北山 아래²에 은닉하여 서교를 널리 전파하였다. 정조와 채당을 차제에 처치한 다음에 종실까지 싹둑 자르려는[剪除] 벽파 권신으로서는 무함 과 중상이 물론 그들의 상투였지마는, 어쨌든 서교의 파도[敎波]가 왕실 의 규합閨閤³에까지 미쳤던 것이 사실인데, 이는 물론 남인 서학파의 활 약에서 결과된 것이다.

오랫동안 '뜻이 꺾이고 나라를 원망하던[失志怨國]' 남인 일파의 복 권 운동과 장헌세자의 흉화凶禍에 세상이 끝나는 듯한 아픔[終天之痛]을 품은 정조의 복수 계획은 그 어느 것이 벽파 서인 정권을 대상하지 아 니했으랴. 당시 남인 서학 일파는 이 정치적 관계에 절호한 찬스를 발 견하였다. 물론 그들의 구경究竟 목적은 정치적 자유와 이상 세계의 실 현에 있고 벽파를 무너뜨림, 그것이 아니었지마는 목적을 위해서는 당 시 정치적 최대 장애물인 벽파 정권의 무너뜨림을 당면 목적으로 하여 남인과 정조의 공동 전선에 반가이 참가하였던 것이다.

그러면 벽파 정권이란 대체 무엇인가. 당시 정국을 이해하기 위하 여 이하 간단히 말하려 한다.

영조의 장자(시諡 효장孝章, 정조 때 진종眞宗으로 추존)는 일찍 사망하였고

---

1   주문모(1752~1801). 중국인 천주교 신부로서 신부로는 최초로 한국에서 선교 활동을 하였다.
2   북산은 북악산을 가리킴. 주문모는 북촌 일대에 머무르면서 전교를 하였다.
3   부녀자가 거처하는 곳.

차자(시諡 사도思悼, 정조 때 장헌으로 추존)가 세자로 되니 서인 노론 일파는 그의 영명英明을 기탄하여 안으로 정순왕비貞純王妃(영조의 제2비) 김씨와 총희寵姬 문소의文昭儀와 화완옹주和緩翁主[4]를 끼고 세자 시해 모의[謀弒]를 백방으로 참소한 결과 영조는 크게 미혹하여 38년(1762) 임오 5월에 창덕궁 명정전明政殿(현금 창경원 박물관[5])에 임어하고 뜰 가운데 큰 목궤木櫃, 즉 뒤주에 넣어서 질식하게 하였으나, 그래도 얼른 죽지 안 할까 하여 그 위에 풀을 쌓아 훈증薰蒸하니 9일 만에 절명하였다. 이 사건에 딸린 기절참절奇絶慘絶한 로맨스도 많거니와, 이 어찌 고금古今에 없는 악변惡變이 아닌가!

그 후 영조는 크게 슬퍼하고 후회하였다. 다다음 해[再翌年] 갑신에 휘령전徽寧殿[6]에 친림하여 사관을 물리치고 채제공을 특명特命하여 자작自作한 '동혜혈삼지사桐兮血衫之詞', 즉 이른바 어서금등御書金藤을 정성왕비貞聖王妃 서徐씨 신위 아래[褥下]에 넣어두게 하였다.[7] 정성왕비는 영조의 제1비로서 평일에 세자를 가장 애호한 적모嫡母이며, 채제공은 세자 피화被禍 시에 극력 보호한 충신이며, 어서금등은 세자의 무죄원사無罪寃死를 밝히고 슬퍼한 것이다.

당시 벽파는 세손(정조)의 장래 복수를 크게 두려워하여 자위自衛의 묘방妙方으로서 영조를 책동하였다. 즉 세손은 생부[所生考]를 두고 백

---

4 세자의 이복누이.
5 일제강점기에 명정전은 박물관으로 이용되었다.
6 창덕궁 내 왕비들의 위패를 모셔놓은 곳.
7 "피 묻은 적삼이여, 피 묻은 적삼이여, 동혜여 동이여, 누가 영원히 금등으로 간수할까? 니의 품으로 돌아오길 바라고 바란다[血衫血衫, 桐兮桐兮, 誰是金藏千秋 予懷歸來望思]."《조선왕조실록》정조 17년 8월 8일 무진). 피 묻은 적삼은 사도세자가 정성왕후 장례 때 입은 복장의 소매에 피눈물이 찍혀 있었던 것, 동혜桐은 사도세자가 그때 짚었던 삭장.

부[伯考] 효장세자의 통統을 입승入承한 동시에 생부에 관한 추존 및 복수는 후일에 절대 하지 않기로 조왕祖王의 어전御前에서 엄숙히 선서하였다. 만일 이 서약을 위반하면 이는 망조배부忘祖背父의 패역으로 규정되었다.

그래서 정조는 즉위 당년 병신에 김상로金尚魯에게 역률을 추시追施하고 홍인한洪麟漢, 문소의, 화완옹주의 계자季子 정후겸鄭厚謙 등을 모두 사사하여 원한怨恨의 정사政事를 저으기 폈으나 벽파 전체에 대한 토역적討逆的 거조擧措는 감히 하지 못했으므로 그들의 대세는 의연히 조정에 반거盤據하고 있었다. 더구나 벽파의 수호신인 김대비(정순왕비)는 최존最尊의 자리를 빙자하고 정사를 방해[掣肘]하였다. 정조가 벽파의 1인을 죽이려 하면 대비는 문득 가로되, 이는 선대왕의 유명遺命에 위반된 것이니 나는 그 꼴을 안 보고 사처私處로 퇴출하겠다 하니 정조의 고통이 이에서 더 심했으랴. 즉위 초에 영남嶺南 안동安東 유생 이도현李道顯은 정조에게 장소長疏를 올려 선세자를 참시讒弑한 역신 일당을 토주討誅할 것을 통언절론痛言切論하였으나 정조는 도리어 그에게 역률을 가하여 '눈물을 뿌리며 마속을 참하는[揮淚斬馬謖]'[8] 악광경惡光景을 연출하였다. 정조의 유약도 유약이려니와 벽파의 전횡도 가히 상상할 수 있다.

그러나 정조는 채제공을 어필御筆로서 재상에 임명[拜相]하여 10년 위임하고 이하 남인 재걸지사才傑之士를 차례[次第]로 등용하여 우익羽翼[9]을 육성[扶植]하는 동시에 정치적 밀모를 획정하였다. 전언에 의하면

---

8   《삼국지연의》에서 제갈량이 눈물을 흘리며 신임하던 부하 마속을 참함.
9   좌우에서 보좌하는 사람.

영조에게 서약한 정조는 자기 손으로 직접 복수할 수 없으니 왕자(순조)가 20세만 되면 그에게 전위傳位하고 자기는 수원 행궁에 퇴거하여 신왕의 이름으로 원수당[讐黨]을 토멸하여 대의를 밝히려 하였다고 한다. 당시 정세를 종합해보면 이것이 의심할 여지없는 사실이었던 것이다.

위와 같은 밀모에 참획한 자는 위에도 언급한 바와 같이 채제공, 이가환, 정다산 등이었다. 이들 일파의 서학 관계는 당초에는 어느 정도까지 정조의 묵인한 바이요, 나중에 벽파와 홍당의 부동附同[10] 공격이 일어나니 정조는 채제공과 협모協謀하여 그들 음호陰護에 힘과 기술을 다하였다. 채이정蔡李丁[11] 등 이외에 서학 제공諸公들도 이러한 정치적 내맥內脉을 엿보아 알았던[窺知] 것이었다. 그러므로 정조 재위 시에 한해서는 사학邪學 개칭改稱과 포교 금령과 서교 서적[敎書] 소각과 중국 서적[唐書] 구입 금지[禁購]와 교인 처단이 여하히 힘써 여행勵行되더라도 서학 제공은 그것을 일시적 현상으로만 보고 의연히 정국 변환의 좋은 기회가 도래할 것을 기대하고 있었던 것이다. 그리하여 그들은 양선洋船 초청과 같은 적극적 수단을 강구하기까지에는 이르지 않았던 것이다.

당시 몇몇 공인들[數公]의 배교적 표시, 예를 들면 이승훈의 훼척적毁斥的 시문과 다산의 자인소自引疏(정조 21, 정사)[12]는 동당同黨 중에서도 그것을 일종 방편적으로 이해하였고, 그것으로 인하여 전연 절교적 관계에까지는 이르지 않았던 것이다.

---

10 아무런 주관이 없이 남의 의견을 맹목적으로 좇아 함께 어울림.
11 채제공, 이가환, 정약용을 가리킴.
12 1797년 동부승지를 사직하면서 올린 〈변방사동부승지소辨謗辭同副承旨疏〉를 가리킨다.

정조 승하와
서학 좌파의
격화

I

정조 재세在世 시에도 금교禁敎의 법망은 날로 세밀화하고 정권의 변동은 용이하게 오지 않았으니 이에 초조한 서학 일파는 대책상 완급의 대립이 내적으로 없지 않았을 것이나, 이제 그 실상은 자세히 찾아볼[詳探] 수 없고 그들이 정조의 채당 음호陰護를 이용하여 교세 확장에 주력한 것만은 청인 신부 주문모의 입국 활동으로서 짐작할 수 있는 것이다.

그러나 정조, 채당, 서학파의 공동 전선에 벽파와 홍당은 크게 시의猜疑와 공포를 느꼈다. 정조 승하보다 1년 먼저 채상蔡相이 연관捐舘[1] 함에 공동 전선의 활동은 다소 급조急調를 띠었던 것이다. 그리하여 벽파의 흉계는 독배를 올렸다. 그들의 최고 장애물인 정조가 승하하니 홍당은 작약하고 벽파는 더욱 전횡하였다. 김대비를 주신主神으로, 영상 심환지를 주장主將으로한 벽파 일당은 대사옥의 발기를 준비하고 있었다. 이때 채당과 서학파의 창황蒼黃, 초조한 광경은 과연 어떠했을

---

1 죽음으로 관직을 떠남. 채제공은 1799년 1월 29일 세상을 떴다.

것인가.

嗟嗟嗔鵲繞林梢　나무 끝을 맴돌면서 어미 까치 짖어대고

黑質脩鱗正入巢　시커먼 구렁이가 둥지로 기어들 때

何處戞然長頸鳥　어디선가 목 긴 새가 왝 하고 날아와

啄將珠腦勢如虓　성난 호랑이처럼 머리통을 쪼아대면

不亦快哉　　그 얼마나 통쾌할까

이는 선생의 〈그 얼마나 통쾌할까[不亦快哉]〉 20수 중 한 수인데, 당시 급박한 정세는 과연 '시커먼 구렁이가 둥지로 기어들[黑質脩鱗正入巢]'었으니 '어디선가 목 긴 새가 왝 하고 날아[何處戞然長頸鳥]'오지 않으면 그들은 오직 사멸의 비운悲運이 있을 뿐이었다.

순조 원년 신유사옥은 만 1년간 사건이 계기繼起하여 수미首尾가 서로 머금[相啣]으므로 분명히[截然] 구분할 수 없으나 대개 3단으로 나눌 수 있으니, 초단初段은 이가환·이승훈·권철신·정약전·정약종·정약용·홍교만·최창현·이존창李存昌·강숙완姜淑完(덕산사인德山士人 홍지영洪志榮의 처)에 대한 처단이며, 중단中段은 주문모 자수 사건이며, 말단末段은 황사영의 백서 사건이다. 그러나 초단 사건은 요컨대 최대 정적인 채당의 일망타진이므로 이가환, 이승훈, 정약용 등이 벽파의 최선 대상이었으나 사교의 중심인물은 누구보다도 정약종이었다. 이해 정월 지사知事 권엄權欕 등 36인의 상소에 다음과 같이 말하였다.

슬프다! 저 역도 약종은 하나의 요망하고 사악한 괴물입니다. 천륜을 끊고 후미진 곳에 자취를 숨기며 밝은 곳을 등지며 깊숙이 그늘진 굴속으로 숨어들었습니다. 그자는 처음부터 세상에 군신과 부자의 윤상이 있다는 것을 인정하려 들지 않았으며, 그 마음자리에는 사학 받들기를 부모보다 중시했으며 사학 지키는 일을 굳은 절개라 여겼습니다. 자취를 비밀스럽게 하면서 사람들과의 접촉을 꺼려했고 그 때문에 사람들은 그가 지하에 숨어서 사학한 법을 만든 사실을 몰랐으니, 이자는 대체 어떤 물건입니까? 마침내는 이리 같은 성격은 교화하기 어려울 것이고, 듣기 거북한 올빼미 소리는 더욱 기승을 부릴 것입니다. 그리고 이번에는 매우 흉악스럽고 극악하다 못해, 더할 수 없는 패덕한 말들이 그의 문서에서 드러났으니, 이는 참으로 지금까지 보지 못한 괴변입니다. 아! 약종을 형제로 둔 약전과 약용이 감히 "저희는 알지 못합니다"라거나 또는 "저희는 하지 않았습니다"라고 말할 수 있겠습니까?

噫彼逆鍾 乃一妖精邪怪也 絶其天屬 匿影別處 背陽明之界 入幽陰之窟 初不識世間 有君臣夫子之倫 其所設心 奉邪學甚於父母 守邪學作爲苦節 行跡陰祕 厭與人接 故人不知其暗地作法 是何樣物 而畢竟狼性難化 梟音益肆 乃有今番窮凶極惡 絶悖不道之言 至發於文書 此誠前古所無之怪變也 噫以鍾爲兄弟 若銓若鏞 其敢曰不知 亦敢曰吾亦不爲乎.

당시 서학 좌파 수령인 정약종의 비밀 활동과 신앙의 열렬을 반면적으로 가장 잘 표현한 문자다. '매우 흉악스럽고 극악스럽고, 더할 수 없는 패덕함[窮凶極惡, 絶悖不道]'은 단순히 사교 신봉을 가리킨 것이 아니고 필시 약종은 왕실에 관한 것 또는 독배를 진상한 사실을 폭로하여 벽파를 토죄討罪한 동시에 교도와 군중의 의분을 불러일으킨 선동 문서가 있었으므로 상소 가운데 분명히 논주論誅할 수 없고 다만 그 같은 막연한 언구로서 단죄한 것인 듯하다. 약종의 형제임에도 불구하고 약전, 약용은 이 일에 관지하지 않았던 것이 사실이었다.

순조 원년 신유 10월 〈토사반교문討邪頒敎文〉² 중에 "선왕께서 승하하신 뒤로는 오직 함부로 날뛰기만을 생각하였다[自仙馭賓天之後 惟意跳梁]" 하였고, 청조淸朝에 보낸 〈토사주문討邪奏文〉³에는 또 이렇게 말하였다.

작년에 나라의 국상이 있었고 신은 어린 나이에 대통을 이어받아 모든 일을 처음으로 만지니 무리들이 차마 이러한 시기를 이용해야 한다고 여겨 도성과 시골에서 들고일어나 사건이 날로 번져 나갔습니다. 올봄 3월에 한성부가 사당들이 주고받은 편지와 비밀 문건을 찾아냈다고 알려왔기에 이를 근거로 죄인들을 엄중히 문초하고 조사하였습니다. (……) 이때 실제로 사당들과 관련된 정약용이 짓고 떠든…….

昨年國有喪禍 臣沖年襲封 庶事草創 邪黨等認爲此時可乘 京外響應益相締結 漫漫炎炎 日漸滋蔓 本年三月 漢城府 得邪黨往復書札及秘書以故 據此 始行鞫覈 (……) 伊書 實係邪黨丁若鍾 所著所鳩…….

이상 두 문장의 어구를 보더라도 정조 승하는 그들에게 정치적 낙

2　대제학 이만수가 썼으며 《조선왕조실록》 순조 원년 12월 갑자에 실려 있다.
3　국왕의 명의로 보냈으며, 작성자는 이만수다.

망과 전술적 충동을 강렬하게 주었으며, 동시에 독배 흉시凶弑와 대비 전제專制와 권신 발호와 기타 정치 문화의 부패 타락 등등은 도리어 그들에게 절호한 선전적 재료를 제공하였다. 그들은 정조 흉변을 계기로 하여 현상現狀 타도의 방편으로서 영조조의 정희량鄭希良, 이인좌李麟佐 등의 창의倡義에 유사한 거사를 꾀하다가 사전에 검거된 것이 아니었던 가. 서인 벌가閥家 김건순金健淳, 김백순金伯淳 등의 사당邪黨 합류도 역시 벽파 전횡에 대한 감정과 정조 시변弑變에 대한 공분公憤이 유력한 동기로 되지 않았던가. 그들은 발상發喪 사위嗣位의 분망奔忙한 기간을 타서 교도 획득과 북경 연락과 교세 확장과 민요民擾 충부衝赴에 필연적으로 활동하였던 것이다. 이는 주적主的으로 약종의 지도였던 것이다.

이상에 말한바 이가환, 이승훈, 정약종, 정약용의 채당 일파를 일 망타진하여 제일단의 옥사를 구성한 다음에 벽파의 마수는 다시 주문모의 자수를 기회로 하여 사학邪學, 요언妖言 양안兩案을 겸용하여 채당을 재검국再檢鞫하는 동시에 벽파의 적인 종실 은언군 인의 전가全家와 서인 시파 홍낙임洪樂任(홍봉한洪鳳漢의 아들)과 서인 신도 김건순, 김백순까지를 화망禍網에 움켜 넣어서 정치적 쇠퇴하는 형세[頹勢]는 다시 걷잡을 수 없게 되었다.

이렇게 험악한 환경에서 약용의 조카사위[侄婿]요, 좌파의 맹장인 황사영은 망명 탈주하여 변성상복變姓喪服하고 제천堤川의 토굴 중에 반년 이상 은거하면서 사당을 연락하고 사교를 유지하며 동지 황심黃沁, 옥천희玉千禧, 김유산金有山, 김한빈金漢彬(약종의 행랑아범[廊屬]) 등으로 더불어 최후 수단을 강구하였다. 그는 흰 비단폭[白絹幅]에다가 백반수白礬水로 문자를 밀서密書하여 북경 천주교당 양인에게 주문모 이하 여러 교인의 학사虐死 상황을 상세히 보고하고 박해와 포교에 관한 타개책 3조를 진청陳請하였으니, 그 첫째는 청국 황제의 교지를 얻어내서 조선으로 하여금 서양인을 용접容接하도록 할 것. 그 둘째는 안무사按撫司를 안주安州에 개설하고 청의 친왕親王으로 하여금 감시하여 포교의 자유와 정치적 기회를 획득하도록 할 것. 그 셋째는 서양국에 통지하여 대함大艦 수백 척과 정병精兵 5만~6만과 대포 등 예리한 무기를 파송하여 동국東國에 와서 시위하여 자유 포교하도록 할 것이란 것이다. 이 밀서를 역속驛屬에게 주어서 북경 사행에 반송伴送하려던 것인데, 황사영이 제천에서 취포就捕되는 판에 수색 문서 중에 본 백서가 발견되어 이상과 계획이 또한 수포가 되고 말았다.

이상의 일련 사건으로서 정조 승하 후 서학 좌파의 격화가 얼마나 심했던 것을 알 수 있지 않은가. 백서 사건은 요컨대 약종 일파 유지遺志의 계속이며 가환, 약용 등 연파軟派와는 하등 맥락이 없었던 것이다. 적당敵黨은 가환을 사교 괴수라 하고 또 정조 19년 을묘 봄, 혹은 이전 6년 경술⁴에 가환이 벌써 권일신, 주문모로 더러 양함洋艦 초래招來를 협모協謀하고 은銀 2일二鎰을 출자했다 하여 장폐기시杖斃棄市의 혹형을 가하였으나, 이것이 전연 허구망설인 것은 다산이 〈가환묘지명〉 중에 상세히 변명하였다.

---

4 6년 전 경술년이라는 뜻으로 썼다. 경술년은 정조 14년이다.

과학적
신견해

I

이른바 육합지대六合之大[1]와 사해지광四海之廣을 모르고 중국이니 중화中華니 하는 동굴 우상의 위력적 질곡 밑에서 인간 이지理智의 활약성을 전혀 잃어버리고 있던 당시 유학자의 사회에 처하여 선생은 자기 세계관을 먼저 천문, 지리학상으로부터 전개하였다.

문집 중 〈지구도설地球圖說〉은 남극, 북극의 땅에 나온 도수[出地之度]와 동요東徼, 서요西徼, 정오[2]지분亭午之分을 도시圖示하여 지세地勢가 원구圓球 같음을 설명하고 "만일 하늘이 둥글고 땅이 모가 난다면, 사방의 각을 가릴 수 없을 것이다[若天圓而地方 是四角之下掩也]"는 증자曾子 《대대례大戴禮》)의 말을 인용하고 또 주자朱子가 이의지설二儀之說[3]에 심괄沈括[4]의 의의義를 좇았다는 것을 인증認證 지원설地圓說에 대한 유학자

---

1   육합은 천하, 우주를 가리킨다.
2   정오正午를 가리킴.
3   음양설.
4   심괄(1031~1095). 중국 북송의 학자이자 정치가. 천체관측법·역법 따위를 창안하였으며, 요나라와의 국경선 설정에 공을 세웠다. 저서에 《몽계필담》, 《장흥집長興集》 따위가 있다.

에 경의驚疑[5]를 논박하고 천원지방설天圓地方說의 무근거를 단언하였다.

또 같은 책문[6]에 의하면《주비산경周髀算經》[7]의 말단에 천원지방이란 말이 있으나 주비周髀는 천지를 측량하는 것인데, 양지법量地法이 방方이 아니면 안 되는 고로 지방地方이라고 잠정한 것이고 본체本體는 본래 원圓한 것이니 지원地圓, 지구地球가 정당하다. 28수宿의 분야는 중국에 한한 것이고, 대지大地로 보면 하등 의의가 없는 것이다.

또 같은 책문에 의하면 "먼 것에만 힘쓰고 가까운 것에 소홀함[務遠忽近]은 고금古今의 통환通患인데 우리나라[我東]가 위심爲甚하니 성명과 문물[聲明文物]은 중국을 모방[模擬]할지라도 도서圖書 기록[紀載]은 마땅히 본국本國을 밝힐 것이다" 하였으니, 이는 세계적 대관大觀이 자아를 반관反觀하여 자아의 위치와 임무를 발견한 것이 아니고 무엇이랴.

〈연경에 사신으로 가는 교리 한치응을 전송하는 서[送韓校理致應使燕序]〉에 "내가 보기에는 그 이른바 중국이 중앙이 되는지 나는 모르겠다. 이른바 동국이란 것도 나는 그것이 동쪽이 되는지 모르겠다[以余觀之 其所謂中國 吾不知其爲中 而所謂東國者 吾不知其爲東也]" 하여 지구의 원체圓體와 열국列國의 병존을 천문, 지리상으로 입론한 다음에 "이미 동서남북의 중앙을 얻었으면 어디를 가도 중국 아닌 곳이 없으니, 어찌 동국이라 한단 말인가. 이미 어디를 가도 중국 아닌 곳이 없으면 어찌 별도로 중국이라고 한단 말인가[夫旣得 東西南北之中 則無所往而非中國 烏覩所謂東國哉 夫旣無所往而非中國 烏覩所謂中國哉]"라고 하여 중국의 명칭을 까닭 없이

---

5 놀라며 의아해함.
6 《지리책》을 가리킴.
7 기원전 1000년경 지었다는 중국 천문학과 수학의 고전.

찬탄 흠모하는 것을 학리적으로 비난하였다. 선생보다 20여 세나 젊은[8] 담헌湛軒 홍대용洪大容은 자저自著《의산문답醫山問答》에 천문지리를 서술하여 천하 여러 나라가 중국을 홀로 높일 수 없음을 갈파하고 속류시배俗流時輩가 그를 이해하지 못할 것을 그 편수篇首에 풍자하였으니, 이것은 선생과 동일한 계통에 속한 과학적 견해다. 이 과학적 신견해는 인간으로서의 독립 자존적 사상을 계발해주는 유일한 원천이다.

그러나 동同 서문은 중국이 가지고 있는 몇 종의 장점을 구체적으로 열거하여 "지금 마땅히 중국에서 이익으로 취할 것은 곧 이것일 뿐이라"라고 하였으며, 그의 〈기예론技藝論 1〉에 의하면 "우리나라의 백공기예百工技藝는 모두 예전에 중국 가서 배운 것인데, 수백 년 이래로 다시 중국에 가서 배워올 계획을 하지 않고 중국의 신식 묘제妙制는 나날로 증진되어 수백 년 이전의 중국이 아닌데도 우리는 막연히 불문에 붙이고 오직 옛것에만 편히 생각하니 어찌 이렇게 게으르냐" 이리하여 선생은 자국 문물의 교수적膠守的,[9] 진부적陳腐的 상태를 걱정하고 서양으로부터 나날이 전래, 축적되어 있는 중국의 신기예를 공경하고 부럽게[欽艶] 생각하여 중국 유학의 필요를 고조하였으니, 이는 박초정朴楚亭 《북학사의北學私議》에 대한 선구적 발론이었다. 그뿐만 아니라 선생도 직접 '북학北學' 두 자를 사용한 것이 여러 번이었다.

문집 중 〈해조에 대한 대답[海潮對]〉, 〈신시에 대한 대답[蜃市[10]對]〉, 〈겨울 우레에 진계하는 차자[冬雷陳戒箚子]〉 등은 모두 종래의 신비를

8　홍대용은 1731년생이므로 잘못되었다.《실학파와 정다산》에서는 "30여 세나 많은"으로 수정하였다.

9　'융통성 없이 지키는'의 뜻.

10　대기에서 일어나는 빛의 이상 굴절 현상.

섞지 않고 자연계의 현상으로서 설명하였다. 〈기중도설起重圖說〉은 역학力學의 응용이며 〈렌즈로 불을 만드는 도설[靉靆出火圖說]〉은 광학光學의 일단이다. 복암茯庵 이기양李基讓이 북경에서 박면교거剝綿攪車[11]를 구매 귀국[購歸]하여 선생에게 보였더니 선생은 답서하여 가로되 "만일 한 번 상주上奏하여 팔도에 양식을 반포하면 이용후생의 정치에 보익補益이 적지 않을뿐더러 혜택이 만세에 흐를[澤流萬世] 것"이라고까지 칭찬하였으니, 선생이 실용학에 대하여 얼마나 중시하고 갈구했던가를 알 수 있는 것이다.

축성, 조루造壘와 병거兵車, 총포銃砲 등 제법諸法에 대하여도 일가의 지식을 가졌거니와 〈절도사 이민수에게 답하는 글[答李節度民秀書]〉에 수차 상세히 진술한 윤선輪船의 제제는 비록 근대 서양인의 기선汽船에는 비교할 수 없으나 당시 사람으로는 경이하지 않을 수 없는 바였다. 선생은 《문헌비고文獻備考》〈주사조舟師條〉를 인증해 가로되, 판서 유집일兪集一(숙종조 사람)이 황해감사가 되었을 때에 윤선을 창조한바 그 제도는 전후에 바퀴[輪]가 있고 수미首尾에 키[舵]를 만들어 달고 바퀴를 돌려 물을 격동시켜[揚輪激水] 속력[迅速]을 취하였으니 범선으로는 도저히 미칠 바가 아니라 하였다. 그러면 조선에서도 윤선이 생긴 지가 상당히 오랬던 것이다.

서기 1762년 선생의 출생은 갈릴레이가 천문학상의 명저《대화對話》를 발표한 후 130년이요, 뉴턴이 광학과 만유인력을 발견한 후 96년이요, 제너가 우두술牛痘術을 발명한 후 겨우 24년이었다. 당시 서양에

---

11 목화씨를 앗는 씨아.

있어서도 실증적 과학이 신학의 신비한 기반羈絆으로부터 해방된 지가 아직 날이 옅었다. 더구나 신학 잔당인 서양 교사들은 멀리 동양에 와서 서양 과학의 지식을 한갓 포교의 향기로운 미끼[香餌]로서 약간 던져주었던 것이다. 이것이나마 주워 먹기에 선생 일파는 최대 위험을 무릅썼던 것이다. 그야말로 되로 배워가지고 말로 풀어먹으려던 열심과 의도였다.

인간의 아름다움과 수명에 최대 공헌한 우두술은 발명된 지 겨우 반세기였으니 수만 리의 해륙을 거쳐 선생의 손안에 들어온 물건[掌中物]이 될 수는 없었으나, 정조 승하 전년에 선생은 의주義州 사람의 북경 가는 편에 《종두방문種痘方文》을 간신히 얻어오게 하여 박초정朴楚亭과 함께 즉시 실험하였고 두역痘疫[12]에 관한 술가의 부정不正한 설을 일체 논파하였다(《종두설種痘說》 참조). 또 한의학에 탁월한 선생은 〈맥론脉論〉에 맥경脉經의 촌관척법寸關尺法을 부인하였다. 즉 "왼손의 촌맥寸脉은 심장을 진찰하고, 오른손의 촌맥은 폐장肺臟을 진찰하며, 왼손의 관맥關脈은 간담肝膽을 진찰하고, 오른손의 관맥은 비위脾胃를 진찰하며, 왼손의 척맥尺脈은 신장·방광·대장을 진찰하고, 오른손의 척맥은 신장·명문命門·삼초三焦·소장을 진찰하노라[左寸候心 右寸候肺 左關候肝膽 右關候脾胃 左尺候腎膀胱大腸 右尺候腎命門三焦小腸]"라는 것은 전연 망설妄說이라 하여 맥脉의 동정動靜과 진상眞狀을 의가醫家의 미신으로부터 해방하였다.

선생은 간지干支에 관한 미신을 변론하였다. 선생에 의하면 갑을의

---

12   천연두.

10간과 자축의 12지는 고대古代 기일법紀日法에 불과한 것인데, 후세의
방기方技 · 잡술雜術 · 참위讖緯 · 괴력지설怪力之說, 예를 들면 태을太乙 · 구
궁九宮 · 기문奇門[13] · 육임六壬[14] · 둔갑지법遁甲之法과 풍수風水 · 택일擇日 ·
잡서雜筮 · 잡점雜占 · 잡수雜數 · 산명算命 · 성요星曜 · 두수斗數 등등이 혹
은 생살지기生殺之幾를 분변하며 혹은 길흉지조吉凶之兆를 판정하며 혹
은 충범衝犯을 살피며 혹은 의기宜忌[15]를 분별한다 하여 천 세千世를 의
혹하게 하고 만백성[兆民]을 속이니 이는 모두 갑을자축으로 종간宗幹을
삼아 가지고 지엽적으로 목화木火 · 청적靑赤 · 용작서우龍雀鼠牛[16] 등등을
부회附會한 것이라 하여 그 허망하고 이치에 맞지 않는[虛妄無理] 점을
통쾌하게 조목조목 열거[條列]하였다.

선생은 〈풍수론風水論〉과 〈풍수집의風水集議〉로서 풍수술의 미망迷
妄을 통절히 조목조목 따졌다[條辨]. 그 요지는 이러하다.

부조父祖의 사체를 땅에 묻고 복을 바라는 것은 효자의 정이 아니며 예禮
가 아닐뿐더러 그럴 리도 없다. 주공周公이 족장법族葬法을 제정하여 소목
昭穆[17]의 순서[次序]대로 묘지의 구역[塋域]을 만들어 매장하되 북방에 머리
를 북쪽으로[北首] 할 뿐이요, 맥을 뚫고 기를 흩트리는 일[鑿脉破氣]의 금기
[忌]와 방위 좌향의 구별[別]도 없었건마는 이때 세경대부世卿大夫와 세록

13　10간의 을 · 병 · 정을 삼기三奇로 하고 휴休 · 생生 · 상傷 · 두杜 · 경景 · 사死 · 경驚 · 개開를 팔문八門으로
　　한 것.
14　골패 등을 가지고 길흉을 점치는 방법.
15　좋은 것과 나쁜 것.
16　목화는 오행, 청적은 오색, 용작서우는 12지를 말한다. 여기서 작雀은 주작인데, 날개를 가진 닭 대신
　　이며 용작서우 또는 용봉서우 등으로 사용했다.
17　사당에 조상의 신주를 모시는 차례.

자손世祿子孫은 자약自若히 영창榮昌하지 않았는가.

기冀, 연兗(현재 하북성河北省, 산동성山東省 땅)의 광야에 큰 언덕[阜陵]이 없는데, 그 땅의 주거민은 두루 담장[周垣]을 쌓아 구역을 정하고 역시 주공 소목의 차서대로 매장하니 용호사각龍虎砂角[18]은 원래 없건마는 그들의 부귀는 또한 자약하지 않는가.

술가術家의 이른바 용호龍虎 좌향坐向[19]은 일고의 가치도 없는 순수한 망설에 불과하다는 것이다.

선생은 또 이렇게 말하였다.

일세를 통솔[馭車]하고 만민을 부리던 영웅호걸도 살아서 명당에 앉아서 그 자손의 요사夭死와 폐질廢疾을 구하지 못하는 일이 많거든, 하물며 무덤 속 말라빠진 유골[塚中枯骨]이 산하의 형세를 점령했다 한들 어찌하여 그 자손에게 복록을 줄 것인가. 고깃덩어리를 땅에 묻어 가지고 사람을 화禍되게 못하는 것과 마찬가지로 복福되게도 할 수 없는 것이다.

이리하여 선생은 풍수술風水術을 일개 요사妖邪한 기인술欺人術로 단안하고 곽박郭璞[20]의 피주被誅[21]와 도선道詵, 무학無學, 이의신李義信, 담종

---

18 양쪽으로 뻗은 좌청룡과 우백호가 옆이나 전면이 불룩한 형세를 이룬 것, 이른바 길지를 말한다.
19 원문은 좌상坐尙인데, 오자인 듯하다.
20 중국 위진魏晉 시대 진晉나라의 시인 겸 학자(276~324). 산서성山西省 출생. 서진西晉 말에 강남으로 가서 오행五行과 천문, 특히 점서占筮 예언술에 뛰어남.
21 죽임을 당함.

湛宗의 절사무후絶祀無后[22]와 기타 일반 지사地師의 후예가 대개 모두 영달하지 못한 예를 제시하여 풍수술가의 자기기만을 폭로하였다. 그리고 끝으로 풍수술의 유리有理, 무리無理를 딱 잘라 말할[質言] 수 없다는 호의론狐擬論[23]까지를 변박하였다. 이 풍수론은 갑을론과 함께 동양, 특히 중국이 원산原産인 최대 미신에 일대 철추鐵椎를 내린 것이었다.

시일時日과 복택卜擇 및 방위의 금기 등 여러 미신 타파의 제론諸論 중에 〈상론相論〉은 실로 명론탁견이다. 본론의 벽두에 "상相은 습성으로 인하여 변하며, 형세는 상으로 인하여 이루어지는데, 그 형국이니 유년이니 하는 설을 말하는 사람은 거짓이라. 어린아이가 배를 땅에 대고 기어 다닐 때에 그 생김새를 보면 예쁠 뿐이나 그가 성장해서는 무리가 나누어지게 되는데, 무리가 나누어짐으로써 습성이 서로 갈라지며 습성이 서로 갈라짐으로써 상도 변하게 되니라[相因習而變 勢因相而成 其爲形局流年之說者妄也 嬰稺之匍服也 觀其貌 夭夭已矣 及其長 而徒分而習岐 習岐 而相以之變]" 하였으니, 도徒는 분업 또는 직업을 의미한 것이고 습習은 습성을 의미한 것이므로 습성의 차이는 분업 또는 직업의 차이에 원인하고 상의 변화는 습성의 차이에 원인한다. 만일 상이 이와 같으므로 습성이 이와 같다면 이는 습성 차이의 결과인 상의 변화를 도리어 습성의 원인으로 간주하는 것이니 인과因果를 전도시키는 착견錯見과 망론妄論에 불과한 것이다.

하물며 거처居處와 봉양奉養의 변화는 반드시 기분氣分과 체육體育

---

22 '자신의 종사宗祀를 끊고 후손도 없는'의 뜻.

23 여우 같은 의심을 하는 주장.

의 변화를 일으키며 부귀와 우환은 또한 뜻과 마음[心志]의 음란[淫逸]과 슬픔[悲戚]을 일으키니 상相의 무성함과 시듦[榮槁], 초췌함과 윤택[悴潤]이 어찌 일정하게 있으랴. 사서인土庶人이 상을 믿으면 직업[業]을 잃을 것이며, 경대부가 상을 믿으면 그 벗을 잃을 것이며, 국군國君이 상을 믿으면 그 신하를 잃을 것이다. 이리하여 선생은 상의 가변론可變論으로서 상가相家의 착오와 폐해를 세도인심世道人心에 관련하여 절실히 논변하였다.

유학의
신견해

I

싱술힌 제점諸點 이외에 〈중동변重瞳辨〉, 〈영석변靈石辨〉, 〈종동천변宗動天辨〉, 〈계림옥적변鷄林玉笛辨〉, 〈송광사고발변松廣寺古鉢辨〉, 〈금백곡독서변金栢谷讀書辨〉 등등은 모두 과학적 시각에서 사물의 신화적 미혹성을 변파辨破한 것이다. 그러나 선생은 철두철미하게 실증을 고조한 과학자는 아니다. 요컨대 선생은 유자儒者로서의 사상가다. 이는 선생이 점령하고 있던 시대가 가장 잘 설명하는 바다. 그러면 선생의 유학에 대한 신견해는 어떠했던가. 선생은 유학에 얼마만 한 개혁을 가하려 하였던가?

〈속유론俗儒論〉에 의하면 "참된 선비[眞儒]의 학문은 나라를 다스리고 백성을 편안히 하고 오랑캐를 물리치고 재용財用을 넉넉하게 하고 능문능무能文能武하여 마땅치 않음이 없도록[無所不當] 하려는 것이니, 어찌 옛사람의 글귀를 따서 글이나 짓고[尋章摘句] 벌레나 물고기 따위에 대한 주석[注蟲釋魚]을 일삼으며 옛날 의복을 입고 예의[拜揖]를 익힐 따름이랴. 뒷세상의 선비[後儒]는 성현의 본뜻[主旨]을 알지 못하고 인의와 이기 등 설說 이외의 것은 한 말만 하면 그만 잡학雜學, 즉 신불해와 한비[申韓]가 아니면 손무와 오기[孫吳]라 한다. 그리하여 고명高名과 도통道統을 엿보는 자는 케케묵은 의론과 고루한 학설[腐論陋說]만 하여 자기를 어리석게 하고 한 걸음이라도 이 한계를 넘지 않으려 하니, 이러므로 유도儒道는 모두 망하기에 이르고, 당시 군주[時君世主]는 더욱 유자儒者를 천시한다. 한漢의 선제宣帝가 이른바 '속된 선비는 시의時宜를 모르니 어떻게 일을 맡길 수 있으리오'라 한 것은 정당하다".

선생은 〈오학론五學論〉으로서 (1) 성리학[性理之學], (2) 훈고학[訓詁之學], (3) 문장학[文章之學], (4) 과거학[科擧之學], (5) 산술학[術數之學]의 망국적 폐해를 구체적으로 지적하여 개진[指陳]하였다. 선생은 그 가운데[就中] 과거학 폐단의 우심한 것을 통론痛論하고 일본이 저렇게 강성한 것은 과거법이 없었던 까닭이라고까지 말하였다.

선생은 한걸음 올라가서 유학의 성전인 육경六經과 사서의 해석에 있어서 어디까지나 간명하고 실천적인 실학을 그 본지로 하고 사변적 탐완耽玩과 논리적 유희와 노불적老佛的 색채를 섞은 해석은 원칙적으로 배제하려 하였다. 경례설經禮說에 관하여 선생은 송유宋儒의 왜곡된 설명과 번쇄한 해석[曲論煩釋]을 많이 정리하고 선배 녹암鹿庵 권철신의 견해를 좇은 바가 적지 않았다(〈녹암묘지명〉 참조).

선생의 경전 의의疑義의 해석에 관한 최고 척도는 물론 실용적 요구인데, 이것을 다시 심절深切한 의미로 환언하면 '신아구방新我舊邦'[1]적 사상이다. 경전 해석의 시비 불가는 우리가 필경 만연히 판결할 수 없

---

[1]   《경세유표》에 나타나는 표현으로 '오래된 나라를 새롭게 한다'는 뜻.

는 경의經義 그 자체에 의하지 않고 다만 '신아구방'의 사상적 척도에의 합치 여부에 의하여 판결될 것이다. 이 주관적 사상이 선생에게는 도리어 객관적 척도로서 인식되었던 것이다. 선생의 이 사상은 '사람은 만물의 척도'라는 희랍 소피스트 사상에 방불한 동시에 프로테스탄트의 성경 해석과 근세 초기 과학자들의 중세 스콜라철학에 대한 배척적 태도를 또한 연상하게 하는 바다. 유교 개혁가로서의 선생의 학문적 특징은 여기에 있다.

이하에 한두 가지 실례를 들려 한다. 선생은 《논어》의 상지하우上智下愚의 구분을 송유의 해석과 같이 선천적 성품의 구분으로 보지 않고 후천적 습성의 구분으로 보아서 자포자기하려는 범인凡人에게 성인이 될 수 있는[作聖的] 진로를 명시하였다. 《논어》의 "영무자寧武子는 그 지혜는 미칠 수 있으나, 그 어리석음은 가히 미칠 수 없느니라[寧武子 其知可及也 其愚不可及也]"는 데 대하여도 선생은 송유의 해석과 정반대로 그 어리석음은 위衛 성공成公을 좇아 험난險難을 비상備嘗한 무자武子의 망력순국적忘力殉國的 우충愚忠을 지칭한 것이고, 그 지혜는 성공成公의 환국還國 후에 공달孔達의 권세를 염피厭避(?)하여 안신보가安身保家한 무자의 명철을 지칭한 것이니, 만일 후자로서 기우불가급其愚不可及이라고 절독絕讀한다면 인군人君은 누구로 더불어 시간時艱을 구제할 것이냐고 하여 선생은 후일 유자儒者의 헐퇴자고주의歇退自高主義²를 타파하려 하였다.

번거로운 규칙과 까다로운 예절[繁文縟禮]을 하늘이 정한[天定] 절목

---

2 '물러나 스스로 높은 체하는'의 뜻.

으로 숭상하던 당시 양반 사회에 있어서 일정한 의거依據가 없이는 그 무성하게 뒤섞인[茂雜] 지엽을 잘라낼[剪除] 수 없으므로 선생은《예경禮經》에 명쾌한 해설을 가하여 실행할 수 있는 간편성을 제시하였다. 선생은 고례古禮의 공허한 글[浮文]을 싫어하고 오직〈단궁편檀弓篇〉을 공자의 미언微言[3]이라고 특칭特稱한 것은 그것의 간략[簡約]한 것을 취한 것이었다.

역학易學에 관하여는 역시 평이간명平易簡明을 주지主旨로 하였다. "사람이 존귀하게 된 것은 그 마음속에 엿볼 수 없는 것이 있기 때문이다. 이로 인하여《주역》을 지어서 세상 사람의 이목을 신기하게 하니 그 도道가 드디어 존귀하게 되었다. 이는 성인聖人이 그 기지를 사용하여 천하의 인심을 유지하는 바다[人之所以獲尊者 以其中有所不可窺者 於是因而作易 以神天下之耳目 而其道遂尊焉 此聖人用其機 以持天下之心]"라는 소순蘇洵의 실언失言을 반박하고《주역》이 오묘하고 해석하기 어려운[幽玄難解] 책이 아니라는 것과 성인의 소위所爲가 어디까지 소상명백昭詳明白하여 석씨釋氏와 술사術士와 같이 오묘신비를 위주로 하여 군중을 놀라고 황홀하게[駭愕恍惚] 한 동시에 자기를 신성시하게 하려는 본의가 아니란 것을 논술하였다(《역론易論》 참조).

선생은《논어》해석에 있어서 송유와의 이의異議가 더욱 많으나 그 요지는 인仁을 주자朱子와 같이 '마음의 덕, 사랑의 이치[心之德愛之理]로 간주하지 않고 구체적 사행事行인 효제孝悌로서 인이라 하였다. 선생에 의하면 효제가 즉 인인데, 인은 총명이요, 효제는 분목分目이다. 인은

---

3   뜻이 깊은 말.

효제로부터 비롯하는 고로 효제는 "인을 행하는 근본[爲仁之本]"이라고 하였다는 것이다. 이 역시 인을 오인吾人의 평범한 실천적 윤리로 인식하고 오묘 내재한 윤리를 요하지 않은 것이다. 그러므로 "아버지에게 효로 섬겨[事父孝]도 인仁이요, 형을 공순하게 섬기는 것[事兄恭]도 인이요, 왕에게 충으로 섬기는 것[事君忠]도 인이요, 벗과 더불어 신의 있게 사귀는 것[與友信]도 인이요, 백성에게 자애롭게 다스리는 것[牧民慈]도 인이니 '동방東方 생물生物의 이理'와 '천지 지공至公의 심心'은 인이라는 글자를 훈석訓釋할 수 없다"라는 것이다.

> 서恕를 힘써 행히면 인을 구하는 데에 그보다 가까운 길은 없으므로 증자가 도를 배움에는 일관으로 답하였고, 자공이 도를 물음에는 일언一言으로 답하였다. 경례經禮 삼백과 곡례曲禮 삼천에 서로써 일관하고, '인을 함이 자기로 말미암으며' '자기를 이기고 예로 돌아가나니' 이는 공문孔門의 바른 뜻이다. 성誠이란 서를 성실히 행하는 것이고, 경敬이란 예로 돌아오는 것이니, 인이 되게 하는 것은 성과 경이다. 그러나 두려워하고 삼가서 상제를 밝게 섬기면 인을 할 수 있거니와, 헛되이 태극을 높여서 이理를 하늘로 삼으면 인을 할 수 없고 하늘만 섬기는 데에 돌아가고 말 뿐이다.
> 强恕而行 求仁莫近故 曾子學道 告以一貫 子貢問道 告以一言 經禮三百 曲禮三千 貫之以恕 爲仁由己 克己復禮 此孔門之正旨也 誠也者誠乎恕也 敬也者復乎禮也 以之爲仁者誠與敬也 然恐懼戒愼 昭事上帝 則可以爲仁 虛尊太極 以理爲天則不可以爲仁 歸事天而已

이 몇 구절[數節]은 《자찬묘지명》 중에서 인용한 것인데, 《논어》의

인仁, 서恕, 복례復禮 등 말과 《중용》의 공구계신恐懼戒愼 등 말을 절실히 연결시켜서 사천事天의 종지를 수립한 것이니 이는 이론의 극치로부터 신앙의 경계로 진향進向한 것이다.

이제 우리는 선생의 이상 《논어》에 도달한 경로를 자세히 추구해 보면 이렇게 말할 수 있다. 기독교는 박애의 서恕와 천天에 대한 경건과의 결합으로써 교리를 구성한 것이다. 선생은 일찍이 서학자로서 이것의 실천성과 대중성에 심심深甚한 감격을 받았던 것이다. 그리하여 자기 본종本宗인 유교에 반관反觀과 재검토를 가한 결과 《논어》의 인서仁恕와 《중용》의 계구戒懼를 추출하여 유교의 사천事天 사상을 강조한 것이다. 물론 유교도 사천교事天敎가 아닌 바가 아니지만 노불老佛의 영향과 사고의 발달로 인하여 천天이 이理의 범주와 태극의 명막冥漠에 위치하고 있는 이상에는 이론가와 명상가의 탐완적耽玩的 대상은 될 수 없는 것이다. 천天은 요컨대 선생에 있어서 하민下民과 만물萬物을 크게 살피고[隆監] 섭리하는 규범적 존재다.

선생에 의하면 《대학大學》의 명덕明德은 역시 실천적 제목인 효제자孝悌慈를 가르친 것이고 주자의 주註와 같이 허령불매虛靈不昧[4]한 본체는 아니다. 성의誠意, 정심正心은 오인吾人의 선을 하는 공부[善功]이므로 또한 명덕明德이 아니 될 수 없는 것이다. 불씨佛氏의 마음을 다스리는 방법[治心之法]은 치심治心으로써 사업을 하되 우리 유학[吾儒]의 마음을 다스리는 방법은 사업으로써 치심을 하는 것이다. 성의, 정심이 비록 학자의 끝없는 공부[極工]이나 매양 사위事爲를 인하여 성誠하고 정

---

4 마음에 잡념이 없고 영묘하여 어둡지 않다는 뜻.

正하는 것이요, 향벽관심向壁觀心[5]하여 허령虛靈의 본체에 일진一塵도 물들이지 않는 것은 성의정심이라고 할 수 없는 것이다. 지금 사람들은 치심을 정심으로 오인하므로 필경의 방일放逸을 제압[制伏]하고 그 출입을 성찰하여 조존操存, 사망捨亡[6]의 이理를 체험하니, 이런 공부는 오인吾人의 필요한 일[要務]이 아닌 바가 아니나 새벽이나 저녁 일이 없는 때[曉夕無事之時]에 할 것이다. 고인古人의 이른바 정심은 응사접물應事接物[7]에 있고 주정응묵主靜凝默에는 있지 않는 것이다.

선생은 '성性' 자 해석에 있어서 선유先儒의 성설性說은 모두 맹자의 본지가 아니라 하여 독특한 해석을 가하였다. 선생에 의하면 성은 일개 기호嗜好로서 육체상 기호와 영지상靈智上 기호 두 방면으로 나눌 수 있으니 식색食色의 성, 이목구체耳目口體의 성과 〈소고召誥〉[8]의 절성節性, 《맹자孟子》의 인성忍性 등 성 자는 전자에 속한 것이며 천명지성天命之性, 성여천도性與天道, 성선性善, 진성盡性 등 성 자는 후자에 속한 것이다.

성 자는 치성雉性, 녹성鹿性, 초성草性, 목성木性과 같이 본래 기호로서 이름을 얻는 것이니 고원광대高遠廣大한 설명을 요할 것이 아니다. 지금 사람들[今人]은 성을 추존推尊하여 천天과 같은 대물大物로 인식하여 태극, 음양의 설을 붙이고 본연本然, 기질氣質의 논을 섞으니 묘망유원渺茫幽遠[9]하고 황홀과탄恍惚誇誕[10]하고 호분누석毫分縷析[11]하여 천인불

5   '벽을 향하여 앉아서 마음을 관하는'의 뜻.
6   '잡으면 존재하고 놓으면 없어지는'의 뜻.
7   일에 응하고 사물에 접함.
8   《서경》〈주서周書〉의 편명.
9   아득하고 먼.
10 황홀하고 과장된.
11 잘게 나누어.

발天人不發의 신비를 궁극했다 하나 결국은 일용상행日用常行의 방법에 하등 보익補益이 없다.

《능엄경楞嚴經》에 "여래장성如來藏性이 본래청정本來淸淨"[12]이라 하였고 《반야경般若經》과 《기신론起信論》에 "본연지성本然之性이 신훈新薰의 소염所染이 되어 진여본체眞如本體를 잃어버렸다"[13]라고 중언부언하였으므로 송末의 제유諸儒가 이것을 차용하였으나 '본연' 두 자는 육경六經, 사서四書, 제자백가의 책에 도무지 출처가 없는 것이다. 본연은 불서佛書에 있어서는 무시無始, 자재自在의 뜻이니 유가의 천명지성과 불씨佛氏의 본연지성은 동의의 말이 아니고 도리어 빙탄적氷炭的[14] 관계에 있는 것이다. 성은 천으로부터 품수稟受한 바인즉, 본연 또는 무시라고 할 수 없는 것이다. 그러나 불씨의 본연지성은 천으로부터 품수한 것이 아니므로 시생始生한 바가 없고 천지지간에 자재自在하여 윤전불궁輪轉不窮[15]하니, 즉 사람이 죽어 소가 되고[人死爲牛] 소가 죽어 개가 되되[牛死爲犬] 본연지성은 형철자재瑩澈自在[16]하다는 것이다. 그러면 유가의 견지로 말하면 역천만성逆天慢性[17]과 패리상선悖理傷善[18]이 본연성설本然性說에 더 할 수 없는 것이다.

또 선생에 의하면 성性의 영체靈體는 그 기호를 논하면 선善을 즐기고 악惡을 부끄러워하되 만일 그 권형權衡, 즉 자유를 말하면 선할 수도

---

12 '중생이 감추고 있으면서 여래가 될 수 있는 본성은 본래 청정'이라는 뜻.
13 '본연의 성이 새로운 훈습에 물들어 사물의 있는 그대로의 모습의 본체를 잃어버렸다'는 뜻.
14 얼음과 숯, 곧 서로 용납되지 않는 관계를 비유적으로 이르는 말.
15 윤회가 다함이 없음.
16 맑게 그대로 있음.
17 하늘을 거스르는 쉽게 고쳐지지 않는 성질.
18 도리에 어긋나고 선을 해침.

있고 악할 수도 있으므로 위태 불안하니 어찌 순선무악純善無惡이라 할 수 있으랴. 오인吾人 영체 내에 도무지 세 개의 이理가 있으니 기호를 말하면 낙선치악樂善恥惡이니 맹자의 이른바 성선性善이요, 권형을 말하면 가선가악可善可惡이니 고자告子의 단수湍水[19] 비유와 양웅楊雄[20]의 선악혼지설善惡渾之說이 있게 된 것이요, 행사를 말하면 '선하기는 어렵고 악하기는 쉬운 것[難善易惡]'이니 순경荀卿[21]의 성악지설性惡之說이 있게 된 것이나 양씨楊氏와 순씨荀氏는 성 자를 잘못 봐서[誤看] 그 설이 차이가 있게 된 것이다. 그러나 우리 영체 내에 이 세 개의 이理가 없는 것은 아니다. 이리하여 선생은 맹자 성선설을 시인한 동시에 순선으로는 인정하지 않고 세가諸家의 설도 시각을 따라 가기 승인하되 인성人性은 극기복례克己復禮의 공工에 의뢰치 않으면 괴패壞敗와 사곡邪曲을 면하지 못한다는 것을 강조하여 순자荀子 성악설에 중대히 참고하였던 것이다.

맹자의 인의예지仁義禮智는 송유가 천도天道의 원형이정元亨利貞에 배합하여 인성의 4대강人綱으로 논정論定하였으나, 선생에 의하면 인의예지는 행사의 후에 이름을 얻은 것이므로 인덕人德이요, 인성은 아니다. 가인가의가례가지可仁可義可禮可智의 이理는 인성에 갖추어 있으므로 맹자가 측은惻隱, 수오羞惡, 사양辭讓, 시비是非의 사심四心을 사덕四德의 단端이라고 하였으나, 사심은 일개 영명지체靈明之體에서 나와서 만

---

19 소용돌이치는 물. 《맹자》〈고자장〉에서 고자는 사람의 본성을 소용돌이에 비유하였는데 맹자는 이를 비판하였다.
20 중국 한나라의 사상가.
21 중국 전국시대의 사상가. 순자荀子를 가리킴.

사만물을 범응凡應하니 실제 발하는 것이 어찌 네 개에 한하리오. 네 개
는 맹자의 예거列擧에 불과한 것이다.

그러나 송유는 인의예지 네 개가 마치 오장五臟처럼 사람의 배 가
운데 담겨 있고 측은, 수오, 사양, 시비는 모두 각기 이로부터 나오는
줄로 생각하나 이는 착간錯看이다. 《중용》의 지知, 인仁, 용勇 삼달덕三達
德도 역시 행사의 후에 성명成名한 것이요, 본체 내재의 이理를 가리킨
것은 아니다.

맹자는 "인의예지는 마음에 뿌리박았다[仁義禮智 根於心]" 하였으
니 비유하면 인의예지는 꽃과 열매[花實] 같고 그 근본은 마음[心]에 있
다. 측은·수오·사양·시비는 내內, 즉 마음에서 발하고, 인의예지는 외
外, 즉 행사에서 이루는 것일 뿐 아니라 사단의 단은 내출內出의 서緖가
아니고 시始의 뜻이니, 즉 시연자始燃者는 화火의 시始요, 시달자始達者
는 천泉의 시始와 마찬가지로 측은은 인의 시요, 수오는 의의 시다. 또
는 시연자를 확충하면 염염炎炎한 대화大火가 되고 시달자를 확충하면
도도滔滔한 강하江河가 되는 것과 마찬가지로, 측은을 확충하면 인은 천
하를 덮을 것이며 수오를 확충하면 의는 천하에 나타날 것이다. 이렇게
보면 사덕을 내재內在의 성으로, 사단을 내출內出의 단서로 본 송유의
해석과는 거의 대척적對蹠的 견지에 있는 것이다.

《중용》의 "희로애락이 아직 발하지 않은 것을 중中이라 하고, 발해
져서 모두 중절한 것을 화和라 한다[喜怒哀樂之未發 謂之中, 發而皆中節 謂之
和]"에 대하여도 송유의 해석과는 적지 않게 달랐다. 선생에 의하면 미
발未發은 정주程朱의 말과 같이 심지사려心知思慮가 전연 미발하다는 것
이 아니다. 천하 사물은 이것을 평심수응平心酬應[22]할 적이 보통 많고

특이한 경우라야 희로애락이 있게 되는 것이다. 그러나 가희가로可喜 可怒 등 사事는 항상 불의不意와 무심無心을 타가지고 오는 것이므로 이를 대응하기에 중절中節하기가 어려운 것이니 미발의 시時, 즉 평상시에 마음잡기[秉心]를 바로하고 덕을 지키기[執德]를 굳게 하여 심체心體의 중정中正을 지속한 연후에라야 가희가노지사可喜可怒之事를 졸연히 만나더라도 대응의 마음이 능히 발현하여 절도에 맞아서[發而中節] 과도의 폐가 없게 된다. 이러므로 중中과 화和가 위천지位天地, 육만물育萬物 [23]의 큰 덕을 얻게 된다. 만일 적연부동寂然不動, [24] 무사무려無思無慮 [25]가 미발의 광경이라 하면 이는 소림선사小林禪師의 면벽이 아니면 위천지, 육만물의 도경道境에 이를 수 없는 것이니 유가의 학이 어찌 이러하랴. 이리하여 선생은 송유의 선불적仙佛的 침투를 도처에서 지적하였다.

"나 선생羅先生(중소仲素)이 고요한 가운데서 마음이 발동하지 않을 때의 기상氣像이 어떠한지를 보도록 하였다[羅先生令淨中 看未發時 作何氣像]"란 이연평李延平[26]의 말에 대하여도 다산은 가로되 나씨羅氏가 선학禪學에 깊이 물들어서 이렇게 말한 것이니 무릇 '관觀'은 다 선법禪法이라 하였다.

선생은 《서경書經》에 있어서 매색梅賾[27]의 25편 위작僞作을 단언하고 "인심은 위태하고 도심은 미묘하니 오직 정밀하고 전일하여야 진

---

22 평온한 마음으로 요구에 응함.
23 천지에 참여하여 만물을 기름.
24 고요하여 움직이지 않음.
25 아무런 생각이나 염려가 없음.
26 이연평(1093~1163). 이름은 동侗, 연평延平은 호, 주자의 스승이다.
27 중국 동진의 학자. 《고문상서古文尙書》 25편을 조정에 바쳤는데, 정약용은 이를 위작이라고 보았다.

실로 그 가운데를 잡으리라[人心惟危 道心惟微 惟精惟一 允執厥中]"란 열여섯 자에 대하여 도심인심道心人心은 《도경道經》에서, 유일유정惟一惟精은 《순자荀子》에서 나온 것인데, 의의가 서로 연접連接되지 않는 것을 지적하였다.

선생은 《논어》의 "증자가 말하기를 부자의 도는 충서忠恕일 따름이라[曾子曰夫子之道 忠恕而已]"에 대하여 충서를 충과 서의 양개사兩個事로 보지 않고 실심행서實心行恕, 즉 충실히 서를 한다는 것으로 보아서 '내 몸 다하는 것을 충이라 하고 자기를 미루어 남에게 미치는 것은 서라[盡己之謂忠 推己之謂恕]'는 종래 해석을 그르게 여겼다. 공자의 이른바 "나의 도는 하나로 관철되어 있다[吾道一以貫之]"는 즉 서의 일사一事를 가리킨 것이니, 만일 충과 서의 양개사라면 이는 '이이관지二以貫之'요, '일이관지一以貫之'가 아니다.

공자는 증자에뿐 아니라 "한마디 말로 평생토록 행할 만한 것이 있습니까[一言而有可以終身行之乎]?"라는 자공의 질문에 대하여도 역시 서恕를 고告하였다. 서는 용서의 의義가 아니고 추서推恕의 의이니 《대학大學》의 '혈구絜矩'가 곧 이것이다. 서로써 부父를 섬기면 효孝가 되고, 서로써 군君을 섬기면 충忠이 되고, 서로써 민民을 다스리면 자慈가 된다. 서의 한 글자는 육친六親, 오륜五倫과 경례삼백, 곡례삼천에 일체 관통되어 말은 간약하나 의지意旨는 실로 긴요하고 원대[要遠博大]하다.

그러면 서恕란 대체 어떠한 것인가? (소극적으로 말하면) 아들이 받고자 않는 것은 아비에게 베풀지 말 것이며, 아우가 받고자 않는 것은 형에게 베풀지 말 것이며, 신하가 받고자 않는 것은 군주에게 베풀지 말 것이며, 이 반면에 아비와 형과 군주도 아들과 아우와 신하에게 또한 마찬가지니 공자의 이른바 "자기가 원하지 않는 것이면 남에게도 베풀지 마라[己所不慾 勿施於人]"가 이것을 단적으로 지시한 것이다. 그러나 후유後儒는 이 인人 자를 소원한 인으로 범간泛看[28]하고 천륜골육지친天倫骨肉之親은 이 범위에서 제거된 고로 구인求仁의 방법인 서가 본래의 긴착성緊着性과 효용성을 잃어버렸다. 동시에 한漢 이후의 사전史傳이 모두 서를 용서로만 보고 추서로 보지 못한 것이 선성先聖의 실천의 도가 밝게 되지 못한 요인의 하나였던 것이다.

선유先儒는 용서의 의를 익히 견문하고 서의 고식지폐姑息之弊를 염려하여 추기推己의 서 위에 진기盡己의 충을 가설加設하여 서의 유폐流弊를 보구補救하려 하였으나, 이는 모두 서가 곧 진기의 의義인 것을 모르는 까닭이다. 요즘 사람은 충, 서 두 자를 '충으로 자기를 닦고 서로 타인을 다스리는[忠以修己 恕以治人]' 것으로 분간하니, 더구나 착견천만錯見千萬[29]이다.

이리하여 선생은 서를 위인爲仁의 유일한 방도로 보고 유교의 중요한 관건으로 인정하였다.

그러나 서의 목적, 즉 추구 대상인 인仁은 과연 어떠한 것인가? 선생에 의하면 인은 자형字形이 이인二人이니 이인, 즉 인과 인의 교접에 그 본분을 다하는 것이 인仁이다. 예를 들면 부父와 자子가 이인인데 사부효事父孝가 인仁이요, 형兄과 제弟가 이인인데 사형공事兄恭이 인이요, 군君과 신臣이 이인인데 사군충事君忠이 인이다. 그러나 인을 하는 데는

---

28 눈여겨보지 않고 데면데면하게 봄.
29 '매우 잘못된 견해'라는 뜻.

서가 아니면 안 되므로 맹자는 "서를 힘써 행하면 인을 구하는 것이 이보다 가까운 것이 없다[强恕而行 求仁莫近]"하였으니 공맹상전孔孟相傳의 지결旨訣을 가히 알 수 있는 것이다.

이상에도 언급한 바와 같이 선생은 인仁(의예지義禮智도)을 광의, 협의 양 방면에 모두 내재의 이理로 보지 않고 행사의 성명姓名으로 보았을 뿐 아니라, 서의 '일관一貫'도 어디까지나 실천적으로 보았다. 선생에 의하면 후인의 일관에 대한 해석은 실천적 의미가 없고 한갓 논리의 만족에 그쳤다. 그들의 일관은, 즉 천지음양의 화化와 초목금수의 생生의 어지럽고 복잡한[紜錯雜] 것이 일리一理에서 비롯하여 중간에 흩어져 만수萬殊가 되었다가 종말에는 다시 합하여 일리가 된다는 것이다. 이는 노자老子의 "하늘은 하나를 얻어 맑고, 땅은 하나를 얻어 평안하며, 성인은 하나를 품어 천하의 기준이 된다[天得一以淸 地得一以寧 聖人抱一爲天下式]"[30]와 불씨의 "만법이 하나로 귀결하는데, 하나는 어디로 귀결하는가? 그 하나는 마음이다[萬法歸一 一歸何處 一者心也]"[31] 등 말을 습문習聞한 결과 유도儒道의 협소천근狹小淺近을 부끄러워하여 '일관'이란 말을 부연敷演하여 노불老佛로 더불어 의각犄角하려는 의도에서 나온 것이다. 오초려吳草廬[32]의 과탄무실誇誕無實[33]이란 평은 결코 무의미한 말은 아니다. 그 반면에 일관의 본지를 모른 까닭이었다.

맹자의 성론性論이 성선性善을 논한 동시에 이목구체耳目口體의 성性

---

30 《도덕경道德經》39장과 22장.
31 《벽암록》45책, 조주선사趙州禪師와 한 수좌 사이의 대화.
32 오초려(1249~1333)는 중국 원나라의 유학자. 본명은 징澄이다.
33 허망한 소리만 자랑하고 실상은 없음.

까지를 논하였으니 송유의 오평誤評한바 '성을 논하고 기를 논하지 않은 결점[論性不論氣之病]'이 본래 없다는 것을 선생은 변명하였다. 또 선생은 《중용》 수절首節의 솔성率性, 수도修道가 인성人性과 인도人道에 한언限言한 것이요, 주자의 주註와 같이 인물人物을 겸언兼言한 것은 아니라 하였다.

인물성人物性의 동이론同異論에 대하여 선생은 맹자의 "개의 성이 소의 성과 같고, 소의 성이 사람의 성과 같은가[犬之性 猶牛之性 牛之性 猶人之性歟]?"를 인용[援引]하여 이론을 주장하고 같다는 동론을 배척하였다. 선생에 의하면 "본장의 고자告子가 말한 바[所言]는 인물이 동득同得한 기질지성이요, 맹자가 말한 바는 사람이 독득獨得한 도의지성道義之性이다. 식색食色, 안일安逸에 관한 오인吾人의 지각운동은 금수와 하등 다름이 없으되 오직 도심은 무형무질無形無質하고 영명통혜靈明通慧한 것이 기질에 머물러[寓在] 주재하는 고로 상고부터 벌써 인심도심의 설이 있게 된 것이니 인심은 기질의 소발所發이요, 도심은 도의의 소발이다. 사람은 이 두 개의 마음을 겸유하였으되 금수는 그 품수한 것이 기질지성뿐이니 어찌 형질을 초월한 성을 가졌으랴. 금수에 한하여는 기질지성이 곧 그 본연이다."

그러나 "주자의 이른바 본연지성은 부생지초賦生之初[34]에 그 이理가 본연한 것이며, 인과 물이 함께 얻은 것"이다. 그러나 선생에 의하면 "본연지성은 인과 물이 각기 부동하다. 인과 물은 각기 천명을 받아 서로 옮겨서 바꾸지[移易] 못하니, 예를 들면 개와 소가 사람의 독서, 궁리

---

34 '생명을 부여한 시초에'라는 뜻.

와 낙선樂善, 치악恥惡을 강행할 수 없으며, 사람이 또한 개의 집 지키기[守夜], 찌꺼기 먹기[食穢]와 소의 무거운 짐 지기[任重], 되새김질[食芻]을 강행할 수 없는 것이다. 이는 형체가 달라서 능히 서로 융통하지 못한 것이 아니라, 그 타고난[賦生] 이理가 본래 같지 않은 까닭이다".

주자는 일찍이 가로되 "만물의 동일한 근원을 논의하면 이치는 같지만 기운은 다르다. 만물의 상이한 형체를 살펴보면 기운은 오히려 서로 가깝지만 이치는 절대로 같지 않다[萬物之一原 則理同而氣異 論萬物之異體 則氣猶同而相近 而理絶不同]"[35]라 하였으니 인과 물을 막론하고 만물이 처음 날 때[初生之時]에 일원一原, 즉 동일한 본원本原, 다시 말하면 천명天命을 품수하였다는 견지에서 이동理同이라면 누가 불가하다고 하리요마는, 주자는 또 가로되 "이론은 대소하고 또한 귀천이 없되 형질은 바름과 편향이 있어서 바름을 얻은 자는 이가 두루 하고 편향을 얻은 자는 이가 말라버릴 것이다[理論大小 亦無貴賤 特以形質 有正有偏 得其正者 理卽周遍 得其便者 理有枯蔽]"라 하고 또 가로되 "본연의 성은 인과 물이 모두 같으나 기질의 성은 서로 다르다[本然之性 人物皆同 而氣質之性 差有殊焉]"라 하였으니, 이는 성性의 품급이 동일하다는 것이고 다만 품수의 본원이 동일하다는 것은 아니다. 이것은 호락론湖洛論[36]에 대조해보면 선생은 낙론洛論을 부정하고 호론湖論에 접근하였으나 금수는 기질지성만을 품수했다는 것과 금수에게는 기질지성이 곧 그 본연[卽其本然]이란 등등 말은 호론이 감히 논의[論到]하지 못한 바였다.

---

35 《주자어류》 권4. 본문의 다음 내용도 이 책에서 요약하여 서술하였다.
36 호론과 낙론. 호락 시비 논쟁을 가리킴.

선생에 의하면 사람의 선악은 역행力行 여하에 있고 기질의 청탁에 있지 않는 것이다. 왕망王莽,[37] 조조曹操는 대체로 기질이 청淸하되 불선不善[38]하였으며, 주발周勃,[39] 석분石奮[40]은 기질이 대체로 탁濁하되 선인善人이었다. 그뿐만 아니라 총명재식지사聰明才識之士는 흔히 윤리의 실천이 허소하되 우둔[椎鹵]하기가 소 같은 여항閭巷의 백성은 효행에 돈독한 이가 많으며, 변혜기경辯慧機警, 청가묘무淸歌妙舞[41]에 능한 부인은 음란하지 않은 이가 적되 황수흑면黃首黑面[42]의 우부愚婦는 흔히 열녀의 절節이 있다. 이리하여 선생은 기품지상주의氣稟至上主義를 고조하여 대중의 실천적 수준을 높이려 하였다.

---

37 중국 한나라를 무너뜨리고 신新나라를 세운 인물.
38 원문에는 '불不하였으며'라고 서술되었으나, '불선不善'의 '선善' 자가 빠졌다.
39 중국 한나라 고조 때의 공신.
40 중국 한나라 고조 · 문제 · 경제 때의 관리.
41 '슬기롭고 노래와 춤을 잘 춘다'는 뜻.
42 '누런 머리와 검은 얼굴. 즉 못났다'는 뜻.

음양·오행·
귀신

I

선생은 음양·오행에 대하여 전통적 견해를 좇시 않았다. 선생에 의하면 음양의 이름은 일광日光의 비춤[照]과 가림[掩]에서 일어난 것이므로, 명암의 양상兩象만 있고 체질은 없으니 어찌 만물의 부모가 될 수 있으랴. 그러나 남북극의 사이에 천하만국이 혹은 동에 혹은 서에 위치하여 해의 출입 시각이 유물부동有物不同 하나 얻는바 비춤과 가림의 수數는 만국이 조금도 다르지 않고, 그 결과 주야한서晝夜寒暑의 소득 시각도 또한 모두 균적均適하므로 성인이 역易을 지을 때에 음양대대陰陽待對'로서 천도天道와 역도易道를 삼았을 뿐이고, 음양에 만물의 부모가 될 만한 체질이 있다는 것은 아니다. 선철先哲이 경청輕淸한 것을 양陽이라 중탁重濁한 것을 음陰이라 한 것도 원래 차명借名한 것이고 본질은 아니다.

음양도 만물의 부모가 못 되거든 하물며 오행이랴. 크게 보면 천지수화토석일월성신天地水火土石日月星辰도 오히려 만물의 동열同列에 있

I   음양의 상호대립과 상호의존.

거든 금과 목이 어찌 만물의 어미가 될 것인가. 이제 주자의 "하늘이 음양오행으로 만물을 만들어낸다[天以陰陽五行 化生萬物]"란 것을 구체적인 말로서 고쳐 가로되 '하늘이 음양, 불, 물, 동, 철, 소나무, 잣나무로 만물을 만들어낸다[天以陰陽火水銅鐵松柏 化生萬物]'라 하면 합리적으로 보일 것인가? 초목금수는 화생의 시時에 생생生生의 이理만 부여받아[賦受] 이종전종以種傳種하여 각기 성명性命을 보전할 따름이나 오인吾人은 이 위에 영명靈明을 부여받아 만물에 빼어난 것이거늘 송유는 건순健順, 오상지덕五常之德[2]을 인과 물이 같이 부수하여 본래 등급이 없다 하니 상천생물上天生物의 이가 어찌 이러하랴.

위에 이미 논술한 바와 같이 인의예지는 행사의 득명이고 재심在心의 이를 가르친 것은 아니다. 오심吾心의 영명이 인의예지가 가능한[可仁可義可禮可智] 이理를 갖추었지만 상천上天이 벌써 인의예지 4과顆를 인성 중에 넣어준 것은 아니다. 오인吾人도 이러하거든 하물며 오상지덕, 즉 인의예지신의 행사를 금수초목이 함께 부수했으랴. 인물동성론은 요컨대 불교의 영향이지, 오유吾儒의 본지는 아니다.

이뿐 아니라 인예仁禮를 건健에, 의지義智를 순順에 분배하거나 또는 오상을 오행에 분배하는 것은 다 선생의 취하지 않은 바였다.

대개 오행부정론은 서양 사상의 영향이므로 당시 박지원의 《열하일기》와 정동유鄭東愈의 《주영편晝永編》 등에 모두 논급되었으나, 특히 선생은 분명하고 조리 있게[明暢] 말하였다.

선생은 귀신을 기氣로 보지 않았다. 선생의 말에 의하면 오인吾人은

---

2   《중용장구中庸章句》의 천명지위성天命之謂性에 대한 해석에 나오는 말. 오상은 인의예지신을 말한다.

기질을 가졌으되 귀신은 기질을 갖지 않았다. 《주역》에 이른바 "음양을 측정할 수 없는 것을 신神이라 일컫는다[陰陽不測之謂神]"와 "한 번 양하고 한 번 음한 것을 도道라 일컫는다[一陰一陽之謂道]"는 모두 시괘蓍卦 강유剛柔의 의義를 말한 것이고 귀신과 천도를 말한 것은 아니니 어찌 음양으로서 귀신이라 할 것인가. 귀신은 이기로서 말할 수 없는 것이다. 천지귀신이 소명昭明히 포열布列하여 있는데 지존지대한 것은 상제가 즉 그것이니 문왕文王의 "조심하여 공경하다[小心翼翼]"와 《중용》의 "조심하고 삼가고 두려워한다[戒愼恐懼]"는 다 상제를 섬기는 학이다. 그러나 후인後人은 천天을 이로, 상제를 이의 존칭으로만 알고 신을 유무가 모호한[有無茫昧] 경계에 둔 고로 인군人君의 외경畏敬과 학자의 신독愼獨이 모두 성실하지 못하게 되는 것이다. 무릇 어두운 방에 홀로 있는[暗室獨處] 사람이 무소불위하여도 발각되지 않는다면 누가 공연히 외겁畏怯할 것이랴. 일식과 월식을 가지고 군상君上을 면계勉戒하지만 조금도 틀림없이 시각을 예지한다면 어찌 재이災異라 할 것이랴. 예지의 학은 진심과 심계深戒가 있을 것이다.

이리하여 선생은 귀신을 송유의 이른바 "두 기운의 본래 능력[二氣之良能]"(장자張子), "천지의 작용이요 조화의 자취[天地之功用而造化之跡]"(정자程子)란 범신론적 또는 범이론적 영역으로부터 구출하여 비기비리非氣非理의 신비적, 불가지적 범주에 올려놓고 동시에 신앙적 대상 설정의 최고 필요를 역설하였다. 따라서 《중용》 일서를 사천事天 사상으로서 수미일관한 성진聖典으로 간주하였다. 이는 선생이 분명히 서교의 자극과 더욱이 서교 주창자인 광암 이벽의 설교적 감화에서 일찍이 얻은 바였다(문집 중 《중용강의보中庸講義補》 중 〈귀신지위덕절鬼神之爲德節〉 참조).

치양지 致良知 .

이 발기 발 理發氣發

I

선생의 학적 안공眼孔은 당시 유사儒士들에 비하여 대단히 소통하였다. 논리적 실천과 사천事天의 경건을 학의 요지로 한 선생은 노불老佛의 허정공탕虛靜空蕩은 좋아하지 않았으나, 그러나 불설佛說의 진망眞妄 유무有無의 상相은 오유吾儒의 본연, 기질지변氣質之辨과 같다는 것을 일찍이 말하였다(승려 기어 자홍에게 주는 말[爲騎魚僧慈弘贈言][1]). 주朱, 육陸 양 파[2]에 대하여도 역시 입주출노入主出奴[3]의 속폐를 벗어났다. 선생은 〈답중씨손암答仲氏巽庵〉[4] 편지 가운데 주자는 경사經師요 육상산陸象山은 선사禪師이니, 경사는 우禹·직稷·묵적墨翟에 가깝고, 선사는 안회顔回·양주楊朱에 가깝다고 하였다.

선생은 왕양명王陽明의 치양지설致良知說에 대하여 어떠한 논평을

---

1 대흥사의 아암兒菴 스님의 수제자인 기어 자홍에게 보낸 글.
2 중국 남송의 대유학자 주희와 육상산.
3 하나의 주의·주장을 맹신하여 다른 주의·주장을 배척하는 것을 가리킴.
4 둘째 형 약전에게 보낸 편지.

하였던가. 선생은 양지良知의 치致할 수 없는 것을 먼저 문의상文意上으로부터 변파辨破하였다. 양良은 자연의 의意요, 치致는 오지 않는 물건을 무슨 방법으로서 오도록 하는 것이다. 양지는 맹자의 이른바 "어린 아이들도 그 부모를 사랑하는 것을 알지 못하는 이가 없다[孩提之童 莫不知 愛其親]"이니, 이것이 어찌 용심설의用心說意[5]의 일이랴. 양이면 치할 수 없고 치하면 양이 아니다. 그러나 선생은 치양지의 불합리를 지적한 반면에 양명陽明의 고문달식高文達識[6]과 낙선호용樂善好勇[7]을 부인하지 않았다.

그리고 무릇 일구일어로서 종지를 삼는 것은 모두 성학聖學과 다른 이단이니, 예를 들면 존덕성尊德性은 성인의 말이지만 육씨陸氏가 이 세 자字를 종지를 삼으매, 그 폐는 정신을 농롱弄하고 돈오頓悟를 위로 하여 이단이 되는 것이다. 양명의 양지학도 또한 이와 같은 것이라 하였다.

선생은 조선 유학계의 수백 년 송안訟案인 퇴계, 율곡의 이기론에 대하여 당습黨習을 초탈하고 공평한 판단을 내리려 하였다. 선생에 의하면 퇴계의 "이가 발하여 기가 따르는 것이며 기가 발하여 이가 타는 것[理發而氣隨之 氣發而理乘之]"은 전혀 오인吾人 심상心上에 나아가 말한 것이니, 이른바 이理는 즉 본연지성이요 도심이요 천리의 공公이며, 이른바 기는 기질지성이요 인심이요 인욕人欲의 사私다. 그러나 율곡의 "사단칠정은 모두 기가 발하고 이가 타는 것[四端七情 皆氣發而理乘之]"은 태극 이래 이기를 총론한 것이니, 즉 천하 만물이 미발未發 이전에는 비

---

5 '마음을 쓰고 뜻을 말하는'이라는 뜻.
6 고상한 글과 뛰어난 식견.
7 '선을 즐기고 용기를 좋아하는'의 뜻.

록 이가 먼저 있으나 그 발할 때에는 기가 반드시 먼저 하는 것인즉, 오인吾人의 심중心中의 사단칠정도 또한 이 공례公例에 벗어나지 못하여 모두 기발이승氣發理乘이다. 그러면 율곡은 이기 관계에 대한 일반적 원칙을 논한 것이요, 퇴계는 치심治心 양성養性의 필요로서 심상의 이기 관계를 특정적으로 논한 것이니, 양현兩賢 소론所論이 각기 관점을 달리했을 뿐이고 이것이 옳고 저것이 그른 것[此是彼非]은 없는 것이다.

그러나 퇴계론에 의하더라도 사단은 반드시 이발만이 아니니 어느 때 어느 사람에 있어서는 측은, 수오가 사욕에 끌리고 천리의 공에 어그러지는 수가 있다. 또 칠정도 반드시 기발만이 아니니 이도 경우를 따라 희로애락이 형기形氣의 사私에 국한되지 않고 본연지성의 직접 발용發用이 될 수 있는 것이다. 어쨌든 사단과 칠정이 모두 오심吾心의 소발所發이요, 오인吾人 심상心上에 이와 기의 두 구멍이 있어서 각자 발출發出하는 것은 아니다.

선생은 이와 같이 퇴계와 율곡의 양시론兩是論을 주장하였으나, 선생은 율곡 견해의 간명통활簡明通濶을 퇴계의 우회복잡한 논법보다 높이 평가하였다. 선생이 22세 계묘 봄에 경의진사經義進士로서 태학에서 어강御降 발문發問의 《중용강의》 80여 조를 조대條對할 때,[8] 광암 이벽은 퇴계설을 주장하고 선생은 율곡설에 우연히 일치[偶合]하였는데, 정조는 선생의 소대所對를 대단히 칭찬[推許]하여 제일에 두었다고 한다.

---

8 진사가 된 것은 22세 때였으나 태학에서 조대한 것은 다음 해이다.

균등주의의
왕정론

I

선생의 〈원정原政〉 일편을 보면 선생의 왕정王政에 대한 시각을 짐작할
수 있다. 계급을 물론하고 '균등한 것이 곧 백성[均是民]'이란 것이 왕정
의 지도적 정신인 것을 반복 설명하였다. 그 정론의 요항을 보면 이러
하다. 첫째로 빈부 차등의 발생은 그 원천이 토지의 겸병과 이탈에 있
으므로 토지 균분을 왕정의 제일책으로 하였으며, 둘째로는 교통을 편
리하게 하고 도량형을 균일하게 하여 물화의 융통으로서 지방 생산력
의 차별을 완화할 것이며, 그다음은 강약을 균평하게 할 것, 근로를 균
평하게 할 것, 붕당을 제거하고 공도公道를 확장[恢張]하여 현우賢愚를
엄별할 것, 수리水利를 일으켜 장마와 가뭄[潦旱]을 조절할 것, 기타 임
정林政 · 축정畜政 · 엽정獵政 · 광정鑛政 · 의정醫政의 완비를 열거하였다.

여기서 주목할 것은 왕정의 역점을 민생의 균등주의에 둔 것이다.
그러나 의료기관의 필요는 열거하면서 교육기관의 필요는 언급하지
않았다. 물론 이 〈원정原政〉은 정政의 정신을 원론한 것이고, 정의 항목
을 축조 열거하려는 것은 아니었으나, 어쨌든 열거 중에 교육 균등이

빠졌고 또 정치의 구체적 강목을 논술한《경세유표》중에도 국민개직國民皆職, 국민개병國民皆兵 등의 주장은 있으되, 국민개교國民皆敎는 논급하지 않았으니, 이는 선생의 정치사상이 종래의 교화敎化 또는 덕화주의德化主義에 의연히 치중하였고, 근대 교육주의에는 아직 도달하지 못했던 것을 증명한 것이다.

선생은 최대 명저인《경세유표》중에 금일 국가의 가장 급한[最急] 문제는 전정田政이라 하였다. 선생은 강진 유배 중의 실지조사에 입각하여 전정의 극도 문란한 것을 통탄하였다. 당시 강진은 누결漏結이 제일 적다는데도 불구하고 원전原田 6000결에 누결전漏結田이 2000결이며 나주羅州는 누결이 원결原結보다 도리어 많으니 기타 주군州郡은 이것으로써 추단할 수 있었던 것이다. 몇 결을 특정하여 누결이라 하면 오히려 그 해가 심하지 않을 것인데, 그렇지 않고 전군 전중田中에서 부민요호富民饒戶의 전을 통틀어 누결로 하여 이른바 방결防結이라는 명목하에 탐관간리貪官奸吏가 전미錢米를 사적으로 징수하고 그 반면에 성천복사成川覆沙,[1] 구진금진지류舊陳今陳之類[2]와 유리걸식流離乞食, 환과고독鰥寡孤獨,[3] 피륭잔질疲癃殘疾[4] 등의 소유를 취하여 원결의 수에 채우니 박탈의 폐악弊惡과 양민의 고사苦死는 참으로 말할 수 없어 족히 천지의 화기和氣를 손상할 바였다. 이리하여 선생은 이렇게 악화한 세정稅政을 바로잡고 민중 생활의 안정을 도모하자면 먼저 공전법公田法을

---

1   성천은 홍수로 인해 논밭이 냇물처럼 바뀐 것, 복사는 모래가 덮인 것을 말함.
2   구진은 예전의 묵은 밭, 금진은 지금 묵은 밭을 가리킴.
3   홀아비, 과부, 고아, 늙어서 자식 없는 사람을 가리키는 말.
4   노쇠하고 병약한 사람, 장애인, 병자 등을 가리킴.

시행하지 않으면 안 될 것을 주장하였다.

선생의 신정新政 이론에 의하면 고자古者에는 한전旱田이었으나 지금은 수전水田이 많으며 또 우리나라 지세地勢는 산림이 많고 원습지지原隰之地가 적으니 정전井田은 행할 수 없으나 정전의 형식을 버리고 정전의 내용만 취하면 문제는 해결되는 것이다. 매년 10결結에 1결은 공전으로 정하고 부근 9결은 사전私田으로 두되 그 사전 9결을 경작하는 수 명의 전부佃夫는 공전 1결을 공동 경작하여 공전 수확은 왕세王稅로 바치고 사전 9결에는 부賦도 세稅도 없이 수확 전부를 사유私有하게 하니, 이것이 즉 정전유법인 동시에 십일세의 이상적 정책이다. 그리고 경전사經典司를 특선하여 이 공전, 균세에 관한 정무를 장치掌治하게 하려던 것이다.

경제정책의
수례 _{數例}

그러나 상술한 공전납세론은 당시 왕권과 민심에 비쳐보아 이것을 실현할 수 있는 정도에서 입론한 것이니 종래 우활迂闊한 제유諸儒의 정전론井田論, 균전론均田論, 한전론限田論 등과 그 취지가 다르다는 것이다.

이것을 실현하는 정책은 어떠하냐 하면 먼저 양전관量田官을 파견하여 전의 누결과 진황陳荒을 상세히 조사하여 전의 원적原籍에 편입한 다음에 공부公府, 군문軍門 및 제도諸道의 봉류전封留錢, 다시 말하면 관공저장금官公貯藏金으로서 원가原價를 주고 사전 일부를 매수하여 공전을 만드니, 예를 들면 원장原帳 400결에는 40결, 500결에는 50결씩을 매수하여 국가가 직접 관리한다. 즉 십일세법什一稅法과 정전유제井田遺制의 합작품이다. 그러나 이는 의연히 균세제도요, 균전제도는 아니다. 이는 즉 선생이 일찍이 이른바 "천하의 전지를 전부 몰수하여 농부에게 분배하는 것이 옛 법이요, 만일 이것이 가능치 못하면 천하의 전지를 전부 측량하여 우선 9분의 1을 받아서 공전으로 만드는 것도 옛 법의 반은 따르는 것이 된다盡天下而奪之田 以頒農夫 則古法也 如不能然 盡天下

而算其田 姑取九分之一 以作公田 亦古法之半也]"라는 것과 동의의同意義인 것
이다.

　　그러면 이는 토지몰수론, 토지국유론의 사회개혁 정책과는 성질이
다소 같지 않고 일종의 사회 개량적 정책이다.

　　선생에 의하면 농農은 고자구직古者九職 중의 일직一職으로 농자수
전農者受田이 원칙적이요, 기타는 각기 소직所職으로서 생활하는 것이
다. 그러나 왕망王莽의 정전井田과 후위後魏 이후의 균전均田은 농여불농
農與不農을 막론하고 팔부일정八夫一井과 구분지전口分之田을 일률적으
로 시여하였으므로 유식인遊食人은 증식하고 정전의 본지는 몰각되어
버렸다.

　　그리고 병농합일론자인 선생은 둔전양병屯田養兵의 목적으로서 왕
경王京의 동ㆍ서ㆍ남 삼교三郊의 전지田地를 전부 관전官錢으로 매수하여
삼영三營에 직속시킬 것을 주장하였다. 〈호남 제읍의 전부佃夫가 조세
바치는 풍속을 엄금하기를 청하는 차자[擬嚴禁湖南諸邑佃夫輸租(王稅)之俗
箚子]〉에 의하면 당시 호남의 구속舊俗이 왕조王租(즉 지세地稅)와 종자種子
는 전부佃夫, 즉 소작인 모두 부담하는데, 선생은 이것을 전주田主가 물
지 않으면 안 될 것이라고 하였다. 차자 중에 이렇게 말하였다.

　　이제 계산해보건대 호남의 민이 대략 100호戶라고 하면, 남에게 전토를
　　주고서 그 조(소작료)를 거두는 자(지주)는 5호에 불과하고, 자기의 농토를
　　자기가 경작하는 자(자작농)는 25호이고, 남의 전토를 경작하고 조를 바치
　　는 자(소작인)는 70호이니, 지금 만약 그 옛 풍속을 고쳐 다른 도[諸路]와 같
　　이 한다면[1] 70호는 모두 뛰면서 손뼉을 치며 좋아할 것이고, 25호는 즐거

움과 괴로움이 상관되지 않을 것이나, 인정人情은 가득한 것을 미워하여 대체로 부자를 꺼리고 가난한 자를 구휼하려는 것이니, 역시 즐거워하는 쪽에 속할 것이요, 슬퍼하며 즐거워하지 않는 자는 5인人에 불과할 뿐입니다. 5인이 슬퍼하는 것을 두려워하여 95인이 손뼉을 치며 좋아할 정사를 하지 않는다면, 누가 왕자가 조화의 권형權衡을 가졌다고 말할 수 있겠습니까?

今計湖南之民 大約百戸 則授人田而收其租(小作料)者(地主) 不過五戸 其自耕其田者(自作農) 二十有五 其耕人田而輸之租者(小作人) 七十 今若改其舊俗 令同諸路 則是七十者 皆踊躍抃舞矣 其二十有五 雖甘苦不干 然人道惡盈 大抵忌富而恤貧 亦在樂中 其悵然不樂者 不過五人耳 畏五人之悵然 不敢爲九十五人踊躍抃舞之政 孰謂王者操化權哉

곡산 부사谷山府使 시절의 《응지논농정소應旨論農政疏》에 편농便農, 후농厚農, 상농上農 3개 조로 나누었는데, 제1조는 집약농법, 농구 개량, 잠박蠶泊[2] 잠실蠶室의 개량, 관개, 양수, 방보防洑 등 제법 부전제浮田制[3]를 논하였으며, 제2조는 환자법[還上法]의 폐해와 부업副業, 다각농법의 필요와 역서曆書에 연신방위年神方位, 금기, 미신을 삭제[刪去]하고 그 대신 종곡 축산에 관한 여러 방법[種畜諸方]을 시일의 적의에 따라 기입하

---

1   이 글의 앞부분에 경기 제로諸路에서는 사가의 소삭료가 비록 절반이지만 왕세와 곡종은 모두 주인이 낸다는 내용이 있어서 호남과 비교하고 있다.
2   누에를 칠 때 쓰는 용기.
3   배나 떼배 위에 채소밭을 만드는 법.

여 일부 농서를 만들 것과 기타 송금松禁,[4] 종상고적種桑考績,[5] 토의土宜, 율도량형律度量衡의 균일, 연초煙草 남종濫種 등등을 논하였으며, 제3조 상농, 즉 존농尊農조는 천농賤農 폐습의 교혁矯革, 과거제의 엄립嚴立에 의한 유식민遊食民의 도태 및 그 귀농歸農, 채금採金의 관영 통제, 양역법良役法의 변경, 이농 방지 등등을 논하였다.

선생의 경제정책에 대하여 그 개요나마 소개하려면 너무나 지리支離하려니와 이 일편만 보아도 근대 정통파 경제학의 선구인 중농학 일파에 유사한 사상을 가끔 발견할 수 있다.

---

4 송림松林 남벌을 금지함.
5 뽕나무 심기에 대한 성적을 매김.

경세제책 經世諸策 의

개관

I

《경세유표》는 당시 정치기관의 결함을 보충하고 제도 운용의 폐악을 교혁하기 위한 이상적 저서인데, 그중 필요불가역必要不可易이라고 자인한 몇 개 안을 제목만이라도 소개하면 다음과 같다(《경세유표》서문 참조).

(1) 정부의 관사 총수는 합계 120에 한정하고, 6조로 하여금 각기 20씩 분실分室할 것.

(2) 관은 9품으로 정하되 정正·종從의 구별이 없고, 1품·2품에만 정·종이 있을 것.

(3) 호조戶曹는 교육을 겸임하고 현재 왕도王都의 5부를 《주례周禮》의 육향六鄕에 의방依倣[1]하여 6부로 정하고 '향삼물鄕三物 교만민敎萬民'[2]의 고대 면목을 보유保有할 것.

---

1   다른 것을 그대로 본떠서 함.
2   향에서 세 가지 일(육덕六德, 육행六行, 육예六藝)로써 모든 백성에게 가르친다는 뜻. 《주례》〈지관편〉에 나온다.

(4) 고적법考績法을 엄립하고 고적조를 상정하여 관의 대소를 물론하고 일체 고적하여서 당우唐虞[3]의 구제舊制를 회복할 것.

(5) 삼관삼천법三館三薦法[4]을 개혁하여 신진에게 귀천을 분간하지 말 것.

(6) 수릉관守陵官은 초사初仕가 되지 말게 하여 요행의 문門을 막을 것.

(7) 대소과를 합일시키고 급제는 36인만 취하되 3년 대비大比[5]의 외에는 경과慶科, 알성과謁聖科, 별시別試, 정시庭試 등 과는 전부 혁파할 것.

(8) 문과, 무과는 액원額員이 상동相同하고 등과자는 반드시 빠짐없이 보관補官할 것.

(9) 전田 10결에 1결을 취하여 공전을 만들고 농부로 하여금 조이불세助而不稅[6]할 것.

(10) 현행 군포軍布의 폐법弊法을 혁파하고 9부九賦의 제를 수행하여 민역民役을 크게 균등[大均]하게 할 것.

(11) 둔전법屯田法을 정하여 군사軍餉를 절약하고 군련軍練을 편리하게 하되 경성京城 수십 리 내, 즉 동·서·남 삼교의 전을 매수하여 모두 삼영三營 군전을 만들어서 왕도를 호위하게 하고 읍성 수 리 내의 전도 또한 매수하여 모두 지방 군영의 전을 만들어서 군현을 수호하게 할 것.

(12) 사창社倉의 한限과 상평常平의 법을 정하여 탐관오리의 간람奸濫을 막

---

3 '요순'을 가리킴.
4 삼관삼천법이란 문삼관文三館, 무삼천武三薦의 규례를 이른다. 조선 중앙정부 내 승문원承文院·성균관成均館·교서관校書館 3관의 상박사上博士 이하 박사들이 회의에서 문과 급제자들을 삼관에 배정 취직하게 하는 것을 분관分館이라고 하였는데 이것이 속칭 삼관법이며, 무관에서는 선전관宣傳官·수문장守門將·부장部將이 무과 급제자들을 각기 추천해 취직하게 하는 것을 삼천이라고 하였다. 이들이 인재를 본위로 하지 않고 문벌 본위로 분관을 추천하므로 다산은 이 규례를 폐지할 것을 주장하였다.
5 3년마다 보는 식년시式年試. 비比는 시험의 뜻.
6 공전에 조력助力만 하고 사전에는 납세치 않는 것.

을 것.

(13) 중전中錢, 대전大錢과 금은전金銀錢을 만들어 사용[鑄用]하여 금은의 국외(주로 연경)로 탈주를 방지할 것.

(14) 향리의 액원을 한정하고 세습의 법을 금하여 그 간활奸猾을 막을 것.

(15) 이용감利用監을 개설한 동시에 북학의 법을 의정하여 기예의 신제를 수입하여 부국강병을 도성圖成할 것.

이상 제안 중 제9조는 위에도 말한바 공전균세론이다. 즉 사전 10결에 1결만을 매수하여 9결 전부佃夫로 하여금 그것을 공동 경작하게 하여 그 수확은 왕세王稅로 상납하고 9결 사전에는 세를 받지 않으니, 이것이 이른바 조이불세란 것이다. 선생의 경세론에 가장 중요한 기본적 정책이었다.

제3조의 호조겸교론戶曹兼敎論은 당시인의 눈에 참신해 보인 명안名案이다. 선생에 의하면 고자古者의 대사도大司徒는 그 직職이 교인敎人을 전장專掌하였으니, 이른바 '향삼물 교만민'이 이것이었는데, 후세에는 호부戶部가 재부財賦를 전장하여 취렴聚斂을 직사職事로 하므로 정부에 비록 백관이 별같이 벌려 있으되 교인敎人의 직과 육향의 삼물은 한 사람도 맡지 않게 되어 윤상倫常 풍속風俗이 모두 퇴폐頹廢치 않을 수 없었다. 비록 한漢 문제文帝와 당唐 태종太宗의 치적으로도 마침내 3대에 방불하지 못한 것은 오로지 이 까닭이란 것이다.

교화敎化의 성패를 그 교화를 운용하는 기관인 정치적 조직 여하에 추인推因한 것은 확실히 선생의 경세가적 탁견이었다. 그러나 선생의 고증에 의하면 이른바 육향은 왕도 내, 즉 왕궁王宮 좌우의 육향이며,

이른바 만민은 전 국민을 가르친 것이 아니고 육향 내의 사족신민仕族臣民을 가르친 것이니, 따라서 이른바 교만민이 맹예천자民隷賤者까지를 포함한 것은 아니다. 사도司徒의 교教는 그 덕행과 도예道藝를 주장主掌하였으니 도예가 어찌 맹예民隷의 능히 배울 바랴. 오직 재상자在上者는 효우목인孝友睦婣으로서 백성을 도솔導率할 것이요, 상서庠序, 학교에 전야천맹田野賤民으로 하여금 혼연잡처混然雜處하게 할 수 없는 것이다. 도외都外의 농맹農民은 오직 역농力農으로 본업을 삼아 각기 항산恒産을 가지고 사심邪心을 일으키지 않을 것이며, 도예와 덕행은 거론할 바가 아니다. 이것이 선왕先王의 치법이다. 이리하여 선생은 "밖으로 군·현에까지 모두 교육기관을 설치하여 선비를 뽑는 것[外達郡縣亦皆設敎以取士]"은 선왕의 법이 아니고 고금을 짐작한 권의權宜의 정政이라 하여 국민개교國民皆敎를 철저히 주장하지 못하였으니, 이는 봉건시대 치자 계급의 전통적 시야를 아직 완전히 탈각하지 못한 것이다.

벌 급벽파사상

闘級闘破思想

Ⅰ

선생은 당시 관제官制에 대하여 대간臺諫[1]의 특치特置를 폐지하고 언로를 공개할 것, 관각館閣[2]의 별설別設을 폐지하고 문학사명文學詞命의 술術을 일반 조신朝臣에게 보급시킬 것, 청환淸宦을 폐지하여 국가의 공기公器를 몇 개 화벌華閥의 허식품虛飾品으로부터 구출할 것 등등을 주장하였으니, 이는 다 시폐時弊에 적중한 경세가의 달견이었다.

《서얼론庶孼論》으로서 서얼의 무리한 고폐痼弊를 지적하여 개진[指陳]하고 소통의 정당을 주장하였으며, 《통색의》로서 계급, 지방의 차별과 인재 황폐의 입국적込國的[3] 비운을 통언절론痛言切論 하고 동시에 소통의 방법을 지시하여 인재 울흥蔚興[4]에 의한 국력 왕성을 고조하였다.

《통색의》 중에 인재 울흥의 현상을 이렇게 개탄하였다.

---

1 사헌부와 사간원.
2 홍문관, 예문관, 규장각.
3 망국적이라는 의미로 사용함.
4 성하게 일어남.

인재는 원래 얻기 어려운 것이니 일국의 정영精英을 죄다 뽑더라도 오히려 부족할 것인데, 하물며 10에 그 8, 9를 버림이랴. 일국의 생령生靈을 죄다 배양하더라도 오히려 흥성하지 못할 것인데, 하물며 10에 그 8, 9를 버림이랴. 소민小民을 버리고 중인(아국我國에 의醫, 역譯, 율律, 역曆, 서書, 화畵, 산수算數는 중인中人으로 간주─원주原註[5])을 버리고 관서關西, 관북關北을 버리고 관동關東, 호남湖南의 반을 버리고 북인北人, 남인南人은 버리지 않으나 버려진 것과 다름없고, 버려지지 않은 것은 오직 벌열 수십 가뿐이나 그중에 사변으로 인해 버림받은 자도 또한 많다. 일체 버림받은 족속은 모두 자포자기하여 문학文學, 정사政事, 전곡錢穀, 갑병甲兵 등 일에 유의하기를 즐겨하지 않고 다만 비가강개悲歌慷慨, 술 마시고 스스로 방종[飮酒自放]하므로 인재가 드디어 일어나지 않는다. 이 인재가 일어나지 않는 원인은 보지 않고 그 결과만 보아 그들을 마땅히 버릴 것이라고 하니, 아! 이것이 어찌 천의天意랴!

강진 유배 시(갑자년 여름)의 명작인 〈대주對酒〉[6] 수 편 중에 일편은 다음과 같다.

山嶽鍾英華　산천 정기가 인걸을 산출하는데
本不揀氏族　본래 씨족을 가리지 않는다
未必一道氣　한 가닥 도기가 반드시

5　본문에는 원상原詳이라고 표기하였는데, 원주의 오기인 듯함.
6　정확한 제목은 〈여름날 술을 마시며[夏日對酒]〉다.

常抵崔盧⁷腹　최, 노의 뱃속에만 있으리란 법 없지

寶鼎貴顚趾　솥은 솥발이 뒤집혀야 좋고

芳蘭生幽谷　난초도 깊은 골짝에서 나는 법

魏公起叱嗟　위공은 비첩의 소생이었고

希文河葛育　희문도 개가녀의 아들이었고

仲深出瓊海⁸　중심은 먼 변방에서 나왔지만

才猷拔流俗　지모가 세상에 뛰어났거늘

如何賢路隘　어찌하여 등용의 길이 좁아

萬夫受局促　수많은 사람들이 뜻을 펴지 못할까

唯收第一骨　오직 제일골*만 거두고

餘骨同隸僕　나머지 골품은 종처럼 여기기에

* 신라시대에 귀족을 제일골第一骨이라 했다고 《당서唐書》에 나옴[新羅貴族曰第一骨 見唐書] - 본주

西北常摧眉　서북 사람들 늘 얼굴 찡그리고

庶孽多痛哭　서얼들은 많이 통곡들 하지

落落數十家　당당한 수십 가문이

世世吞國祿　대대로 국록을 먹어왔는데

就中析邦朋　그중에서 패가 서로 갈리어

殺伐互翻覆　엎치락뒤치락 서로 죽이며

弱肉强之食　약자의 살을 강자가 먹고는

7　최崔, 노盧 양씨는 중국 남조의 귀족을 말함.

8　중심仲深은 명나라의 유명한 유학자 구준丘濬의 자이며, 호는 경산瓊山이다. 광동廣東의 경애瓊厓에서 출생함.

豪門餘五六　대여섯 집 남아 거드름 떠는데

以玆爲卿相　경상도 그들이 다 하고

以玆爲岳牧　악목도 그들이 다 하며

以玆司喉舌　후설 맡은 자도 그자들이고

以玆寄耳目　이목 노릇도 그들이 다 하며

以玆爲庶官　모든 관직도 그들이 다 해먹고

以玆監庶獄　그들이 나서서 옥사도 살핀다네

遐甿産一兒　시골 백성 아들 하나 낳아

俊邁停鸑鷟　빼어난 기품이 난곡 같고

兒生八九歲　팔구 세 되도록 자라서는

氣志如秋竹　지기가 가을철 대나무 같아

長跪問家翁　아비 앞에 꿇어앉아 묻기를

兒今九經讀　이 자식 지금 구경을 다 읽고

經術冠千人　경술이 누구보다 으뜸이오니

倘入弘文錄　홍문관에 들어갈 수 있겠지요

翁云汝族卑　아비 말이 너는 지체가 낮아

不令資啓沃　임금을 곁에서 돕게 (되지) 않는단다

兒今挽五石　이 자식 지금 큰 활을 당기고

習戎如郤縠　무예가 극곡과 같으니

庶爲五營帥　그러면 오영의 장수나 되어

馬前樹旗纛　말 앞에다 대장기를 세워보렵니다

翁云汝族卑　아비 말이 너는 지체가 낮아

不許乘笠轂　장군 수레도 타게 (되지) 않는단다

兒今學吏事　이 자식 지금 관리 사무를 배워
上可龔黃續　공황의 뒤를 이을 만하오니
應須佩郡符　그냥 고을살이 인끈이나 차고
終身厭粱肉　죽도록 고량진미 즐기오리다
翁云汝族卑　아비 말이 너는 지체가 낮아
不管循與酷　순리도 혹리도 네겐 상관 안 돼
兒乃勃發怒　자식 놈 그제야 노발대발하면서
投書毀弓韣　책이고 활이고 던져버리고
撊蒲與江牌　쌍륙놀이와 골패놀이
馬弔將蹴鞠　마작놀이 공차기놀이로
荒嬉不成材　허랑방탕 아무것도 되지 못하고
老悖沈鄕曲　시골구석에 늙어 파묻혀버리지
豪門産一兒　부호 집안은 자식 하나 낳아
桀驁如驥騄　헌걸차기 천리마 같고
兒生八九歲　그 아이 팔구 세가 되어
粲粲被姣服　예쁘장한 옷을 입고 다니면
客云汝勿憂　객들 말이 너는 걱정 없다
汝家天所福　너희 집은 하늘이 복 내린 집이고
汝爵天所定　네 벼슬도 하늘이 정해놓아
淸要唯所欲　청관 요직 원대로 되리니
不須枉勞苦　무단히 헛고생해가면서

績文如課督　글공부 일과 삼아 할 것 없고

時來自好官　때 되면 좋은 벼슬은 저절로 오리니

札翰斯爲足　편지 장이나 쓸 줄 알면 족하다

兒乃躍然喜　그 아이 깡충깡충 좋아라고

不復窺書簏　책 상자는 거들떠보지도 않고

馬弔將江牌　마작이며 골패라든지

象棋與雙陸　장기 바둑 쌍륙에 빠져

荒嬉不成材　즐기다가 인재 못 되고 말지

節次躋金玉　절차 따라 금마 옥당 오른다 해도

繩墨未曾施　먹줄 한번 못 맞아본 나무가

寧爲大廈木　어떻게 큰 집 재목 될 것인가

兩兒俱自暴　두 집 자식 다 자포자기로

擧世無賢淑　세상천지에 어진 자라곤 없어

深念焦肺肝　곰곰 생각하면 속만 타기에

且飮杯中醆　또 술잔이나 들어 마신다네

사회·정치철학의 기조

I

선생의 사회관, 국가관, 즉 사회철학, 정치철학의 기조가 될 만한 것은 무엇보다 〈원목原牧〉과 〈탕론湯論〉 양 편을 들 수밖에 없다. 목牧은 협의 적으론 목민지관牧民之官, 즉 주군州郡 수령을 이름이오, 광의적으론 치 자 계급 전반을 가리킬 수 있는 것인데, 이 〈원목〉의 목은 협의를 취재 取材하여 광의의 범위까지를 지시한 것이다. 〈원목〉 본문에 의하면

"목이 민을 위해서 있는 것인가, 민이 목을 위하여 있는가? 민이 속미와 포백을 내어서 그 목을 섬기며 민이 거마와 종복[騶從]을 내어서 그 목을 앙송하며 민이 자기들의 고혈과 진수를 짜서 살찌워주니 민이 목을 위하여 살고 있는 것이 아닌가? 아니다! 아니다! 목이 민을 위하 여 있는 것이다[牧爲民有乎 民爲牧生乎 民出粟米麻絲 以事其牧 民出輿馬騶從 以 送迎其牧 民竭其膏血津髓 以肥其牧 民爲牧生乎 曰否否 牧爲民有也]"

라고 시작[起頭]하여 봉건제도의 필연적 산물인 관권 신성神聖과 관 주민노官主民奴의 사상을 먼저 부정하고 다음에

"태고시대에는 민뿐이지 어찌 목이 있었겠는가? 민은 무지하고 자

득自得한 상태로 군취群聚해 살고 있는데 어떤 한 사람이 이웃 사람과 분쟁하여 결정을 짓지 못하였다. 한 장로長老가 있어서 공정한 말을 잘 하기에 그들은 그에게 가서 판결을 받으매 온 마을 사람들은 모두 그를 복종하고 추존하여 이정里正이라고 명칭하였다. 그리고 수 개 촌리의 민이 촌리 상호 간의 분쟁을 해결하지 못하였다. 어떤 한 장로가 우수하고 지식이 많기에 그들은 그에게 가서 판결을 받고 수 개 촌리가 모두 복종하며 그를 높여서 당정黨正이라고 명칭하였다. 수 개 당의 민이 당 상호 간의 분쟁을 결정짓지 못하였다. 어떤 한 장로가 현명하고 덕이 있기에 그들은 그에게 가서 판결을 받고 수 개 당의 민이 모두 복종하며 그를 주장州長이라고 명칭하였다. 이상과 꼭 같은 사정과 절차에 따라 수 주의 장들이 한 사람을 추존하여 장을 삼고 국군國君이라고 명칭하였으며 수 국의 군들이 한 사람을 추존하여 장을 삼고 방백方伯이라고 명칭하였으며 사방의 백들은 한 사람을 추존하여 마루[宗]를 삼아 황왕皇王이라고 명칭하였으니 황왕은 이정에서 기원[源]하였다. 그러므로 목은 민을 위하여 있는 것이다[邃古之初民而已 豈有牧哉 民于于然(無知自得貌)聚居 有一夫與隣鬪 莫之決 有叟(長老)焉 善爲公言 就而正之 四隣咸服 推而共尊之 名曰里正 於是數里之民 以其里閒莫之決 有叟焉 俊而多識 就而正之 數里咸服 推而共尊之 名曰黨正 數黨之民 以其黨閒 莫之決 有叟焉 賢而有德 就而正之 數黨咸服 名之曰州長 於是數州之長 推一人以爲長 名之曰國君 數國之君 推一人以爲長 名之曰方伯 四方之伯 推一人以爲宗 明之曰皇王 皇王之本 起於里正 牧爲民有也]”

하야 목, 즉 치자 계급의 발생, 성립의 과정을 추론하였다. 다시 말하면 목의 기원은 어질고 덕이 있는 것[賢而有德]과 인민의 선정 추대에 있는 동시에, 목과 민의 관계는 원칙적으로 민본민주라는 것이다. 그

다음에

　"이때에 이정은 민의 희망을 좇아 법을 제정하여 당정에게 올리고 당정은 민의 희망을 좇아 법을 제정하여 주장에게 올리고 주장은 국군에게 올리고 국군은 황왕에게 올렸다. 그러므로 그 법이 모두 민에게 편리하였다[當是時里正 從民望而制之法 上之黨正 黨正從民望而制之法 上之州長 州上之國君 國君 上之皇王 故其法皆便民]."

　이는 국가의 대권인 입법은 그 기준이 민의에 있고 또 법의 제정 순서는 역시 목의 형성 과정과 같이 위로부터 아래까지 미치는 것[自上達下]이 아니오, 아래로부터 위까지 미치는 것[自下達上]이란 것이다. 그다음에 문득 가로되

　"후세에 한 사람이 스스로 서서 황제가 되어 자기의 자제와 시어종복侍御從僕을 봉하여서 제후를 삼으며 제후는 자기의 사람들을 간택하여서 주장을 삼으며 주장은 자기의 사람들을 추천하여서 당정 또는 이정을 삼았다. 그리고 황제는 자기 욕망대로 법을 제정하여서 제후에게 주고 제후는 자기 욕망대로 법을 제정하여서 주장에게 주고 주장은 당정에게 주고 당정은 이정에게 주었으므로 그 법은 모두 군주를 높이고 인민을 낮추며 아랫사람을 박대하고 윗사람에게 아부하여 민이 전연 목을 위해서 사는 것처럼 되었다[後世一人 自立爲皇帝 封其子若弟及其侍御僕 從之人 以爲諸侯 諸侯簡其私人 以爲州長 州長薦其私人 以爲黨正里正 於是皇帝循己 欲而制之法 以授諸侯 諸侯-循己欲而制之法 以授州長 州-授之黨正 黨正授之里正 故其 法皆尊上而卑民 刻下而附上下 壹似乎民爲牧生也]."

　이는 민의와 민권을 떠나 개인 권력에 입각한 후세 치자 계급의 구성 과정은 필연적으로 전자와는 전연 역순서인 동시에 권력의 이기적

규정인 법은 또한 관주민노적官主民奴的 제도로 되지 않을 수 없다는 것이다. 다음에는

"지금 수령은 옛날의 제후다. 그 왕실, 거마의 봉양과 의복, 음식의 공급과 좌우 첩어종복妾御從僕의 수가 국군과 비등하며 그 권능이 사람을 복줄 수 있고 사람을 위압할 수 있다. 그래서 거만스럽게 스스로 존대하고 자기가 인민의 목인 것을 태연무심하게 잊어버렸다. 어떤 한 사람이 서로 분쟁하여 판결을 청하면 그는 곧 일축하고 어째서 이렇게 시끄럽게 하느냐 하며 어떤 한 사람이 굶주려 죽게 되었다 하면 그는 그놈이 스스로 죽었을 뿐이지 내게 무슨 관계가 있느냐 한다. 그 반면에 만일 인민이 속미와 포백을 내어서 바치지 않으면 그는 곧 그들을 때리고 쳐서 유혈을 보고야 만다. 그는 날마다 문서, 장부에다가 개서改書, 가필加筆하여 동과 포백을 징수하여 자기의 전장田庄을 이룩하며 세력 있는 재상들에게 뇌물을 바쳐서 뒷날 자기 사리私利를 보장한다. 이 때문에 민이 목을 위해서 살고 있다 하나 이것이 어찌 진리겠느냐? 목이 민을 위해서 있는 것이다[今之守令 古之諸侯也 其官室輿馬之奉 衣服飮食之供 左右便雙侍御僕從之人 擬於國君 其權能足以慶人 其刑威-足以怵人 於是傲然自尊 夷然忘其爲牧也 有一夫-鬩而就正 則己蹴然曰 何爲是紛紛也 有一夫餓而死 曰汝自死耳 有不出粟米麻絲以事之 則撻之捨之 見其流血而後至止焉 日取算緡曆記 夾注塗乙 課其錢布 以管田宅 賂遺權貴宰相 以徼後利 故曰民爲牧生 豈理也哉 牧爲民有也]."

이렇게 협의적 목인 수령의 지위를 고정考定[1]하고 그들의 현행 작폐를 들어서 민, 목의 원칙적 관계를 반증하고 '목이 민을 위해서 있는

I   '여럿 중에서 생각하여 고르고 취하거나 결정함'의 뜻.

것[牧爲民有]'으로서 결론하였으니 그 본의는 광의적 목인 치자 계급 전체에 대한 논평이다. 본편이 선생의 정치철학에 있어서의 최대 원론인 것을 독자는 충분히 인식하지 않으면 안 될 것이다.

그러나 선생은 당시에 있어서 광의의 목도牧道를 재건하려는 것이 본래의 이상이었지마는, 이는 사회 전반에 대한 개혁이므로 실현하기가 용이하지 않으니 제2차적으로 협의의 목도나마 목민 관리가 일정한 선의와 양책良策에 의하여 성심실행誠心實行하면 불가능할 바 아니다. 이것이 《목민심서》를 저성著成하지 않을 수 없는 이유였다. 《자찬묘지명》 중에 이른바 "고금을 조사하여 망라하고, 간위奸僞를 파헤쳐내어 목민관에게 주니, 한 백성이라도 그 은택을 입는 자가 있기를 바라는 것이 용鏞의 마음이다[搜羅古今 剔發奸僞 以授民牧 庶幾一民有被其澤者 鏞之心也]"라는 것이 즉 이것을 이름이다. 그러면 《경세유표》를 광의의 목도에 대한 응급 대책이라 하면 《목민심서》는 협의의 목도에 대한 응급 대책이라고 할 수 있는 것이다.

〈원목〉 일편의 이론은 너무나 간단한, 극히 윤곽적인 개념만을 발표한 것이고 사회와 국가의 형성 및 변화 과정에 대하여 법칙의 설명이 학적 체계를 정비하지 못하였을 뿐 아니라, 사회법칙이 입각하고 있는 물질적 생산 방법의 발전과 씨족사회의 사회적 출발에는 안광眼光이 조금도 미치지 못했던 것이다. 그러나 당시 사회에 있어서는 실로 천고千古의 달관인 동시에 위대한 사회관, 국가관의 창설자였다.

최초 사회의 관민官民 관계에 대한 원칙적 추론은 그 취지가 에밀 루소의 사회계약설에 방불하다. 그러나 본편 벽두에 이른바 "옛날에는 (……) 백성들이 옹기종기 모여 살면서[邃古之初 (……) 民于于然聚居]"라는 어느 정도의 집단적 생활을 정치사회의 전前 계단階段으로 한 18세기 개인주의의 국가관, 사회관에 비하여 확실히 한걸음 가까이 나아간[逼進] 중요한 견해였다.

그리고 "후세에는 한 사람이 자기 스스로 황제가 되고 (……) 자기 욕심대로 법을 만들어서[後世一人自立爲皇帝 (……) 循己欲而制之法]" 운운은 원시사회 공동체의 해산으로 인하여 민주주의적인 합의제가 붕괴되고 지배적 클래스와 폭력적 '오토크라시autocracy(독재)'가 출현하게 된 것을 서술한 현대 사회학에 유사한 외관을 갖고 있으며, 루소의 사회계약설 중에 최초 사회로부터 강자의 권리 및 노예의 발생을 논술한 바와 루소의 별편인 《인간불평등기원론》과도 일기상통一氣相通한 것은 가릴 수 없는 중대한 사실이다.

선생이 탄생한 영조 38년 임오는, 즉 루소가 프랑스의 봉건 전제와 왕권신수론에 대항하여 사회계약설을 발표하던 서기 1762년이었다. 실로 우연한 부합이 아니었다. 그러나 당시 동서 문물의 교통적 현상은 선생으로 하여금 그의 영향을 직접 받게 못했던 것이 또한 분명한 사실이었을 것이다.

〈원목〉의 자매편이라고 할 수 있는 〈탕론〉은 주로 중국의 역성혁명의 사실을 빌려서 민권 사상을 입증한 것이다. 본론에 의하면 이신벌군以臣伐君은 은殷 탕湯이 창시한 것이 아니다. 황제黃帝는 간과干戈를 습용習用하여 염제炎帝로 더불어 판천阪泉의 들판에서 세 번 싸워 이기고 대신하였으니, 만일 이신벌군을 죄로 한다면 탕보다 황제가 수악首惡이 될 것이라는 것이다. 다음에 가로되 무릇 천자는 무엇을 위하여 있는가? 하늘이 천자를 비처럼 내리어주겠는가? 그렇지 않으면 땅에서 샘처럼 솟아나서 천자가 되겠는가? 5가家가 인隣이 되는데 5가의 추대를 받은 자는 인장隣長이 될 것이며, 5인隣이 이里가 되는데 5인의 추대를 받은 자는 이장里長이 될 것이며, 5비鄙의 추대를 받는 자는 현장縣長이 될 것이며, 여러 현장들의 공동 추대를 받는 자는 제후가 될 것이며, 제후의 공동 추대를 받는 자는 천자가 될 것이므로, 천자란 군중의 추천에 의하여 되는 것이다. 무릇 군중의 추천에 의하여 천자가 될진대 또한 군중이 추천치 않으면 천자가 될 수 없는 것이다. 그러므로 5가가 찬동하지 않으면 5가가 회의하여 인장을 개선改選하며, 5인이 찬동치 않으면 25가가 회의하여 이장을 개선하며, 9후侯 8백伯이 찬동치 않으면 9후 8백이 회의하여 천자를 개선한다. 9후 8백이 천자를 개선하는 것은 5가가 인장을 개선하는 것과 25가가 이장을 개선하는 것과 마찬가지니, 누가 이를 신하가 군상君上을 정벌하는 것이라고 하겠는가?

夫天子 何爲而有也 將天雨天子而立之乎 抑涌出地爲天子乎 五家爲隣 推長於五者爲隣長 五隣爲里 推長於五者爲里長 五鄙爲縣 推長於五者爲縣長 諸縣長之所共推者 爲諸侯 諸侯之所共推者 爲天子 天子者 衆推之而成者也 夫衆推之而成 亦衆不推之而不成 故五家不協 五家議之 改隣長 五隣不協 二十五家議之 改里長 九侯八伯不協 九侯八伯議之 改天子 九侯八伯之改天子 猶五家之改鄰長 二十五家之改里長 誰肯曰臣伐君哉

이는 〈원목〉에 말한바 "황왕의 근본은 이정에서부터 시작된 것[皇王之本 起於里正]" 운운을 다른 말로서 설명한 동시에 민주적 합의의 대권을 가장 명쾌하게 제시하였다.

선생은 그다음에 계속하여 가로되 "또 개선하면 천자가 다시 되지 못하게 할 뿐이요, 제후의 지위에 내려오는 것은 허용할 수 있다[又其改之也 使不得爲天子而已 降而復于諸侯 則許之]"라 하여 이것의 예로서 당후唐侯의 단주丹朱, 우후虞侯의 상균商均, 하후夏侯의 기자杞子, 은후殷侯의 송공宋公을 역거歷擧하고 "강등하여 제후로 복귀하는 것[降而復于諸侯]"을 허락하지 않은 것은 진秦이 주周에 대한 처치로서 비롯하여 "진나라의 후손도 후侯에 봉해지지 못한 채 끊겨버렸고 한나라도 마찬가지였다[秦絶不侯 漢絶不侯]" 등등이 있게 된 것이라 하였다.

선생에 의하면 중의衆議에 의하여 극존極尊의 위位에 올랐다가 그의 실덕으로 다시 제후의 위에 강복降復하는 것은 마치 무사舞師가 무중舞衆에 의하여 승강陞降하는 것과 조금도 다름없는 것이다. 64인의 무중 중에서 능자能者라고 인정받는 한 사람이 뽑혀서 '우보羽葆'[2]를 잡고 수위에 서서 춤을 지휘하다가 그가 만일 절차에 맞게 지휘하지 못하면 무중은 곧 그를 사위師位로부터 붙잡아 내려 중위衆位에 도로 세우고 다시 다른 능자를 무중 중에서 가려 사위에 올린다. 붙잡아 내리는 것도 군중이요 올려 세우는 것도 군중이니, 군중이 그를 올려 세워서 천자를 대신하게 하고 도리어 그를 죄 한다면 어찌 당연한 일이랴. 그러므로 군중의 협의와 요망에 의한 폐립이라면 비록 군신의 대체일지라도 '신하가 임금을 벌한 것[臣伐君]'이란 죄명을 가할 수 없다는 것이다.

그다음에는 아래와 같이 말하여 편을 마쳤다.

2　《예기》에 따르면 새의 깃으로 장식한 의식용 일산日傘이다.

한나라 이후로는 천자가 제후를 세웠고 제후가 현장을 세웠고 현장이 이장을 세웠고 이장이 인장을 세웠기 때문에 감히 공손하지 않은 짓을 하면 '역逆'이라고 명명하였다. 이른바 역이란 무엇인가? 옛날에는 아랫사람이 윗사람을 추대하였으니 아랫사람이 윗사람을 추대한 것은 순順이고, 지금은 윗사람이 아랫사람을 세우니 윗사람이 아랫사람을 세운 것은 역이다. 그러므로 왕망王莽·조조曹操·사마의司馬懿·유유劉裕·소연蕭衍 등은 역이고, 무왕·탕왕·황제 등은 현명한 왕이요 성스러운 황제皇帝다. 이런 사실은 전혀 모르고 걸핏하면 탕왕과 무왕을 깎아내려 요순보다 못하게 만들려 한다면, 어찌 이른바 고금古今의 개변改變된 내용을 아는 자라고 할 수 있겠는가. 장자莊子는 이런 말을 하였다. 여름 한철만 살고 가는 쓰르라미는 봄과 가을이 있다는 것을 모른다.

自漢以降 天子立諸侯 諸侯立縣長 縣長立里長 里長立隣長 有敢不恭 其名曰逆 其謂之逆者何 古者下而上 下而上者順也 今也上而下 下而上者逆也 故莽操懿裕衍之等逆也 武王湯黃帝之等 王之明 帝之聖者也 不知其然 輒欲貶湯武 以卑於堯舜 豈所謂達古今之變者哉 莊子曰蟪蛄不知春秋

대의大意는 〈원목〉의 원리를 예증한 것에 불과하나 선생의 자인한 바와 같이 과연 일세를 부감俯瞰할 만한 달식고견達識高見이었다. 고금 정체政體의 변이變易를 따라 충역의 도덕적, 윤리적 규정이 변동되는 것을 지적한 선생은 도덕과 윤리를 일개 불변적 정형으로 인식하던 당시 지식군知識群에 비하여 천양天壤의 차가 있지 않는가.

대체 관존민비官尊民卑의 전통적 윤리에 대하여 부정적 사상을 표

시한 자는 누구보다도 선생의 학조學祖인 성호星湖를 들 수 있다. 성호
는 존군억신尊君抑臣이 진법秦法에서 비롯했다 하여 이것을 위魏의 문벌
숭상[尙閥]과 수隋의 사부취재詞賦取才와 함께 3대 폐정으로 인정하였다.

> 人與人相等　사람과 사람은 본디 평등하건만
> 官何居民上　관리는 어째서 백성의 위에 있는고
> 爲其仁且明　그가 어질고도 밝아서
> 能副衆所望　민중의 소망에 맞기 때문이라

위의 시는 성호의 조카요 선생이 경앙景仰하던 문학가인 혜환惠寰
이용휴李用休의 절구絶句다. 선생의 사상적 계통을 분석하는 데 있어서
적지 않은 참고가 될 것이므로 이에 인록引錄한다.

다산 사상에

대한

개평 槪評

I

선생의 학설은 수기修己, 경세經世의 두 부문으로 나눌 수 있다. 선생은 철두철미한 실용주의자이므로 가까이는 일용 사물의 미세微細로부터 멀리는 천문지리의 고원高遠에까지, 깊게는 심성신리心性神理의 오묘함으로부터 얇게는 언어, 문자, 풍속, 제도, 예술 등의 구체적 문제에까지 사람이 조금이라도 그것을 접촉하고 연구하게 되면 이는 수기를 위한 것이 아니면 경세를 위한 것이 되지 않으면 안 될 것이다. 이리하여 논리의 유희라든가 지식의 독자적 무도舞蹈라든가는 선생의 철학에 있어서 일률적으로 배척되는 것이다. 그러나 수기는 반드시 수기에 그치지 않고 경세에 종결되는 것이니, 경세는 수기의 목적이고 수기는 경세의 출발이라는 것이 은연히 선생의 사상적 취향이다. 이는 종래 유자儒者가 귀족적 유식 계급으로서 불노佛老의 피세避世 사상思想에 유사한 수기 편중의 사상과는 특징을 달리하였던 것이다.

선생의 경세적 사상, 즉 '신아구방'의 사상은 물론 당시 진부하고 폐색된 사회의 필연적 요구에서 나온 것이나, 그 체계는 광대한 세계주의적 형태에까지 도달하지 못한 반면에, 그것이 또한 근세 사상에서 자주 볼 수 있는 열렬한 민족의식과 독립불기獨立不羈[1]한 국가의식의 표현도 아니었다. 선생의 사상적 위치는 요컨대 전자와 후자의 중간에 있었던 것이다. 선생의 사상은 여하히 다각적이요 광채육리光彩陸離[2] 하다 할지라도 그 저앙低昂의 권형權衡은 필경 유교의 중용에 환원하였던 것이다.

선생의 경세론은 여전제閭田制, 공전공세제公田公稅制,[3] 기타 제도정법制度政法에 있어서 적지 않은 개혁을 주장하였지마는, 이상적 혁명을 피하고 현실의 가능을 취택取擇한 선생은 모든 개혁을 어질고 용감[仁勇]한 군주의 결단[乾斷]에 하소연하였으니 그 개혁론의 한계는 이것으로서 측정할 수 있는 것이다. 다시 말하면 선생의 정치관은 의연히 종래 유자의 인식과 같이 군주를 한 개 초계급적 존재로 추앙한 동시에 국가의 치란흥망治亂興亡이 전혀 군주의 일심一心에 달려 있다는 것이다. 그러므로 그의 개혁론은 구경究竟에 있어 군주의 이익은 될지언정 군주와의 불상용적不相容的 관계에는 이르지 않았던 것이다. 또는 균산均産, 평등을 이상적으로 한 정책론은 지금 말로 하면 국가사회주의의 일종이었고, 그 지도적 정신인 상례주의尙禮主義는 의연히 귀족 본위의 치국론을 무의식적으로 주장하였던 것이다.

원래 유자는 덕치주의를 주장하므로 그들의 이상은 결국 예악禮樂의 정政이다. 예禮는 사회, 국가의 계급을 정하고 존비귀천의 질서를 유

1　독립하여 남에게 속박되지 아니함.
2　광채가 흐드러져 아름다운 상태.
3　원문에는 '공전세제公田稅制'라고 되어 있다.

지하는 불문不文의 법이며, 악樂은 인심을 융화하고 계급의 감정 의식을 완화하는 도구다. 요컨대 왕정의 예악은 사회의 차별상을 가장 합리적으로 도덕화시키는 정치적 방법이니 묵자墨子와 같은 무차별의 평등을 주의로 한 자에게 있어서는 예를 필요로 인정하지 않고 악을 또한 부정하지 않을 수 없는 것이다. 선생의 정론은 그 극치가 또한 예악에 있었던 것이다.

《경세유표》는 본명이 《방례초본》이니 예를 경세술의 전체 혹은 본령으로 인식한 절호의 입증이다. 본서 서문에 의하면 선왕은 예로써 민을 인도하였는데, 예가 쇠하매 법의 이름이 일어난 것이다. 법으로서는 나라를 다스릴 수 없고 민을 인도할 수 없는 것이다. 천리에 합하고 인정에 맞는 것은 예요, 위협하거나 무섭게 을러[威脅恐迫] 감히 간섭하여 침범[干犯]하지 못하게 하는 것은 법이니, 선왕은 예로써 법을 하였는데 후왕은 법으로써 예를 하였다. 이리하여 선생은 예와 법을 종래 유자의 해석대로 구분한 동시에 예치, 즉 덕치를 주장하고 법을 예의 보조물로 밖에는 평가하지 않았다.

덕치론자인 선생은 덕치의 해석에 있어서 종래 유자의 '무위無爲' 개념을 근본적으로 발거拔去하고 그 반대 개념인 '유위有爲', 즉 사공주의事功主義를 거기에 대신 채웠다. 선생에 의하면 《논어》의 "덕으로써 정치를 하는 것은 마치 북극성이 그 자리에 있고 여러 별들이 그것을 향해 돌고 있는 것과 같다[爲政以德 譬如北辰 居其所 而衆星共之]"에 대하여 종래의 해석은 '공共'을 공수拱手의 공拱(한유漢儒) 또는 귀향歸向(주자의 주註)의 뜻으로 보아 무위지치無爲之治의 덕정은 마치 항상 그 자리에서 움직이지 않는[常居不動] 북극성[北辰]을 여러 별들[衆星]이 둘러싸 향하

고[環拱歸向] 있는 것과 같다 하나, 이는 경문經文의 본뜻[本旨]이 아닐뿐
더러 공자의 정론에 대한 적敵이요 이단이다.

그러면 정政은 무엇인가? 공자는 계강자季康子의 문정問政에 대하
여 "정치라는 것은 바르게 하는 것이니 그대가 올바른 것으로써 솔선
한다면(아랫사람을 잘 다스린다면) 누가 감히 바르게 하지 않겠는가? 이를 자
기를 바르게 하고 만물을 바로잡는다고 한다[政者 正也, 子率以正 孰敢不正
此謂正己而物正也]"[4]라 하고 애공哀公의 문정에 대하여 "정치라는 것은 바
른 것입니다. 임금이 바르게 하면 백성이 정치에 따를 것입니다. 임금
의 하는 바를 백성이 따르는 것입니다. 임금이 하지 않는 것을 백성이
어떻게 따르겠습니까?[政者正也 君爲正 則百姓 從政矣 君之所爲 百姓之所從也
君所不爲 百姓何從]"라 하였으니 그 본의가 결코 부동무위不動無爲를 위정
爲政의 법이라 한 것이 아니며, 맹자의 이른바 "한 번 임금을 바르게 하
매 천하가 바르고[一正君而天下正矣]"[5]와 동자董子의 이른바 "군심이 바른
뒤에 백관이 바르고 백관이 바른 뒤에 만민이 바르다[正君心以正百官 正百
官 以正萬民]"[6]라는 것도 모두 공자의 정론을 조술祖述한 것이었다.

선생의 해석에 의하면 북진北辰은 북극北極인데 성점星點이 없으므
로 다만 진辰이라 한 것이며 '그 자리에 있고[居其所]'는 그 위치가 자오
선에 정당正當하다는 것이며 '공共'은 글자대로 공동公同의 뜻이니 인
군人君이 정正에 거하여 덕으로서 정을 하매 백관만민이 모두 솔종率從

---

4   마지막 구절 "此謂正己而物正也"는《논어》에 나오지 않는다.《주역》〈건괘〉'문언전'에 "正己而物正也"
    가 보인다.
5   《맹자》〈집주서설〉에는 "一正君而國定"이라는 구절이 있는데, 이를 인용한 것으로 보인다.
6   동중서의《춘추번로春秋繁露》에는 "爲人君者, 正心以正朝廷 正朝廷以正百官, 正百官以正萬民"이라고
    되어 있어 동중서의 글을 대략 표현한 듯하다.

하여 서로 동화同和하는 것은 마치 북극이 자오선을 바루어 천추天樞[7]를 알선斡旋하매 하늘에 가득한 별들이 모두 함께 같이 회전하여 조금의 차위差違도 없는 것과 같다는 것이다. 명유明儒 허석성許石城, 소자계蘇紫溪, 방맹선方孟旋, 소단간邵端簡, 모대가毛大可[8] 등이 모두 본 문제에 '무위無爲' 개념의 첨입을 평박評駁하였으니, 이것이 선생의 창견創見은 아니나 선생에 있어서는 철학적·사상적 악센트가 더욱 강하였던 것이다.

원래 청정무위는 한유漢儒 황로黃老의 학이며, 진대晉代 청담淸淡의 풍이니, 이것이 천하 만물을 괴란壞亂하는 이단 사술의 우심尤甚한 자이다. 한 문제는 이것으로서 칠국七國의 난[9]을 양성釀成하였고 진晋 혜제惠帝는 이것으로서 오호五胡의 화禍[10]를 초치招致하였다. 대성大聖인 공자는 어찌 무위로서 치인治人의 도道를 하였을 것인가. 무위면 무정無政이다. 공자는 분명히 위정爲政을 말하였는데 후유後儒는 무위를 주장하니 이 어찌 성인을 속이는[誣聖] 이단적 견해가 아니겠는가. 공자의 이른바 "아무것도 하지 않고 천하를 잘 다스린 사람은 순舜임금이었을 것인데 무엇을 하셨으랴. 자신을 공손히 하고 바르게 남면하셨을 뿐이다[無爲而治者 其舜也與 夫何爲哉 恭己正南面而已矣]"라는 것은 순이 22인의 많은 현신賢臣을 얻어 각각 직職을 주어서 천하를 선치善治하였으므로 이를 찬탄贊嘆하고 공경하고 부러워[欽羨]한 것이요, 후유의 해석과 같이 순이

7　북두칠성의 머리 쪽에 있는 네 개의 별 가운데 첫째 별.
8　중국 청나라 초기의 학자 모기령毛奇齡을 가리킴. 대가大可는 그의 자.
9　그다음 왕인 한나라 경제 3년(기원전 154)에 난으로 발발하였다.
10　이때부터 5호 16국이 환립하였다.

단공무위端拱無爲[11] 하였다는 것이 아니었다. 후유는 이 글[此文]을 오역하여 요순의 정치는 본래 무위라고 한 동시에 유지有志의 사士가 정치상 조금만 일을 벌이거나 움직임[施爲動作]이 있으면 문득 요순을 인용하여 한비韓非, 상앙商鞅의 각박심혹刻薄深酷[12]한 술법으로 지적하여 탓[指斥]하니, 이러므로 가의賈誼[13]는 희사자喜事者의 기평譏評을 듣고 급암汲黯[14]은 도를 아는 자[知道者]라는 미칭美稱을 얻게 된 것이다. 이는 모두 무위 두 자의 남긴 해독[遺毒]이다.

또 선생에 의하면 "음양의 이치에 따라 사시에 순응한다[理陰陽 順四時]"를 운운한 진평陳平[15]은 자기 공소空疎를 그럴듯하게 꾸민[文飾] 대간大姦이 아닐 수 없으며[16] '큰 체계를 잡는 일에 힘쓰기[務持大體]'를 표방한 위상魏相[17] 병길丙吉[18] 및 종래 유명한 대신 원로의 대부분은 모두 시위절록尸位竊祿[19] 하여 만기백도萬機百度[20]로 하여금 부패腐敗 부진不振하게 만드는 천박, 비루[庸陋]하고 무능한 무리[輩]가 아닐 수 없다.

요순은 5년마다 일순一巡하고 순사고언詢事考言[21] 하니 무위가 아니라 도리어 천하를 떠들썩하고[紛紜] 다사多事하게 하였다. 그뿐만 아니

---

11 팔짱을 끼고 아무것도 하지 않음.
12 각박하고 몹시 잔인함.
13 중국 전한 문제 때의 학자 · 정치가. 문제를 섬기며 유학과 오행설에 기초한 새로운 제도의 시행을 주장하였다.
14 중국 전한 무제 때의 간신.
15 중국 전한의 정치가.
16 원문에서는 '아니면 아니다'라는 표현을 썼다.
17 중국 전한의 태수.
18 중국 전한의 재상.
19 자리만 차지하고 국록을 도적질함.
20 국가의 모든 기능과 법도.
21 제후의 조회를 받을 때 정사를 묻고 진언을 고찰함.

라 착산윤수鑿山淪水,[22] 준견소회濬畎疏澮,[23] 입교명형立敎明刑,[24] 제례작악制禮作樂,[25] 주흉퇴간誅凶退奸[26] 등등의 허다 사공事功에 전심 노력하여 일시의 안일도 없었으니 어디 무위이치無爲以治를 입에 거는 자가 있다면 이는 오유吾儒의 무리가 아니다.

이리하여 선생은 적극적으로 사공주의를 덕치의 개념에 도입하였다. 이는 유교의 정치사상에 있어서 중요한 철학적 개혁이다.

그런데 덕치는 그 구체적 수정修正이 무엇인가? 선생에 있어서는 덕은 물론 오묘내재한 성리가 아니고 윤리의 실천이며, 덕정은 공자의 이른바 "임금은 임금다워야 하며 신하는 신하다워야 하며 아비는 아비다워야 하며 자식은 사식다워야 한다. 이것이 이른바 '정치를 덕으로 한다'는 것이다[君君, 臣臣, 父父, 子子 此所謂爲政以德也]"[27]라는 것이 즉 이것이다.

선생의 경세론은 양민養民과 교민敎民의 두 항목으로 대별할 수 있으나, 선생에 있어서는 양민은 교민의 준비이고 교민은 양민의 목적이다. 그리고 교민의 내용은 그 주요 사항이 역시 효제충신孝悌忠信의 윤리적 실천이니 선생의 정치적 이상이 의연히 유교의 왕도인 것은 다시 말할 것도 없는 것이다. 그러므로 덕정론에 무위의 개념을 방축放逐하고 사공의 개념을 적극적으로 도입하였지마는, 그 사공의 개념은 또한

---

22 산을 뚫고 물을 뺌.
23 밭이랑을 파고 개천을 열다.
24 교육을 세우고 형벌을 밝힘.
25 예를 제정하고 음악을 제작함.
26 흉한 놈을 베고 간악한 놈을 물리침.
27 "君君, 臣臣, 父父, 子子"는 《논어》〈안연편〉에 나오며, 여기에 〈위정편〉의 "爲政以德"을 붙였다.

근세 정치사상사상政治思想史上에서 볼 수 있는 공리주의功利主義와는 그 범주를 달리한 것이다. 동시대 사람이요, 15세 연장자인 영국인 벤담은 그의 공리론에 "최대 다수의 최대 행복"을 최고원리로 하여 이것이 도덕의 목적인 동시에 법률의 목적이라고 하였다. 그러나 선생의 사공 개념은 공리를 의미한 것이 아니고, 공리를 초월한 실천 실행을 의미한 것이므로 최대 다수의 최대 행복은 선생에 있어서 덕정의 파생물은 될지언정 덕정의 목적은 될 수 없는 것이다. 양자의 차이는 유교 철학으로 보아서는 왕도와 패도覇道와의 구분으로 볼 수 있는 것이다.

그러나 유교의 이른바 덕정은 그 발생, 성립의 과정을 엄밀히 분석하여보면, 그것이 그 사회 영도 계급의 공리와 행복에 대한 신성한 별명[綽名]에 불과한 것을 발견할 수 있으므로 유교의 도덕도 본질에 있어서는 벤담의 이른바 공리, 행복과 하등의 왕패王覇를 나눌 수 없는 것이다. 그러나 벤담의 공리설은 당시 봉건사회의 법률, 도덕의 목적이 최대 소수의 최대 행복에 있는 것을 반대하여 대척적 원리를 제출한 것이거니와, 선생의 사공 개념은 당시 봉건 계급의 위정자가 무위도식하여 정치의 부패가 극심한 것을 분개하고 유위주의를 이론적으로 고조한 것이니, 역사적으로 본다면 전자는 신흥 계급의 대변인 반면에 후자는 종래 계급의 반성적 요구다.

선생은 제타諸他 유학자와 같이 왕도와 윤리는 천서天叙, 천질天秩의 선구적 규정인 동시에 사회제도의 변혁적 경계를 벗어나서 모든 시대, 모든 계급을 초월한 일정불변체로서 인식하였던 것이다. 이는 유럽 근세 학자가 말한바 '자연법'에 상등한 개념이다.

특히 프랑스인 케네(1694~1774)[28]에 의하면 만상萬象을 지배하는 신은 이상적인 자연적 질서를 설정하였는데, 인간은 현실의 인위법人爲法을 갖고 있으므로 인간은 현실의 인위법을 이상적 완전성의 자연법에 접근시킬 필요가 있다는 것이다.

중국 숭배론자인 그는 "중국 정체政體의 항구를 특수 사정에 돌릴 것이 아니라, 특히 만고불역의 법칙에 돌릴 것이라" 하였다. 그에 의하면 중국 문화는 모두 천리천칙天理天則에 기본 한 것이다. 천리천칙은 필경 자연법이다. 중국인은 천리천칙이란 명칭 밑에 자연법을 준수하여왔으므로 중국 제국의 정치사회제도는 만고불역의 자연법을 예상한 것이 아니면 안 될 것이다. 이리하여 그는 유럽 지식인이 정치적 괴란壞亂을 모두 자연법에 전가하는 것을 부당히 보고 중국 4000년의 항구불변한 정치제도가 자연법에 의준依準한 것을 매우 칭찬하였다.

이뿐 아니라 중농학자인 그는 중국의 농본주의를 다음과 같이 해석하였다.

일국의 인민이 미간지未墾地에 이주하였다고 가정하자. 이들은 최초에 야생의 식물을 취하여 생활할 것이다. 그러나 야생의 식물이 충분하지 못하므로 그들은 미간지를 개간하여 식물을 생산하려고 한다. 이때 자연법은 그들의 노동을 도와 그들의 식물, 즉 재財를 생산한다. 이리하여 그들은 이 토지에 영주할 수 있다. 중국인이 농農으로 국본을 하고 있는 것은 이 의미에 벗어나지 않는 것이다. 농업을 주로 한 인간이 국가를 구성한 때에 그 국민이 설정한 정치제도는 자연법의 만고불역하는 질서와 합치하고

---

28 중농학파中農學派의 시조인 프랑수아 케네François Quesnay를 일컬음.

있다. 그러므로 농업국민만이 가장 공고한, 가장 영원적인 국가를 구성할
수 있다는 결론을 지을 것이다.

ㅡ後藤末雄,《支那文化と支那學の起源》, 474~475쪽 참조[29]

이상에 케네의 설을 좀 길게 인용한 것은 그의 자연법에 입각한 정
체 관념과 중요 사상은 선생의 그것을 방불하게 상상할 수 있는 까닭이
다. 독자의 참고 대조를 바라는 바다.

그러나 독자는 필자에게 이러한 질문을 제출할 것이다. 선생은〈원
목〉과〈탕론〉양자 중에 군민 관계가 고금이 달라진 것을 추론하였고
또 정체의 변역에 의하여 순順과 역逆의 도덕적 규정이 달라진 것을 명
언明言하였으니(본론〈사회·정치 철학의 기조〉장 참조), 이것을 보면 선생은 왕
도와 윤리를 절대 불변한 특정적 형태에 제한한 것이 아니었으며, 동시
에 영원불변의 자연법을 상징하고 준수한 것이라는 중국 제국의 정체
및 그 농본주의를 구가謳歌하며 찬탄讚歎한 케네와는 함께 취급하여 이
야기할[同日而語] 수 없는 것이라고.

물론 위와 같은 질문이 어느 정도까지는 정당하다 할 수 있으나,
그러나〈원목〉과〈탕론〉에 나타난 선생의 사상은 그것이 특정한 사회
정치의 사실에 대한 현상적 설명이요, 일반적 사회정치의 변천에 대한
보편적 본질을 구명한 법칙론은 아니었다. 다시 말하면 선생이 궁구[究

---

29 고토 스에오後藤末雄(1886~1967)는 일본 도쿄 출신의 작가이자 프랑스 문학, 비교문학·비교사상
사 연구자. 게이오 대학慶應義塾大学 교수를 지냈다. 1933년 박사학위 논문〈支那思想のフランス西
漸〉(중국 사상의 프랑스 서점)을 간행, 유교의 프랑스 근대 사상에의 영향을 해명하여 비교사상사의
선구적 연구를 하였다.《支那文化と支那学の起源》(중국 문화와 중국학의 기원)은 1938년 다이이치쇼보
第一書房에서 출간되었다.

原]한바 중국의 정치사회의 변동성은 그것이 근소한 피상적 부분의 설명에 지나지 못한 것이니, 예를 들면 군민 관계에 있어서 하선下選, 상선上選의 고금적古今的 차이에 대한 추론은 요컨대 단조롭고 현저한 역사적 사실 혹은 추측적 사실을 추상적으로 분류한 데 지나지 못한 것이다. 선생은 이 역사적 사실을 혹은 추측적 사실을 파생하게 하는 광범한 인류 문화의 대영해大領海를 전망하지 못하였으며, 동시에 그 광범한 대영해의 조류를 지휘도향指揮導向 시키는 기본적 동력을 전연 파악하지 못하였다. 선생은 사회국가의 정치, 법률, 도덕, 윤리, 예술, 종교, 문화 등등 제 형태가 개별적이 아니고 연결적으로 변화, 진전하지 않으면 안 될 원인과 이유를 그 기초의 필연적 조건인 사회적, 물질적 생산관계에서 발견하지 못하였으므로 그가 언뜻 본[瞥見] 바 정체와 도덕의 변역變易이란 것은 결국 그것의 몇 개 정형定型의 숙명적 교체에 지나지 못한 것이다.

선생은 세계의 축소판[縮版]으로 본 중국의 정치사상政治史上에 나아가서 하선정체下選政體와 상선정체上選政體의 양개 정형을 발견하여 전자를 선천적 규범으로 인식하고 후자를 역사의 우연적 착오로 인식하였다. 그러므로 절대불변의 자연법에 상등한 개념인 천리천칙에 준합遵合 한 왕도와 윤리는 선생에 있어서도 의연히 유일무이한 영원적 규범의 특정 형태로서 존재한 것이다. 선생의 사회정치 철학의 본질은 마침내 관념의 세계에서 고립의 영광을 지키고 실천의 국토는 한걸음도 밟지 못하였다.

그러나 18세기의 자연법론은 자유, 인권, 평등의 절대적 원리로서 제창되어 유럽 봉건사회의 와해적 작용에 대하여 적지 않은 이데올로기의 임무를 준행하였거니와 선생의 왕도, 덕정에 대한 원칙적 고조는 그것이 한갓 속유배俗儒輩의 상고주의尚古主義에 그치지 않고 강남해康南海[30]의 이른바 '과거에 의탁하여 제도를 개혁한다[托古改制]'의 이상적 의식이니 또한 당시 봉건사회의 붕괴 과정에서 필연적으로 산출된 시대적 사상이었다.

케네의 자연법도 그 진의가 당시 사조인 자유를 추구한 것이다. 그에 의하면 자연적 질서의 형식은 도덕적 성질의 격솔格率이며, 그것은 도리어 인간이 진정한 자유를 보증한 것이라 하였다. 그러므로 그의 중농학설에 도입한 자연법은 당시 성왕盛旺한 머천틸리즘[31]의 방해와 압박으로부터 농업을 해방하여 농본農本의 자연적 질서에로 환원시키려는 자유의 사상이었다. 이와 마찬가지로 선생의 왕도, 덕정의 사상은 양민, 균민의 중대한 조건인 농업을 당시 유식遊食 계급인 양반의 천농賤農 습관의 질곡으로부터 구출하여 상농尚農, 즉 존농尊農을 경제적 의미에서만이 아니고 도덕적인 의미에서 주창하였으니, 이 또한 경제사상상經濟思想上 자유주의의 한 표현이라 할 수 있는 것이다.

이상에 잠깐 말한바 선생의 '탁고개제托古改制'의 이상적 의식은 이것이 '신아구방'의 대목적을 달성하려는 치열한 동기에서 나온 위대한 사상이다. 그러나 탁고의 행위가 자기의 독창적 의도에 고제의 명칭만을 차용한 것(실제는 불가능한 것)이 아닌 한에는 그것은 필연적으로 현존의 몸뚱이에 고제의 의상을 실제로 입지 않을 수 없는 것이다. 다시 말

---

30 중국 근대 개혁운동 지도자인 강유위康有爲(1858~1927)를 가리킴. 그는 광동성廣東省 남해현南海縣에서 태어났으므로 강남해라 불렀다.
31 mercantilism, 중상주의를 가리킴.

하면 현대의 교목喬木으로부터 고대의 유곡幽谷으로 들어가지 않을 수 없는 것이다.

이러므로 선생의 정치적 포부를 구체적으로 표현한《경세유표》는 내용이 풍부하고 의도가 현실적이라 함에 불구하고 그 규모와 본질에 있어서 요컨대《주례》일서一書의 연의적演義的 주각柱脚이 되고 말았다. 선생은 일체 정법政法의 규준規準을 〈요전堯典〉, 〈고요모皐陶謨〉, 〈우공禹貢〉[32] 세 편과《주례》여섯 편에 구하여 그것이 "정치한 뜻과 오묘한 요지는 이루 말할 수 없다[精義妙旨 不可勝言]"라고 격찬하여 마지않았다. 물론 선생이 의탁한 고제는 선생의 새로운 시각에 의하여 재정裁整 또는 추상抽象된 고제요, 객관적으로 존재한 고제 그것은 아니었지마는, 주요한 규준을 한 번 고제의 일정한 형태에 둔 이상에는 그것은 다시 위없는 신성한 역사적 위신을 가지고 선생의 두상頭上에 임어臨御하지 않을 수 없게 되었다.

선생은 정전제를 고금에 통행할 수 있는 성인의 경법經法으로 보았다. 또 선생은 어느 때에는 고염무顧炎武[33]의 군현제郡縣制에 봉건법을 참용參用하려는 군현론郡縣論을 인출引出하고 몽고蒙古와 결혼한 다음에 여서女婿를 북번北蕃에 열봉列封한 중국의 법을 인용하고 또 군현으로서 봉건을 겸한 일본의 세습수령제世襲守令制를 인용하여 봉건 구제舊制가 금세에 있어서 마땅히 행할 수 없는 창고蒼古한 법제가 아니란 것을 증명하였으니, 선생이 우리 사회의 경제적, 정치적 발전 법칙에 대하여 얼마

---

32   이상《서경》의 편명.
33   중국 명말청초의 고증학자.

나 통찰하지 못한가를 측정하기에 그것이 충분한 재료가 되지 않는가.

그러나 선생이 당시에 있어서 봉건 구제의 부활을 실제로 주창할 만한 우론가愚論家는 아니었다. 또는 사유私有와 정제井制를 절충하는 공전납세론公田納稅論은 사유를 강점하고 정제를 실현하는 것이 현실에 불가능한 것을 간파한 명견이니, 이는 당시 봉건제도의 붕괴 과정에 대한 역사적 타협이다. 다시 말하면 사상적 추수追隨다.

선생은 사회제도에 대하여 극히 온아한 개량론자요, 반역적 정신을 가진 혁명론자는 아니었다. 이제 일례를 들어 그의 역사적 지위를 규정하려 한다. 선생은 〈반산 정수칠에게 주는 말[爲盤山丁修七贈言]〉 중에 "과거의 학은 이단 가운데에서도 제일 나쁜 것이다. 양묵楊墨은 이미 낡았고 불노佛老는 너무 우활하되 과거의 학은 가만히 그 해독을 생각해보니 비록 홍수와 맹수라도 비유할 바가 못 된다. 시부詩賦가 수천 수首에 이르고 의의疑義가 5000수에 이르는 자도 있는데, 이 공功을 학문에다가 능히 옮길 수 있다면 이미 주자朱子다[科擧之學 異端之最酷者也 楊墨已古 佛老大迂至於科擧之學 靜思其毒 雖洪猛不足爲喩也 詩賦至數千首 疑義至五千首者有之 苟能移此功於學問朱子而已]"라고 하였으며, 〈이인영에게 주는 글[爲李仁榮贈言]〉 중에도 또한 과거가 이단의 최심最甚인 것과 세도世道의 크나큰 근심[鉅憂]인 것을 통탄하여 마지않았다. 그러나 선생은 동 증언 중에 문득 논조를 변하여 이렇게 말하였다. "그러나 국법이 변하지 아니하니 이를 고이 따를 뿐이며, 이 길이 아니면 군신의 의리를 물을 데가 없다네. 그래서 정암, 퇴계 같은 선생들도 모두 이 기예를 닦아서 발신發身했다네. 그런데 지금 자네는 어떤 사람이기에 신발을 벗어던지듯이 돌아보지 않는가?[然國法 未變 有順而已 非此路 則君臣之義 無所問焉 故靜

菴退溪諸先生 咸治此藝以發其身 今子何人 乃欲躐脫而弗顧耶]"라고 하였으니 홍수, 맹수와 양묵노불楊墨老佛로서 비교할 수 없는 과거의 이단적 혹독함을 전무후무하게 통절히 개탄한 그로서 사군발신仕君發身을 위하여 그것을 학습한다면 이는 상식의 논리가 절대적으로 부정하지 않는가. 또 과거의 제가 여하히 국법이라 하더라도 과거 응시[應擧] 여부는 개인의 자유인 동시에 불응이 결코 국법에 대한 불순이 아니다. 하물며 변하지 않으면 안 될 국법이랴. 19세의 영년예기英年銳氣에 대하여 이러한 모순적 권유를 하는 것은 개혁론자의 취할 바 태도가 절대적으로 아니다.

모든 공상가는 진정한 활로를 지시할 수 없으며, 제도의 본질을 설명할 수 없으며, 사회 발전의 법칙을 발견할 수 없으며, 새 사회를 창조할 만한 사회적 세력을 찾아낼 수 없는 것이다.

듣기 좋은 도덕적, 종교적, 정치적, 사회적 문구와 선언과 약속과의 배후에 어느 계급의 이해인가를 발견할 줄 모르는 한에는 그들은 정치에 있어서 기만 및 자기기만의 우열愚劣한 희생이 되고 마는 것이다. 또는 항상 그렇게 될 것이다. 개량과 개선을 주장하는 사람들은 일체 구제도가 여하히 야만적이고 부패한 것으로 보이지마는, 그것이 어느 사회 층의 힘에 의하여 지지되어 있는 것을 이해하지 못하는 한에는 구제도의 옹호자에게 우롱愚弄되고 마는 것이다……!

이상에 대강 언급한 것과 같이 우리는 선생을 개혁론자로 보고 그러고도 세계적 수준에서 선생의 개혁론을 평가한다면 선생은 필연적으로 사물의, 특히 사회제도의 실천성을 평범하게 간과한 위대한 공상가의 범주에 속하지 않을 수 없다. 여기에 선생의 계급적 지위와 역사적 한계가 엄밀히 반영되는 것이다. 선생의 개혁론은 그 내용이 중요

문제일 뿐 아니라, 그 방법, 즉 내용을 '어떻게 실현할 것인가'가 더욱 중요한 것이다. 이것은 두 가지 길이 있으니 현재 최고 권리자의 도덕적 각오와 자비적 발원發願에 하소연할 것인가. 그렇지 않으면 현재의 모든 권리로부터 제외되고 미래의 승리를 역사적 법칙으로서 약속한 그들, 다시 말하면 현실의 비천[卑微]한 존재로서 모순과 위험과 폭발의 좋지 못한 성질을 다량으로 함축한 동시에 문제 해결의 진실한 역량을 사회적으로 준비하면서 있는 이러한 부류에 하소연할 것인가. 선생은 물론 전자의 방법을 인습적으로 사용하였던 것이다. 이 점, 그러나 결정적으로 중대한 점에 있어서 광채육리光彩陸離한 선생의 수백 권의 저서는 선생의 가장 가까운 동복형인 약종의 함구불언緘口不言의 최후 순교에 비하여 그 역사적 의의가 실로 백가불급百駕不及의 탄歎이 없지 못할 것이다.

그러나 선생은 경세적 이론가로 볼 때에는 의연히 천재적 사상가였다. 경세적 학문의 일 부문에 한하여 보면 당시 유럽 사상가, 예를 들면 루소, 벤담, 케네 등의 체계적 정련精練에 도저히 추급할 수 없는 것이지마는, 이 특정의 범위를 벗어나 학문 전반의 영역으로 보면 그 광범하고 다각적이고 종합적인 지식은 또한 저들의 감히 비견할 바가 아니었다. 선생의 현실적 환경에 비교하여 탁연卓然히 우수하다 할 수 있는 사상 몇 가지를 간단히 소개하면 이러하다.

선생은 경세술에 있어서 물론 덕치론자였다. 그러나 덮어놓고 덕치주의를 동양식이니 상고주의尙古主義니라고는 할 수 없는 것이다. 내용과 견지의 여하에 의하여 도리어 이것이 참신한 또는 우수한 의의를 가지게 되는 것이다. 위정자가 수공무위垂拱無爲[34] 하여 천하 인민을 감화 복종하게 한다는 덕치론은 물론 선생으로서 단연히 배척한 바이지마는, 그 반면에 법제 법규가 엄밀히 확립하여 위정자의 방종을 입헌적으로 허락하지 않고 인민의 간범干犯을 모든 방면으로 제재한다 하더라도 법규의 운용자가 도의적 정신과 인격적 규범에 의거하지 않으면 이러한 법치는 결국 형식의 유폐流弊와 기계적 조종에 지나지 못하여 사회의 질서가 마침내 유지될 수 없는 것이다. 선생은 막연하고 구체적이 못 되나마 이러한 견해를 가졌던 것이다.

선생은 〈고요가 고수를 구속하는 데 대한 변증[皐陶執瞽曳辨]〉에 고요皐陶의 '감히 구속하지 못함[不敢執]'[35]을 주장하여 형법이 윤리에 종속될 것을 밝혔으니, 즉 덕이 법의 본원이요 지도자인 것을 말한 것이다. 더구나 선생의 철학은 종교와 정치를 분과적分科的으로 보지 않고 종합적으로 보았으며 또는 주정자主政者의 택현전위擇賢傳位[36]를 중국 요순의 고대에서만 보았을 뿐 아니라, 선생이 항상 동경하는 천주교회의 '교화황敎化皇(法皇)'의 현존 사속嗣續제도에서도 보았으니, 이것이 선생의 덕정론德政論에 중대한 철학적 참고가 되었던 것이다.

그러나 선생은 덕치론의 반면에 법치 사상에서 또한 적지 않게 활동하였다. 선생은 명明의 율례가 전대에 비하여 상비詳備한 것을 칭도稱道하였고, 자저自著《흠흠신서》는 비록 형법의 일부에 한한 것이나 '부호석망剖毫析芒'[37]의 번쇄적煩瑣的 규정을 취하였으니, 이는 간이를 위주

---

34 '옷소매를 늘어뜨리고 팔짱을 끼고 아무 일도 하지 않음'의 뜻.
35 본래 《맹자》〈진심장盡心章〉에는 제자인 도응桃應이 "순임금이 천자가 되고 고요가 사士가 되었는데, 고수가 사람을 죽였다면 어떻게 하겠습니까?" 하고 물었을 때 맹자는 "그를 구속할 뿐이다"라고 말한 내용이 나오는데, 다산은 맹자의 말이라는 점에 의심을 하면서 구속할 수 없는 이유를 설명한다.
36 현인을 택하여 왕위를 물려줌.

로 한 '약법삼장約法三章'식의 전통적 관념으로부터 해방된 법의 인식이다. 선생은 〈원사原赦〉편에 오한吳漢[38]의 명언, 즉 그의 임종 시에 "삼가서 용서하지 마라[慎無赦]" 세 자를 한漢 광무光武에게 고한 것을 불인부지不仁不智라고 평박評駁한 반면에, 당시 무규칙한 "국경일에 사면을 베푸는 법[因慶頒赦之法]"을 아주 혁파하여 인민의 외법畏法 관념을 환기하려 하였으니, 이 점은 법가法家의 엄형嚴刑 사상을 참고한 것이며, 속유俗儒가 용이하게 논급하지 못한 것이었다.

선생은 〈기예론〉 중에 사람이 금수와 다른 것은 전통적 견해인 선험적 도덕에 돌리지 않고 기예의 습득에 돌렸으니 상시 레벨에 확실히 일두一頭를 빼어난[39] 과학적 사상이다. 그런데 선생에 의하면 기예를 습득하는 지려智慮와 교사巧思는 천착穿鑿이 점차가 있고 그 추진이 한계가 있어서 일조일석에 완미完美를 얻을 수 없으며, 비록 성인의 예지로도 개인인 한에는 천만인의 합의를 당할 수 없는 것이다. 그러므로 사람의 취합聚合이 크면 클수록 또는 세대가 내려오면 내려올수록 기예의 정교도 더욱 더해지는 것이다.

이는 다수가결제와 사회진화론에 접근한 사상의 일단이다. 선생이 이 사상을 사회문화의 전반에 적용하지 못하고 오직 기예의 방면에만 적용한 것은 유감되는 바이지마는, 어쨌든 무조건하고 성인의 전지전

---

37 '털끝도 잘라보고 가시랭이도 쪼개보고'라는 뜻으로, 곧 칠저하게 분석한다는 의미다.
38 동한東漢 때 사람으로, 지모智謀가 있었으며 광무제光武帝를 도와 많은 공을 세웠다.
39 원문에는 '배어난'으로 되어 있으나 '빼어난'의 오식으로 보임. 비슷한 시기 《동아일보》의 사설인 〈문화 공헌의 모범 - 《육서심원六書尋源》의 완성을 보고〉(1939년 7월 26일)에서도 "일두一頭를 빼어난 탁월우수卓越優秀한 연구의 결과를……"이라는 표현이 보이는 것으로 미루어보아 당시의 일반적인 표현으로 보인다.

능을 극구 칭송하며 사회 일체의 퇴화를 개탄해 마지않는[慨歎不已] 전통적, 보수적 사상에 비하여는 그것이 적지 않은 혁신적 견해다. 선생의 '북학北學' 주장도 이에 근거한 것이다. '북학' 두 자는 선생으로 하여금 기탄없이 말하게 하면 북경 유학만이 아니라 서양 유학을 의미한 것이었다.

선생은 도학道學과 기예의 사회적 관계를 간과하고 양자를 절연截然히 구분해 가로되, 효제孝悌는 천성에 근원한 것이므로 성현의 책을 강명講明하여 확충 수양하면 곧 예의禮義의 속俗을 이룰 수 있으니 대외待外, 계후繼後의 필요가 없지마는, 이용후생을 위한 백공기예百工技藝는 외국과 후출後出의 신제新制를 광구廣求하지 않으면 몽루蒙陋를 깨뜨리고 이택利澤을 일으킬 수 없다고 하였다. 선생은 누구보다도 먼저 개화론을 주장하였던 것이다.

뿐만 아니라《경세유표》중에는 공조工曹에 이용감利用監을 설치하여 외국 유학과 기예 수입을 장독掌督하려 하였다. 북학론은 당시 박연암朴燕巖, 박초정朴楚亭 제공이 이구동성으로 제창한 바이지마는, 선생은 그것을 전무專務로 한 특설기관까지를 고안하였으니 탁월한 구체적 정견이 아니면 안 될 것이다.

여기에 첨기하여 독자의 참조에 드릴 것은 형조刑曹의 수원사綏遠司다. 이는 이용감에 다음가는 선생의 중요한 고안이다. 수원사는 해상도서와 서북 변경 지역을 관리 통어統御하는 것인데, 신라와 고려 이래 처음으로 고안한 관사이며, 향외向外 발전상 중요한 의의를 가진 것이다.

선생은 동론 중에 가로되 "농업의 기예가 정교하면 그 차지한 전지田地는 적어도 생산된 곡식은 많을 것이고, 그 힘은 적게 들이고도 곡식은 아름답고 충실할 것이니…… 직조의 기예가 정교해지면 그 소비되는 물질은 적으면서도 생산된 실[絲]은 많아지고, 그 힘들이는 시간은 매우 단축되면서도 포백은 올이 섬세하고 결이 아름다울 것이니……[農之技精 則其占地少 而得穀多 其用力輕 而穀美實……. 織之技精 其費物少 而得絲多 其用力疾 而布帛緻美……]"라 하여 백공百工의 일반 작업에 기술의 정교가 절대적 조건인 것을 고조한 동시에, 현대 통속경제학이 말하는바 '최소 노력, 최대 효용'의 원리를 적확히 지시하였다.

선생은 중농론자였다. 그러나 케네 일파와 같이 농업만을 생산노동으로 간주한 농업편중론자는 아니었다. 선생은 물론 농업을 제반 산업의 기본으로 인정한 반면에, 공업 방면에도 식산흥업의 필요를 고조하지 않은 것이 아니었다.

선생은 주제周制를 인증引證하여 농農은 9직九職의 하나이므로 천하의 인민을 모두 귀농하게 할 수 없는 것과 농부만이 분전分田을 받을 수 있는 것을 엄밀히 주장하였다. 농자에게는 토지를 주고 불농자에게는 각기 적당한 직업을 줄 것이니, 만일 상공商工을 몰아 모두 귀농하게 하거나 또는 농여불농農與不農을 막론하고 계구분전計口分田 하거나 하면 이는 중농의 본지가 아닐뿐더러 불농유식不農遊食을 장려하는 폐정弊政이 되고 마는 것이다. 왕망의 정전井田과 후위後魏 이후의 균전均田이 모두 예상의 실적을 거두지 못한 것은 대개 저러한 까닭이라 하였다.

선생의 경세적 이론은 〈전론田論〉 7장에 이르러 이상적 절정을 표시하였다.

제1장의 대의는 이러하다. 어떤 사람 하나가 전田 15경頃과 아들 10인이 있는데 1인은 3경, 2인은 각 2경, 3인은 각 1경을 얻고 그 나머

지 4인은 1경도 얻지 못하여 도상에서 아사하면 그는 어찌 부모 노릇을 잘한다 할 것이랴. 이와 마찬가지로 백성의 부모라는 군목君牧이 민산民産을 균제均制하지 못하고 서로 공탈병탄攻奪併呑[40] 하여 약육강식의 혈극血劇을 연출하게 하면 이는 군목이 될 수 없는 것이다. 현시現時 추산에 전국의 전지는 대략 80만 결結이고 인민은 대략 800만 구口인데, 10구 1호로 하면 매호 1결씩 분배되어야만 균산均産이 될 것이다. 그러나 현재 문무귀신文武貴臣 및 그 여항부인閭巷富人은 1호 수확이 수천 석에 달한 것이 심히 많으니, 이는 100결의 전을 독점하여 990의 인명을 잔탈殘奪한 것이며, 나라안[國中][41] 부인富人에 영남 최씨崔氏와 호남 왕씨王氏 같은 자는 1호 1만 석이니 이는 400결의 전을 독점하여 3990의 인명을 잔탈한 것이다. 이럼에도 불구하고 조정에서는 하루바삐 손부익빈損富益貧 하여 민산民産의 균일을 강구하지 않으니 어찌 군목의 도라 할 것이랴.

그리고 제2장에 의하면 정전井田은 원래 한전旱田, 평전平田이므로 수전水田과 산전山田이 널리 개간[盛開]된 오늘에 있어서는 정전제[42] 실시가 절대로 불가능한 것이다. 또는 호구戶口의 증손增損이 달마다 다르고 해마다 다른[月異歲殊] 현시에 있어서는 계구분전인 한전제限田制도 불가능한 것이며, 소유의 명의를 얼마라도 서로 환가농차換假弄借[43] 할 수 있은즉, 일정 무畝의 이상, 이하의 매매를 실행할 수 없다는 것이다.

---

40 공격하여 빼앗고 강제로 제 것으로 함.

41 원문에는 '국탈중國奪中'이라고 쓰였으나 '탈奪' 자는 잘못 들어간 것 같다.

42 원문에는 '정제井制'라고 쓰여 있는데 '전田' 자가 빠져 있다.

43 '거짓으로 바꾸고 마음대로 빌리는'이라는 뜻.

그래서 선생은 균전, 한전이 명리明理 직무자織務者[44]의 주장할 바가 아니란 것을 지적하여 개진[指陳]한 동시에 예例의 농자수전農者受田, 불농자불수전不農者不受田의 원칙을 또한 고조하였다.

제3장은 〈전론〉 전편의 중심 문제요, 이상적 묘안인 여전제閭田制를 제창하였다. 대의는 다음과 같다.

이제 농자득전과 불농자부득전의 원칙을 완전히 실행하려면 모든 전제田制 중에서 오직 여전법만이 그것을 가능하게 할 것이다. 여전은 정전의 형식과 달리 산계천원山谿川原의 자연적 형세를 그대로 이용[因用]하여 경계를 획정할 것인데, 이 경계 내(경계 안에 든 것[界之所函])를 여閭라 하고 매 여를 약 30가家로 정한다(주제周制는 25가가 1여). 그리고 3여를 이里라, 5리를 방坊이라, 5방을 읍邑이라 정한다. 여에는 여장閭長이 있고 1여의 전지는 1여의 주민으로 하여금 공동 경작하게 하여 피아의 구분이 없고 오직 여장의 지휘를 청종한다. 매일 매인의 출역은 여장이 책부, 즉 장부에 명세히 주기注記하고 수확기에 이르러 수확물 전부를 여의 공청公廳인 여중의 도당都堂에 반입하여 먼저 일정량의 공세公稅를 제하고, 다음에 일정량의 여장의 봉록俸祿을 제하고, 그 나머지 전부는 일역부日役簿에 의하여 여민閭民에게 분배한다.

이 일역분배법日役分配法은 예를 들면 소득곡이 합계 1000곡斛(10두斗를 1곡으로 정함)이요, 그간 전체의 일역[注役]이 합계 2만 일이라면 1일분의 소득량粮은 5승升인데, 가령 1호로서 부부 자식의 그간 전체의 일역이 모두 800일이라면 그 분배량은 40곡이 될 것이고, 다른 1호는 그

---

44 사리에 밝고 시무를 아는 사람.

간 전체의 일역이 10일뿐이라면 그 배당량은 4두밖에 안 될 것이다. 노력 다과를 따라 분배의 후박이 결정되므로 농부는 모두 힘을 다하고 전지는 지리地利를 다하게 될 것이니, 지리가 일면[45] 민산이 풍요하고 민산이 풍요하면 풍속이 순후하고 풍속이 순후하면 백성이 모두 효제를 행할 것이다. 이러므로 여전법은 제전制田의 상책이다.

이상의 개술과 같이 여전법은 조선 경제사상사상에 중요한 지위를 점령한 것이다. 순연히 선생의 독창적, 이상적 고안이다. 동양 종래의 경제 이론에 있어서는 물론 유례없는 이상적 전제론이려니와, 근세 서양의 다종다양한 경제론에 있어서도 드물게 보는 유수한 사상이다. 현행 경제 용어로 말하면 주역부注役簿는 노동표제勞働票制 또는 노동장부제勞働帳簿制에 유사한 것이며, 역일役日은 노동시간의 개념이다. 일면으로는 노동전수권勞働全收權의 주장이며, 타면으로는 소농小農 분산 대신에 농업의 사회화를 목적한 것이다. 규모의 대소는 있을지언정 여전법은 현금 다른 나라의 촌락 공영농장인 콜호즈[46]에 근사한 것이므로 분배의 평균뿐 아니라 생산력의 증진에 대하여도 최선의 정책이다.

경제론의 여전법은 정치론의 〈원목〉, 〈탕론〉과 함께 선생의 경세적 사상에 있어 최대의 철학이다.《경세유표》중의 공전납세론은 당시 현실에 대응하여 구급적 사회정책을 제시한 것이니, 근본적 이상론인 여전과는 함께 취급하여 이야기할[同日而語] 수 없는 것이다.

---

45 '지리가 왕성해지면'이라는 뜻.

46 kolkhoz. 구소련의 농업생산협동조합. 집단농장, 공영농장을 가리킴. 1991년 소비에트사회주의공화국연방이 해체되고 러시아연방과 독립국가연합의 발족을 계기로 러시아연방의 옐친 대통령이 같은 해 12월에 국영 집단농장을 사영화私營化하는 내용의 '농지개혁에 관한 긴급조치'를 공포하여 콜호스는 폐지되었다.

해설:

일제 말기

최익한의

다산 연구

I

머리말

한말부터 일제강점기까지 연구자들이 보인 초기 '실학'에 대한 인식의 수준은 그간 연구를 통해 어느 정도 정리되었다고 볼 수 있다.[1] 초기 실학 연구는 1930년대에 전개된 부르주아 민족주의운동이 차선책으로 채택한 문화운동의 일환으로서 일어났던 조선학운동에서 시작되었다. 그 성과는 충분하지 않았지만 실학이 개혁 사상의 한 경향으로서 조선 후기에 실재하였음을 밝히는 데 기여하였다.

1930년대 '조선학운동'에 참여했던 주요 인물로는 안재홍, 정인 보, 홍명희, 최익한 등을 꼽을 수 있다. 이들을 통해 당대 '실학' 연구의 실체와 수준을 검토하는 것은 대단히 흥미로운 작업이다. 이들이 실학 연구에 참여하게 된 동기, 그 시대적 배경, 주요 인물 간의 관계와 활동

---

[1] 조동걸, 《현대한국사학사》 제3장 '한국 사학의 발전과 방법론', 나남출판사, 1998; 조광, 〈식민지시대 실학 연구의 특성〉, 실학학회, 2004년 춘계학술대회 발표집, 2004.

양상을 좇아 나가면 실학 연구의 실상을 구체적으로 이해하는 데 도움을 얻을 수 있기 때문이다.

인물을 매개로 한 특정 학문에 대한 접근은 두 가지 차원에서 통합적으로 이뤄져야 한다. 먼저, 시대와 개인의 연계 지점을 통해 접근하는 방식이고, 둘째, 관계망을 통해 접근하는 방식이다. 이들 모두 특정한 사상과 학문의 관계 속에서 설명해야 함은 당연하다. 이 글에서 다루고자 하는 최익한은 실상 1930년대에 갑작스레 조선학 연구에 뛰어들었던 인물이었다. 따라서 그를 통해 식민지 지식인들이 '실학'과 만날 수 있었던 지점을 추적할 수 있다. 그의 사상적 편린에 영향을 준 시대상과 인물들 간의 관계에 대한 역사적 추적을 통해 실학 연구의 모티브를 제공받을 수 있을 것이다. 따라서 사회주의자인 그가 민족주의 계열인 안재홍, 정인보와 어떻게 교류하게 되었고 실학 연구에 참여하게 되었는가 하는 점은 짚어볼 필요가 있다.

한학과 신학문을 두루 겸한 최익한은 1925년 일본 유학을 가서 사회주의사상을 수용하고 3차 조선공산당의 간부로서 활동하다가 1928년 체포되어 1935년 말까지 옥중에 있었다. 따라서 1935년에 거행된 다산 서거 100주년 기념행사에도 참석하지 못했던 그가 석방되자마자 곧바로 조선학운동에 참여한 점은 이채롭다. 또한《여유당전서》간행을 정점으로 1930년대 후반에 들어와 연구자들의 '실학'에 대한 관심은 눈에 띄게 줄어드는데, 이런 시점에서 1938년 12월부터 1939년 6월까지《동아일보》에《여유당전서》를 독함〉이라는 글을 65회에 걸쳐 실어 일제강점기 실학 연구의 최고 성과를 냈다. 최익한의 실학 연구에 대해서는 기존의 연구 성과가 있다. 필자는 최익한의 실학 연구에 대해 전

시기에 걸쳐 간략하게 정리하였다.[2] 임형택은 실학의 부흥이 학술적 차원에서 제기되었다고 보면서 그 대표적인 작업으로서 최익한을 꼽고 있다.[3] 박홍식은 한말 일제강점기 실학 관련 글, 특히 1930년대 신문을 통해 다산에 관해 글을 많이 썼던 정인보, 안재홍, 최익한 세 인물의 글을 집중 분석하였다.[4] 한편 최재목은 최익한을 직접 다루지는 않았지만 이 시기 다산 연구의 흐름과 특히 이념에 따른 관점을 세밀하게 분석하고 있다.[5] 이 같은 연구는 이 시기 최익한이 다산 연구에 뛰어들게 된 계기와 이를 통해 이 시기 다산 연구의 성격을 규정하는 작업에 큰 도움이 되었다.

　이 글에서는 기존 연구 성과에 힘입으면서 최익한의 실학 연구 가운데 1930년대 활동과 그 결과물에 초점을 맞추고 그의 연구 성격에 대해 규명하고자 한다. 따라서 이 시기 최익한이 신문에 연재하였던 《〈여유당전서〉를 독함》을 중심으로 다루고, 실학에 관한 그의 최고 저작이라 할 수 있지만 1955년 작인 《실학파와 정다산》은 필요한 경우에 한해서 참고하고자 한다.

2　송찬섭, 〈일제 · 해방 초기 최익한의 다산 연구〉, 《한국사학사연구》(우송 조동걸 교수 정년기념 논총 I), 나남출판사, 1997.

3　임형택, 〈1930년대의 실학 인식과 최익한〉, 실학학회, 2004년 춘계학술대회 발표집, 2004. 다만 자료를 열거하는 수준으로 작성되었다.

4　박홍식, 〈일제강점 신문을 통해 본 실학 연구 동향〉, 《동북아문화연구》 제14집, 2008; 박홍식, 〈일제강점기 정인보, 안재홍, 최익한의 다산 연구〉, 《다산학》 제17호, 2012.

5　최재목, 〈일제강점기 정다산 재발견의 의미-신문 잡지의 논의를 통한 시론-〉, 《다산학》 제17호, 2010.

1. 최익한의 다산 연구 참여 계기

1931년 신간회 해소 이후 비타협적 민족주의자들의 민족주의운동은 문화운동으로 전환하였다. 이러한 문화운동의 핵심은《동아일보》,《조선일보》등 일간지와《신조선》과 같은 월간지를 통해 전개한 조선학운동이었다. 그 가운데 가장 큰 성과를 본 것이 다산 서거 100주년을 기념하여 마련된 실학 연구 분위기의 조성이었다. 정인보가 1929년부터 성호 이익에 대한 글을 쓰기 시작한 것을 시작으로 안재홍, 최익한, 현상윤, 박종화, 조헌영, 이훈구, 백남운, 김태준, 이건방, 백낙준, 박종화, 안호상 등이《조선일보》,《동아일보》,《신조선》등에 실학 관련 글을 실었다. 그러나 대부분 다산 서거 100주년 전후 다산을 기리는 간단한 글에 불과한 것이어서 연구라고 하기는 어려웠다. 실제로 정인보, 안재홍 등을 제외하고는 한두 차례 실은 정도였다. 게다가 100주년을 지나면서 글이 거의 사라졌기 때문에 어쩌면 일회적인 분위기였다고 볼 수도 있다. 그런데 이 과정에서 특별하게 드러나는 인물이 최익한이었다. 최익한은 오랜 감옥 생활을 마치고 1936년 1월 8일에 출옥한 이후《신조선》의 요청으로 〈다산의 일사와 일화〉, 〈다산의 저서 총목〉을 작성하였다.[6]《신조선》에 수록하기 위해 요청받았을 것이겠지만《신조선》은 1936년 1월 이후 폐간되었으므로 싣지 못하였다. 다만 그가 다산에 관해 직접 글을 쓴 첫 번째 사례로서 의미가 있다.

그 뒤 최익한은 1937년 말부터《정음正音》에는 우리말,《조선일보》

6 최익한 지음, 송찬섭 엮음,《실학파와 정다산》, 서해문집, 2011, 520쪽(북한에서 간행한《실학파와 정다산》(1955)의 복간본).

에는 우리 역사와 문화에 대한 글을 쓰기 시작하였다. 《조선일보》에는 1920년대에도 〈허생의 실적〉(1925년 1월 4일), 〈조선 사회운동의 빛〉(1928년 1월 26일~2월 13일)을 연재한 바가 있었다. 당시 여말선초에 대해 관심이 높았는지, '여말 사화', '고려', '조선 교체의 역사적 의의' 같은 주제와 정몽주, 원천석 등의 인물을 다루었다. 《정음》의 경우는 최익한이 이병기, 권덕규(주시경의 제자)와 같은 국어학자와도 친교가 있었으며[7] 국어 분야에 관심이 높아서 글을 실었을 수도 있다. 그 내용은 우리말, 고려가사 소개 등이어서 역시 시기적으로는 여말선초에 해당한다고 하겠다.

최익한은 특히 《조선일보》에 깊이 관여하였다. 1938년 5월부터는 《조선일보》의 향토문화조사위원으로 활동하였다.[8] 당시 《조선일보》는 지령 6000호 돌파와 혁신 5주년 기념으로 3대 사업을 베풀었는데, 그 가운데 하나가 조선향토문화조사사업이었다. 여기에는 홍기문, 황의돈, 송석하, 방종현, 이은상, 최익한 등이 참여하였다. 최익한은 1938년 5월부터 12월까지 7개월간 울진, 삼척, 박천, 구례 네 개 지역을 답사하고 그 지역의 향토문화를 각각 10회씩 연재하였다. 이를 마지막으로 12월 말부터는 《동아일보》로 옮겨와서 곧바로 〈《여유당전서》를 독함〉을 이듬해 6월까지 6개월에 걸쳐 총 65회를 연재하였다. 아마도 단순한 필자가 아니라 《동아일보》 직원으로서의 신분을 보장받고 작업을 했던 것으로 보인다. 최익한은 출옥 후 서울에서의 생활을 위해 안정적

---

7   "권 모와 함께 《동아일보》 지상紙上에 〈가명인두상가일봉假明人頭上加一棒〉이란 통쾌痛快한 논문을 게재하야"(안병주, 〈ML계 인물 인상기印象記〉, 《삼천리》 제14호, 1931).

8   《조선일보》, 1938년 4월 10일.

인 일자리가 필요하였다. 그는 본래 지주 출신이었으나 오랜 저항운동으로 경제적으로 매우 어려웠다.[9] 따라서 그의 글쓰기는 생계 문제와도 직결된 것으로 보인다. 그 뒤로도 그의 신문 글 쓰기는 매우 다양한 주제에 걸쳐 진행되었다. 다산에 대해서는 〈종두술과 정다산 선생〉과 〈사상 명인의 20세〉 시리즈 가운데 한 꼭지로서 다산을 다룬 정도였다. 기타 실학 관련 글은 〈홍대용의 언문연행록〉, 〈서유구의 누판고〉 정도였으므로 그가 실학 연구에 적극 참여한 것은 아니었다. 따라서 이 시기 최익한은 우리 역사와 문화에 대한 보편적인 관심을 갖고 있었다고 보는 게 더 타당하다.

그렇다면 이 시기 역사, 문화에서 그의 관심의 초점은 어디에 있었을까? 당시 최익한은 체계적으로 공부할 수 있는 처지는 되지 못하였으며, 그때그때 상황에 맞춰 신문 글을 수록하는 형편이었으므로 딱히 그의 글의 뚜렷한 경향을 찾기는 쉽지 않다. 다만 초기 글들에서 '여말선초'와 같이 전환기를 다룬 글이 비교적 많은 사실을 알 수 있다.[10] 그 중 조선의 건국과 건국 주도 인물인 정도전 등에 대해서는 부정적이었다. 당대 지식인에게 외세 지배를 막아내지 못한 '망국 조선'은 무능과

---

9 일제강점기 말에 신문, 잡지 등 지면이 사라지면서 생활이 어려워서인지 최익한은 주류 소매업까지도 할 정도였다(최익한, 〈변백장辨白狀〉, 1946년 작성(한림대학교 아시아문화연구소, 《조선공산당문건자료집 1945~1946》, 1993).

10 여기에 해당하는 글은 다음과 같다.
〈여이麗李 교체의 역사적 의의〉, 《조선일보》, 1938년 3월 12, 13, 15, 16일.
〈원운곡元耘谷의 비전〉, 《조선일보》, 1938년 3월 17일.
〈조선 유교사에 있어 정포은鄭圃隱의 공적과 지위〉, 《조선일보》, 1938년 1월 23일.
〈고려가사 '역대전리가歷代轉理歌'를 소개함〉, 《정음》 제22호, 조선어학연구회, 1938년 1월.
〈역대사담歷代史談〉, 《조선일보》, 1938년 2월 3~13일.
〈여말사화麗末史話〉, 《조선일보》, 1938년 3월 12~16일.

부정의 대상이었을 것으로 보인다. 정몽주, 원천석에 대한 글을 작성한 것도 이 같은 심정이 담겨 있던 때문인 것으로 보인다. 그 외 다양한 글들은 특별한 경향성을 찾기는 쉽지 않다.

이런 속에서 최익한의 《여유당전서》를 독함〉은 학문적으로 상당한 의미를 지니고 있었다. 이 시기 실학에 대한 연구 성과는 사실상 신문, 잡지에 단편적으로 수록한 글에 국한될 정도로 미비하였다. 이 분야의 선구자였던 안재홍, 정인보도 실제 실학사상, 실학파를 심층적으로 다룬 글은 많지 않았다. 따라서 최익한의 《여유당전서》를 독함〉은 65회에 걸쳐 연재하였으므로 가장 내용이 풍부하고 짜임새 있는 연구라고 할 수 있다.

최익한이 연재를 맡았던 계기는 《여유당전서》 간행에 가장 앞장섰던 안재홍, 정인보 등의 권유 또는 추천이 있었을 것으로 추정된다. 이 두 사람은 민족주의 계열이었지만 당시 최익한은 계열을 불문하고 다양한 인물과 친교가 있었으며, 그보다 약간 연배가 위였던 두 사람에게 영향과 도움을 받았던 것으로 보인다.[11]

먼저 안재홍은 최익한과 비슷한 점이 많았다. 농촌 중산 계급 출신이라는 점부터 황성기독교청년회에서 신학문에 눈을 뜨고 일본 유학(와세다 대학 정경학부)을 다녀왔다는 점에서도 그랬다. 나아가 이들은 유학생 조직에서 활동하였고 신간회운동을 함께하였다는 점에서도 공통점

---

11 안재홍, 정인보는 1917년 대종교 남도본사南道本司의 회원이었다고 한다(천관우, 〈민세 안재홍 연보〉). 최익한도 대종교와 상당히 관련이 있으므로 이전부터 알았을 가능성은 있다. 세 사람의 관계에 대해서는 기존의 논문에서도 "일제강점기 다산 연구는 1930년대 국학운동의 시대적 분위기와 다산 서세 100년이라는 역사적 인연과 함께 '정인보, 안재홍, 최익한 세 인물의 만남'이 있었기에 가능하다"라고 하였다(박홍식, 앞 논문, 48쪽).

이 많았다.[12] 다만, 최익한은 안재홍과 달리 어렸을 때 한학에 열중하였던 시기가 있었고 20대에 일본 유학을 한 뒤 사회주의운동에 참여했다는 점이 다를 뿐이다.

당시《조선일보》는 신간회의 기관지 역할을 하였는데, 안재홍은 《조선일보》주필이라는 중요한 지위에 있었다. 따라서 최익한이《조선일보》에 참여하여 기고한 배경에는 안재홍이 있었다고 할 수 있다. 물론 안재홍 또한 자기가 깊이 관여하였던 신조선사를 통해《여유당전서》를 정인보와 함께 간행하면서(1934년 간행에 착수하여 1938년 완간) 조선학운동과 실학 연구에 중추적 역할을 하였다. 신조선사를 걸머지고《여유당전서》간행을 하였던 권태휘 또한 신간회의 해소위원이었다. 이들의 관계를 통해 자연스럽게 실학에 대해 학문적으로 교류했던 것으로 보인다.[13]

그러나 학문적인 면에서는 안재홍보다 정인보의 영향이 더 크지 않았을까 추정된다. 정인보는 최익한의 2년 위였고, 소론의 중심 가문인 회동정씨會洞鄭氏의 후손이라는 가문 배경에 더해 양명학에 조예가 깊은 인물이었다. 정인보는 일제 식민사관에 대한 철저한 대응의 차원에서 역사를 연구하였을 뿐 아니라, 실학의 내용과 틀을 잡은 학자였다. 일례로《성호사설》을 교열하면서(1929) 실학에서 유형원, 이익, 정약용 등 별도의 흐름이 있음을 지적하였다. 그는《여유당전서》를 교열

---

12 이지원, 〈안재홍〉,《한국의 역사가와 역사학》하, 창작과비평사, 1994. 최익한은 1927년 2월 26일 신간회 조사부 상무간사로 선임되어 활동함(경성 종로경찰서장, 〈신간회 상무간사 증선의 건〉,《사상문제에 관한 조사서류 2》(경성지방법원 검사국 문서), 1927년 2월 28일.

13 이들은 광복 후 건국준비위원회에서도 함께 활동하였는데, 안재홍은 부위원장, 최익한은 조사부장, 권태휘는 교통부장을 맡았다.

간행하여 실학의 체계를 세웠으며, '조선학' 연구의 불길을 당겼다. 당시 정인보는 《동아일보》와 관계가 컸다. 최익한은 정인보에게 《여유당전서》에 관해 질의를 하면서 자주 교류했다고 한다.[14] 최익한이 정인보의 스승인 이건방에 대한 만사挽詞를 신문에 실은 점도 두 사람 관계의 단면을 보여주는 예라 할 수 있다.[15]

안재홍과 정인보는 다산 연구에 체계를 세웠지만 두 사람은 다산이 활동했던 시대보다 고대사에 더 많은 비중과 관심을 둔 듯하다.[16] 두 사람에게 최익한은 한학과 사회과학의 통섭을 시도하는 인물로 인식되었다. 실제로 최익한이 《조선일보》에 우리 역사와 문화에 대한 글을 계속 연재하였기 때문에 그들로부터 능력을 인정받았던 것으로 보인다. 따라서 개인적인 친분도 작용했지만 이런 점 때문에 그들 내에서 동학同學으로 대접받지 않았을까 한다.

당시 조선학, 실학 연구에 대해 학계에서의 비판은 적지 않았다. 특히 경성제국대학이 설립되면서 배출된 전문 연구자들은 안재홍과 정인보가 중심이 되어 진행했던 조선학운동에 대해 비판적이었다. 특히 조선학운동 관계자들이 정약용을 전면에 내세운 점을 혹독하게 비판하였다.[17] 이러한 비판에 앞장섰던 마르크스주의자는 김태준, 신남철 등이었다. 이들은 조선학운동이 다산에 대해 종교적, 신화적인 방

---

14   《동아일보》, 1970년 4월 4일.
15   《동아일보》, 1939년 7월 12일.
16   정인보는 〈오천 년간 조선의 얼〉을 《동아일보》(1935년 1월 1일~1936년 8월 28일)에 연재한 이후 《조선사연구》 상·하 두 권으로 간행하였다. 안재홍은 1930년 〈조선상고사관견〉을 《조선일보》에 연재하고, 1937년경부터 고대사 집필을 시작하였다.
17   신주백, 〈1930년대 초중반 조선학 학술장의 재구성과 관련한 시론적 탐색〉, 《역사문제연구》 제26호, 2011.

법(다산종茶山宗, 다산몽茶山夢)으로 접근한다고 비판하면서 엄밀한 역사적 접근의 필요성을 강조하였다. 진단학회 등 실증주의자들도 비판 대열에 참여하였다. 그러나 아이로니컬하게도 이들은 실학 또는 실학자에 대해 연구를 거의 하지 않았다. 경성제대 출신들은《신흥》을 발행하면서 윤용균이 1931년에 〈다산의 정전고〉를 수록하는 정도였다.[18] 이들이 직접 최익한을 비판한 것은 아니었지만 최익한이 이런 비판을 의식했을 수는 있었다.

다산 서거 100주년 기념행사까지 치렀지만 학문적 논쟁에도 불구하고 당시 다산에 대한 사회적 관심은 그리 높지 않았던 것으로 보인다. 실상 다산은 그가 활동하였던 시대뿐 아니라 사후에도 그의 저작을 폭넓게 읽은 지식인들은 많지 않았던 듯하다.[19] 한말 시기 경세학자로서 다산을 거론했던 학자들이 몇 명 있었지만, 이는 당시 사상계, 학계 전반의 지배적 흐름이 아닌 일부 선각에 의해 제시된 소수 의견이었다.[20] 일제강점기에도 크게 다르지 않다. 다산 서거 100주년 기념행사 무렵 윤치호의 일기에서 보이는 "요즘에도 노론계에 속하는 인사들은 그가 남인이었다는 이유만으로 그의 책을 읽지도 사지도 않는다"[21]라는 언급은 다산에 관한 관심 수준을 가늠하게 해준다. 다만 앞서 소수의 수준이지만 개항기 이후 학교 역사교과서 등에서 그에 대한 언급이

---

18   윤용균, 〈다산의 정전고〉,《신흥》 제4호, 1931(《윤문학사유고》에 재수록).
19   최익한은 이러한 점에 대해서 "선생의 저서에 대하여는 어찌나 그렇게도 세인의 동정과 발천發闡이 없었던가요?"라고 쓰고 있다. 다만《흠흠신서》,《목민심서》등은 환로에 뜻이 있는 자는 다투어 베껴 보았다고 한다.
20   조광, 앞의 글, 2장 '개항기 실학에 대한 관심' 참조.
21   윤치호,《물 수 없다면 짖지도 마라》, 1935년 7월 17일, 산처럼, 2012, 409쪽.

늘어나기는 하였다.

　이러한 상황 속에서 신문 글을 통해 다산에 대한 글이 계속 실렸으며, 최익한의 글은 이를 종합했다고 볼 수 있다. 이 시기에 작성된 최익한의 글도 체계적인 연구 성과로 평가하기는 어렵다. 이는 그가 투고한 매체의 특성에서 비롯된 면도 있다. 그의 글은 대부분 신문에 투고되었다. 자유 연구 형태가 아니었음은 물론, 신문사의 요구에 따라 수시로 작성한 것이어서 논제와 글자 수가 제한될 수밖에 없었다. 그럼에도 최익한의 작업에 의미를 부여하는 배경에는 이것이 반일 해방의 과제의 일환으로 보이기 때문이다. 일제강점기 말 조선총독부가 조선의 민족문화를 근본부터 무너뜨리려고 했던 상황에서 과거의 제도를 가탁하여 민족 고유 문화의 일단을 과시하려는 시도였다고 할 수 있다.[22]

2. 《여유당전서》에 대한 평가

최익한은 《여유당전서》가 공간된 뒤 처음으로 이를 직접 다룬 글인 〈《여유당전서》를 독함〉을 신문에 연재하였다. 이 글은 단순한 독후감이 아니라 정약용과 그의 저술에 대한 전반적인 평가를 담고 있다. 먼저 이 글의 구성을 연재순으로 살펴보자.

　1 다산茶山 선생의 애걸哀乞

　2~4 정다산丁茶山 선생 연보

　5·6 다산 명칭 소고小攷

22　최익한, 《조선사회정책사》(1947) 서문 참조. 이 언급은 《조선사회정책사》의 간행과 관련하여 최익한이 발언한 내용인데, 그의 글 일반에도 적용할 수 있으리라 생각한다.

---

23 숫자는 연재 번호. 본문이나 각주에서 괄호 속의 숫자는 연재 번호를 뜻한다. 연재번호 14는 두 번 나와서 뒤의 것은 15로 수정, 그다음 호 15는 16으로 수정하였고, 연재 번호 25 또한 두 번 나와서 뒤의 것은 26으로 수정하였다. 그러나 연재 번호 21은 결본인 채 그 뒤 번호는 계속되는데, 왜 빠졌는지는 알 수 없다. 따라서 실제로는 64회 연재를 한 셈이다. 한편 18회의 제목은 '선생의 재덕'인데 '17회 선생의 천품재덕'과 동일한 것으로 판단하였다.

이상 목차를 살펴보면 다산의 사상을 포괄하는 상당한 체계를 가지고 있음을 알 수 있다. 먼저 '다산 선생의 애결(1)'은 서문에 해당한다. 이번에 《여유당전서》를 간행한 의미를 당시 다산이 썼던 편지 한 통을 인용하여 밝혔다. 정인보가 제공한 다산의 편지 한 통을 인용한 것으로 시작한 점에서 그의 영향을 살펴볼 수 있다. 다음으로는 다산의 생애, 거주지, 호, 저서 총목, 어렸을 때 일화 등 다산의 생애에 대해 소개하는 글이 이어진다. '정다산 선생 연보'에서 중요한 생애를 다루었고, '거지 소고'는 시기별 거주지를 밝혀 생애를 보완하면서 그의 지리적인 관심과 다산 거지의 인연을 강조한 듯하다. '다산 명칭 소고'에서도 그가 사용했던 여러 호들을 단순히 소개하는 차원을 넘어서서 다산의 삶의 편린을 살펴보고 있다. '선생의 천품재덕'에서는 야담으로 들은 다산에 관한 일화를 몇 개 소개하였다. 이러한 내용으로 글을 시작한 것은 앞서 그가 신문 글을 작성했던 경험이 크게 활용되었던 듯하다.[24]

그다음 본론에 들어가서 다산 학문의 근원을 분석하였다. 먼저 '학문의 연원 경로', '학파의 교착' 등에서 다산의 학문적 배경을 비교적 상세히 설명하고 있다. 그다음 '당쟁과 척사의 표리적 관계', '내외의 모순과 서학의 좌우파', '정조의 복수와 서학파의 공동 전선', '정조 승하와 서학 좌파의 격화'에서는 당시 정치적 상황과 갈등 관계를 다루고 있다. 그리고 학문의 내용에 대해서는 첫째 '과학적 신견해', 둘째 '유학의 신견해'를 비롯한 '음양·오행·귀신', '치양지·이발기발' 등과, 셋

---

24 특히 직전에 참여하였던 〈향토문화를 찾아서〉 연재가 크게 영향을 끼쳤다고 보인다.

째 경세학으로서 정치사상을 다룬 '균등주의의 왕정론', 경제사상을 다룬 '경제정책의 수레' 그리고 사회사상을 다룬 '벌급벽파사상' 그리고 그의 사상을 전면적으로 다룬 '사회·정치철학의 기조' 등으로 나누어 살펴보았다. 마지막 '다산 사상에 대한 개평'에서는 빠진 내용을 보완하고 전체적인 평가를 덧붙였다.

이 글을 통해 최익한이 다산과 그의 사상에 대해 밝힌 내용을 정리해보자. 첫째, 학파에 대한 연원을 총체적으로 파악하고자 하였다. 다산은 '묵고 낡아 좀먹은 문화뇌옥의 판벽'에 커다란 구멍을 뚫은 역할을 했다고 극찬하면서 '잠류적이고 우회가 많았던' 그의 학문 연원의 '지름길[徑路]'에 대해 발굴하듯이 한 길, 한 길을 살펴보고 있다. 그 가운데 한 길로서 다산의 외가를 들었다. 친가에 대해서는 '상당한 중류 이상의 귀족 계급' 정도로 설명하였지만, 외가에 대해서는 '남인당의 명가'였으며, 특히 외증조 윤두서에게 정신과 재주뿐 아니라 실학의 경향에 있어서도 감화를 받았다고 강조하였다.

그러나 다산 학문의 연원은 주로 성호학파였음을 강조하는데, 이들을 '실학의 정예부대'라고 표현할 정도였다. 성호의 종손 이가환과 그의 학파인 이승훈에게서 전해 받은 것이 다산 학문의 '첩경'이었다고 보았다. 여기에 더해 다산 학문 체계에 '가장 참신한 요소를 기여한 것'으로 서양학을 꼽았다. 서양학은 성호 이익의 저작과 이벽, 정약전 등을 통해 전해 받았다고 보았다. 서학을 가장 먼저 소개한 사람은 이벽이라고 하면서도 서학을 학문으로서 취급하여 유학의 결함을 보충하고 완미하게 하려는 학적 충동은 그보다 앞서 성호가 남긴 저작에서 얻었다고 보았다. 16세라는 어린 나이에 성호의 유서에 학적 흥미를 가졌기 때문에 서학에 대한 성호의 논평적 정신을 간과할 수 없었다는 점을 강조하고 있다. 따라서 최익한은 스스로 "성호의 유학은 서학의 영향을 중요한 요소로서 흡수한 것이며…… 선생은 가환, 승훈 등 선진을 계제로 하여 성호의 학풍을 받든 동시에 서학 갈구의 출발은 그의 유서 중에서 벌써 얻게 되었으리라"라는 점을 논증하려고 함을 강조하고 있다. 따라서 "서학의 득력을 공맹학의 실용적 부분에 전개하여 독특한 일가를 구성하였다"(35)라고 할 정도로 서학의 비중을 크게 보았다. 실제로 상당한 글의 분량에 서학파를 주어로 사용하였다. 나아가 서학을 좌·우 양 파로 나누어보았는데, 좌파의 영향력과 가치가 훨씬 크다고 보았다. 곧 "역사적 의의와 세계적 관련으로 봐서는 우파 대표인 약용의 위려한 저서는 좌파 대표인 약종의 분방 불굴한 정신에 비교하여 가치의 손색이 적지 않았던 것이다"라고 단정하였으며,[25] "우파 몇 사람의 배교적 표시에 대해서도 그것을 일종 방편적으로 이해하였고, 그것으로 인하여 전연 절교적 관계에까지 이르지 않았다"(37)라고 좌파의 입장에서 서술할 정도였다. 다산과 학문적으로 교류를 했던 인물(서학과 관련하여 많이 거론했던 이가환, 이승훈, 이벽을 비롯하여 홍대용, 박지원, 안정복, 이덕무, 정상기, 서유구, 한치윤, 정동유, 유희 등)들을 들면서 범주를 넓혀 나갔는데, 이는 실학적 경향과 서학을 아울러 포괄한 것으로 보인다.

위의 남인, 서학 등에 비해서 비중은 적지만 무학武學에 있어서는 장인 홍화보의 영향을 받았고, 이도吏道는 부친 정재원에게 가학家學으

---

25 매우 애매한 표현인데, 가령 "결정적으로 중대한 점에 있어서 광채육아 한 선생의 수백 권의 저서는 선생의 가장 가까운 동복형인 약종의 함구불언의 최후 순교에 비하여 그 역사적 의의가 실로 백가불급의 탄歎이 없지 못할 것이다"(63)라는 표현이 더 명확해 보인다.

로 배웠으며, 청유·송유 등으로부터도 부분과 지엽에서 견해를 섭취하였다고 하였다. 또 하나 정조의 학문에 대한 인식이 직접, 간접적으로 기여를 했다는 점도 강조하였다. 이렇게 본다면 다산 학문을 총체적으로 밝히기 위해, 그 연원의 다양성에 대해 매우 관심을 가지고 있었다고 할 수 있다.[26]

둘째, 다산의 학문 세계를 몇 가지 주제로 나누어서 분석하면서 가장 먼저 거론한 것이 '과학적 신견해'(40~42)였다. 그 가운데서도 다산의 세계관을 전개하는 데 가장 기여한 것을 천문, 지리적 관점으로 보았다. 곧 넓은 세계라는 천문·지리적 관점에서 중국이라고 하는 동굴 우상에 갇혀 인간 이지理智의 활약성을 잃어버리고 있다는 점에서 중국을 탈피하려 하였다. 한편으로는 "이미 어디를 가도 중국 아닌 곳이 없으면 어찌 별도로 중국이라 한단 말인가"(40)라고 하여 중국이 중앙의 절대적인 기준이 될 수 없다는 점을 부각하고 있다. 그러면서도 우리에게 중요한 점은 중국 자체가 이미 서양으로부터 신기예를 전래받아 축적하고 있으므로 이를 중국에서 배워야 한다고 한 점이라고 하였다. 사실 서학은 서양 선교사들이 포교를 목적으로 전파하였다는 점에서 한계가 있지만 다산 일파의 입장으로서는 그런 위험을 무릅쓰고 '되로 배워 말로 풀어먹으려' 열심히 하였다고 한다.

한편 다산은 서양 기술에 대해 높이 평가하는 것과 함께 서양 기술에서 사용하지 않는 동양 문화에 대해 과감하게 부정하였는데, 이 또

---

26 반면 최익한에게 큰 영향을 주었던 정인보는 실학파 계보를 '유형원-이익-정상기(남인 성호학파), 김육-이이명-김만중-홍대용(북학파), 장유-최명길-정제두(소론)'를 들고 있는데, 최익한은 소론 계열에 대해서는 별로 언급이 없다.

한 최익한은 호의적으로 평가하였다. 곧 동양의학의 촌관척법寸關尺法을 부인한 점을 들어 의가醫家의 미신으로부터 해방하였다고 하였고, 고대기일법古代紀日法에 불과한 간지干支를 후세의 방기方技, 잡술, 참위 등에서 세상과 민을 속이며 허망하게 사용한 점을 짚었으며, 풍수술을 중국이 원산인 최대 미신으로 보고 철추를 내리고, 상相에 대해서도 상의 가변론에 따른 폐단을 절실히 논변하였다고 한다.(41) 동양 사회에서 오랫동안 축적된 문화를 서구의 신기예의 시각에서 재단하는 것은 적절하지 않겠지만 최익한은 이 점에서도 다산의 주장을 그대로 따랐다고 하겠다.

그러면서도 최익한은 다산을 철두철미하게 실증을 고조한 과학자는 아니고 유자儒者로서의 사상가라는 점을 강조하고 있다. 그런 점에서 '유학의 신견해'가 어떠했고 어느 정도 개혁을 하려고 했는지를 밝혔다.(43~48) 그는 다산의 경전 해석에 관한 최고 척도는 실용적 요구이며, 곧 '신아구방'의 사상이라고 하였다. 실상 경전의 뜻에 대해서는 쉽게 판결할 수 없으므로 신아구방의 사상적 척도에 합치 여부를 가지고 판결하고자 하였다. 이는 매우 주관적이겠지만 오히려 다산은 이것을 객관적 척도로서 삼았다는 것이다. 가령《논어》에서 "영무자는 나라에 도가 있으면 지혜롭고 나라에 도가 없으면 어리석으니 그 지혜는 미칠 수 있으나, 그 어리석음은 가히 미칠 수 없느니라"에서 그 어리석음에 대해 송유宋儒들처럼 몸을 숨기는 것이 아니라 적극적으로 힘을 다하는 것으로 해석하였다. 역학에 대해서도 석씨와 술사와 같이 오묘신비를 위주로 하는 것이 아니라, 평이간명을 주지로 하였다고 한다.《논어》의 인仁에 대해서도 주자와 같이 '심지덕애지리心之德愛之理'가 아니라 구체적 사행인 '효제孝悌로서 인'이라 하였다. 나아가《논어》의 인, 서恕, 복례復禮와《중용》의 공구계신恐懼戒愼 등을 연결시켜 사천事天의 종지를 수립하여 이론의 극치로부터 신앙의 경계에로 나아갔다고 보았다. '기독교는 박애의 서恕와 천天에 대한 경건과의 결합으로서 교리를 구성한 것이며, 다산은 일찍이 서학자로서 이것의 실천성과 대중성에 심심한 감격을 받았던 것'이라고 하여 서학자라는 점을 강조하였다.

　　최익한은 특히 이 과정에서 다산과 송유의 차이점을 매우 부각했다. 성性에 대한 해석에서도 다산은 선유先儒(송유를 가리키는 듯)의 주장은 맹자의 본지가 아니라고 하면서, 성은 본래 기호嗜好로서 명칭 할 것이니 고원광대 한 설명을 요한 것이 아니라는 점, 본연지성도《능엄경》,《반야경》 등을 차용하였으며, 본래 유교 경전에는 출처가 없다고 본 점을 강조하였다. 사단四端의 설명에서도 인·의·예·지를 송유는 인성의 4대강人綱으로, 다산은 인덕人德으로 본 차이점에서 시작하여 단端은 내출의 서緖가 아니라 시始의 뜻이라고 보면서 사덕四德(인·의·예·지)을 내재의 성으로, 사단을 내출의 단서로 본 송유의 해석과는 거의 대척적 견지에 있다고까지 하였다.《중용》의 중화中和에 대한 설명에 있어서도 '적연부동무사무려寂然不動無思無慮가 미발의 광경이라 하면, 이는 소림선사의 면벽面壁이 아니면 위천지육만물位天地育萬物의 도경道境에 이를 수 없다'고 하면서 다산이 송유의 선불적仙佛的 침투를 도처에서 지적하였다고 강조하였다.《논어》의 "증자가 말하기를 부자의 도는 충서忠恕일 따름이라"에서 다산은 충忠과 서恕를 두 개로 보지 않고 '충실한 서恕'로 보면서 해석에 큰 차이가 있었다. 인물성동이론人物性同異論에서 주자는 인과 물을 막론하고 만물이 처음 생길 때 동일한 본원을 품수했다고 보았으나, 다산은 사람은 인심·도심을 모두 가졌지만 금수는 기질지성만 가졌다고 다르게 보았다.

음양오행에 대해서도 전통적 견해를 좇지 않았다. 음양은 일광의 조엄照掩에서 일어난 것이며, 오행의 경우도 주자가 '하늘이 음양오행으로 만물을 화생化生한다'는 것은 초목금수草木禽獸로서 화생만물化生萬物하는 것과 마찬가지라고 보았다. 최익한은 다산의 오행부정론은 서양 사상의 영향이라고 못 박으면서 당시 박지원의《열하일기》와 정동유의《주영편》등에 모두 언급되기는 하였으나, 특히 선생은 명료하게 말하였음을 강조하였다.[27] 귀신의 경우도 다산은 '귀신은 이기로서 말할 수 없다'고 하였는데, 이를 송유의 이른바 이기의 양능 등 범신론적 또는 범리론적 영역으로부터 구출하여 비기비리非氣非理의 신비적·불가지적 범주에 올려놓고, 동시에 신앙 대상 설정의 최고 필요를 역설하였다고 보았다. 나아가《중용》일서를 사천사상事天思想으로서 수미일관한 성전聖典으로 간주하였다고 하면서, 이는 다산이 분명히 "서교의 자극과 더욱이 서교 주창자인 광암 이벽의 설교적 감화에서 일찍이 얻은 바였다"라고 강조하였다.

왕양명의 치양지설致良知說에 대해서도 '양은 자연의 의意요, 치는 오지 않는 물건을 무슨 방법으로 오도록 하는 것이냐'고 변파辨破하였음을 밝혔다. 조선 유학계에서 논쟁이 되었던 이기론에 대해서도 다산

---

27 《실학파와 정다산》에서는 "음양은 만물의 부모라고 하는 의의를 전적으로 부인한 것은 음양에 첨가 부회된 미신적 혹을 떼어버리려 하다가 음양대대의 변증법적 진리의 살가지 다쳤다고 하지 않을 수 없다"라고 서술하고, 오행의 경우도 지수화풍 등 자연계의 구성 원소와 마찬가지로 소박한 유물론적 견해로 파악하고 있다.(2011년판, 364~369쪽)

의 언급은 '율곡은 이기 관계에 대한 일반적 원칙을 논한 것이요, 퇴계는 치심 양성의 필요로서 심상의 이기 관계를 특정적으로 논한 것'이어서 퇴계·율곡 모두 옳다고 하면서도 율곡 견해의 간명통활을 퇴계의 우회복잡 논법보다 높이 평가한 것으로 결론지었다.

다음으로 다산의 정치경제사상에 비중을 두고 정리하였다. 먼저 정치사상으로서는 〈원정〉을 통해 왕정의 시각을 균등주의, 균민주의라고 정리하였다.(51) 〈원정〉에서 토지 균분, 교통 편리, 도량형 균일, 강약 평균, 근로 평균 등 민생의 균등주의에 역점을 두었다고 하면서 다만 교육 균등이 빠졌다는 점에서 다산의 정치사상이 종래의 교화에 치중하였고 근대 교육주의에는 도달하지 못했다고 진단하였다.[28] 다산의 최대 명저가 《경세유표》라고 보고, 당시 국가의 가장 급한 문제가 전정이라고 인식하여 정전의 형식을 버리고 내용을 취한 점에서 이상적 정책이라고 평가하였다.(51)[29] 그러나 《경세유표》의 정전제는 공전균세론으로서 토지몰수론, 토지국유론의 사회개혁 정책과는 다른 사회개량적 정책이라고 파악하였다. 그 밖에 '경제정책의 몇 가지 사례'로서 〈의엄금호남제읍전부수조지속차자擬嚴禁湖南諸邑佃夫輸租之俗箚子〉[30]에서 왕조王租를 전주가 물도록 하였고, 《응지논농정소應旨論農政疏》의 편농·후농·상농에 관한 내용은 근대 정통파 경제학의 선구인 중농학 일파에 유사한 사상이라고 규정하였다. 또한 《경세유표》에서 당시 정치

---

28 《실학파와 정다산》에서는 왕정의 의미를 국정, 인정과 동일한 것으로 설명을 보완하였다.(2011년판, 389쪽)

29 《실학파와 정다산》에서는 《경세유표》에 나타난 개신안을 상세하게 서술하였는데, 특히 비합법적 저작이 있음을 주장하였다.(2011년판, 390~392쪽)

30 〈호남 지역 여러 고을의 농부가 조세 바치는 풍속을 엄금하기를 청하는 글〉.

기관의 결함을 보충하고 제도 운용의 폐악을 교혁하기 위해 제시한 안 가운데 중요한 몇 가지를 소개하였다. 특히 호조에서 교육을 겸임하도 록 한 것은 탁견이라고 보면서도 《주례》를 따랐기에 왕궁 좌우의 육향, 향 내의 사족신민으로서 만민을 가르친 것이어서 봉건시대 치자 계급 의 전통적 시야를 탈각하지 못했다고 비판하였다.(52~53) 다음으로는 대간臺諫 특치特置, 관각館閣 별설別設, 청환淸宦 등 문벌 계급을 위한 제 도를 폐지하도록 하고 서얼, 계급, 지방의 차별 등을 비판하고 소통의 방법을 지시한 점을 비교적 간결하게 지적하였다.(54) 마지막으로 사회 · 정치철학에 대해서 《경세유표》는 광의의 목도牧道를 재건하려고 하 였지만 실현하기 어려워서 협의의 목도인 《목민심서》를 작성하였다고 풀이하였다. 〈원목〉의 경우는 간단 윤곽적 개념이며, 사회와 국가의 형 성, 변화 과정에 대해 법칙의 설명이 학적 체계를 정비하지 못하였고 사회법칙이 입각하고 있는 물질적 생산 방법의 사회적 발전에는 미치 지 못하였다고 하면서도 위대한 사회관 · 국가관의 창설자라고 평가하 였으며, 루소의 《인간불평등기원론》과 일기상통 한다고 하였다. 이와 자매편이라고 할 수 있는 〈탕론〉에 대해서도 중국의 역성혁명을 빌려 민권 사상을 입증한 것으로 보았다.(55~57)

마지막으로 스스로 '다산 사상에 대한 개평'이라는 이름으로 다산 사상에 대해 총체적으로 평가하였다. 먼저, 다산 학설을 수기修己 · 경 세經世로 크게 나누면서 경세는 수기의 목적, 수기는 경세의 출발이라 고 연결하고, 수기에 편중한 종래 유자와 구분하였다고 보았다. 결국 다산을 경세가로 규정짓는 뜻으로 해석할 수 있는데, 그의 경세적 사상 (신아구방의 사상)은 진부하고 폐쇄적인 당시 사회적 요구에서 나왔지만,

세계주의적 형태까지 도달하지 못했으며, 근세 사상의 민족의식·국가의식의 표현도 아닌 중간 정도로 보았다. 그의 경세론은 적지 않은 개혁을 주장하였지만, 이상적 혁명을 피하고 현실의 가능을 선택하여 군주의 건단乾斷에 하소연한 점에서 개혁론의 한계로 보았다. 결국 균산평등을 이상적으로 한 정책론은 국가사회주의의 일종, 그 지도적 정신인 상례주의尙禮主義는 귀족 본위의 치국론을 무의식적으로 주장하였다는 것이다. 그리고 유자는 덕치주의를 주장하고 그들의 이상이 예악의 정政인데 다산도 덕치주의자이므로 다산의 정론은 그 극치가 예악에 있었다고 보면서 다산의 가장 중요한 작품인 《경세유표》 또한 본명이 《방례초본》이므로 예를 경세술의 본령으로 인식하였음을 추측하였다. 다만 덕치의 해석에서 종래 유자의 무위 개념을 발거하고 유위, 즉 사공주의事功主義를 적극적으로 도입하였다고 하였다. 이 점이 유교의 정치사상에서 중요한 철학적 개혁이라는 것이다.

앞에서도 언급하였듯이 최익한은 다산 사상을 서구와 끊임없이 비교하려고 하였다. 특히 다산 경세론의 사공주의를 강조하면서 최익한은 이를 벤담의 공리주의와 비교하였다. 다산의 사공 개념은 공리를 의미한 것이 아니고 공리를 초월한 것이므로 벤담의 '최대 다수의 최대 행복'은 다산에게 덕정의 파생물은 될지언정 목적은 될 수 없다고 구분하였다. 그러나 유교의 덕정은 사회 영도 계급의 공리와 행복에 대한 작명綽名에 불과하므로 본질에서는 공리·행복과 다르지 않으며, 역사적으로 본다면 벤담은 신흥 계급의 대변인 반면, 다산은 종래 계급의 반성적 요구라고 보았다. 아마도 새로운 계급이 형성되지 않은 상황에서 이렇게 해석할 수밖에 없었을 것 같다. 또한 최익한은 다산이 다른 유학자와 같이 왕도와 윤리는 선구적 규정인 동시에 사회제도의 변혁적 경계를 벗어나서 모든 시대, 모든 계급을 초월한 일정불변체로서 인식하였다고 보고 케네의 자연법과 비교하였다.

한편으로 최익한은 다산이 옛 제도에 의탁하여 경세론을 펼 수밖에 없었던 점에 대해 대단히 고심하였던 듯하다. 곧 '탁고개제託古改制'는 다산의 경세 사상(신아구방)의 큰 목적을 달성하기 위해 나온 위대한 사상이었다고 평하였다. 다만 이처럼 탁고를 함으로써, 이를테면 《주례》의 '연의적演義的 주각柱脚'이 되었다고 하면서 다만 다산이 의탁한 고제는 그에 의해 추상된 고제이며 객관적으로 존재한 고제는 아니라는 점을 지적하면서도 그것이 머리 위에 임어臨御할 수밖에 없다는 점도 거론하였다.

최익한은 《여유당전서》를 세밀히 보면서도 다산을 평가하기가 매우 어려웠던 듯하다. 다산이 사회제도에 대해서 극히 은아한 개량론자요, 반역적 정신을 가진 혁명론자는 아니었다고 하면서도, 다산의 위상을 정확하게 지적하지 못하였다. 개혁론자로 보면서도 세계적 수준에서 그 개혁론을 평가한다면 사회제도의 실천성을 간과한 공상가의 범주에 속한다고 보았다. 물론 여기에는 다산의 계급적 지위와 역사적 한계가 반영되어 있다. 그러면서도 경세적 이론가로서는 매우 탁월하다고 평가하였다. 다산의 철학은 종교와 정치를 종합적으로 보았으며, 법치 사상을 가졌으며, 〈기예론〉에서도 다수가결제와 사회진화론에 접근한 사상을 가졌다고 하였다. 또 개화론을 누구보다도 먼저 주장한 점, 이용감을 설치하여 외국 유학과 기예 수입을 맡도록 한 점, 여전법과 같이 독창적·이상적 이론을 낸 점 등을 높이 평가하였다.[31]

3. 다산 연구의 성과와 한계

최익한의 글은 당시 지식인 사회에 어느 정도 반향을 일으켰을까? 아직 그에 대한 자료는 찾아보지 못하였다. 다만 학술적인 글로서 이 같은 장기 연재는 흔치 않았다. 처음부터 65회를 기획했는지는 알 수 없다. 결론 격으로 정리한 '다산 사상에 대한 개평'을 8회에 걸쳐 작성하여 웬만한 별도 연재에 해당할 정도였던 것으로 봐서 연재 과정에서 분량이 더 늘어났을 수 있다.

최익한이 밝힌 다산 연구에 대해 정리해보자. 먼저 최익한은 다산 사상이 탄생하게 된 시대적 배경을 언급하려고 애를 썼다. 최익한은 조선시대, 특히 다산이 살던 시기를 암울하고 뒤처진 것으로 바라보았다. 봉건적 경제와 쇄국정책이 서로 맞물려서 도시 발달, 국제적 교통을 유도할 만한 물질적 조건이 형성되지 못하였고, 농민들의 부담은 심하고 상공 기술은 천시되었다고 보았다. 다만, 화폐경제는 맹아 단계에 들어섰지만 이는 오히려 관리와 호족의 토색을 끌어냈을 따름이라고 비판하였다. 정치적으로는 당쟁이 국가와 정치와 인민 등 모든 것을 희생할 정도였고 세도와 권신이 정치를 장악하였다고 하였다. 학문적으로는 공맹정주의 노예인 유생학자들이 부문위학과 공담부설을 일삼았으며,[32] 봉건 와해의 서막인 민란의 징후가 도처에 나타났다고 보았다. 최

---

31 이상 개평의 내용이 《실학파와 정다산》에서는 〈유교 개혁 사상과 실용주의〉 속에 편재되어 있음을 주목할 필요가 있다.(2011년판, 336~351쪽)

32 최익한은 다산의 사상을 다루기 때문인지 상대적으로 당시 사상적 배경에 대해서도 극도로 비판적으로 보았다. 가령 당시 지배 이데올로기인 유교에 대하여 "동양적 봉건사회의 문화적 산물, 주도 계급의 존엄한 생활을 합리적으로 지지하던 이데올로기의 체계"였으며 "순란중루 한 후광은 부문 허례를 방사하며 부문 허례는 문화적 주도 계급의 이성적 발작과 진보적 요소를 극도로 억압하고 말살하는 필연적 임무를 담당"(19)하였다고 서술하였다.

익한은 이 시대의 내적 모순으로 귀족 대 농공상민의 계급적 모순, 양반 자체의 붕당적 모순, 기호 대 서북의 지방적 모순, 현실 생활과 공담위학의 학문적 모순 등을 꼽았으며, 한편 조선 사회를 위협하는 외적 모순으로는 동양 대 서양의 모순을 지적하였다. 반면 서구는 18세기에 시민사회가 도래하였으며 전前자본 계급의 전개, 천문학 등 과학의 발달, 입헌제도, 민권 사상 등으로 나아갔으며, 식민정책의 전도적 임무를 위하여 서교西教가 아시아로 진출했다고 보았다.(33) 이는 대체로 당시 조선 사회에 대한 일반적인 인식을 보여주는 것이다. 또한 이 부분에 대한 연구가 이루어지지 않은 상황이기 때문에 부정적이고 추상적인 서술을 할 수밖에 없었던 듯하다.[33] 그럼에도 최익한은 다산의 사상 속에서 신중하게 근대적 사상을 찾으려고 하였다.

최익한은 세계사적 시각으로 다산을 평가하려고 노력하였다. 다산을 서구 사상과 서구의 인물과 끊임없이 비교하였다. 이런 시도가 가능했던 데에는 다산과 그 저작이 세계적으로도 뛰어났다는 자부심[34]과 함께 그 자신이 서구의 사회과학, 특히 사회주의 사상을 받아들여 세계사적 시각을 가졌기 때문으로 보인다.

최익한은 다산의 서학 접촉 범위에 대해서는 교리 이외에는 천문, 지리, 역법, 수리, 의학, 특히 우두 방법, 기계류에 그쳤고, 변화 자유가 풍부한 서양 사회의 정치, 경제, 역사, 철학, 문물, 제도에 대한 지식

---

33 《실학파와 정다산》에서는 금속화폐, 삼정, 대동법 등 사회경제적 측면에 대해 비교적 자세히 설명하였다.(2011년판, 569쪽)

34 첫머리에서 《여유당전서》 발간을 방대하고 탁월한 내용이어서 조선의 문화계뿐 아니라 세계 문화계의 축하할 일로서(1), 특히 《목민심서》를 '세계 무류無類의 성전聖典'(25)이라고 자부하였다.

은 별반 획득하지 못했을 것으로 보았다. 문예부흥과 종교개혁과 입헌제도와 민주주의로서 종횡 교착된 서양 분화의 실상은 천주교회의 금기물이기 때문에 선교사들이 이것을 충실히 소개 보도했을 리가 없다는 것이다.(24) 그러면서도 특히 나이에 따른 당시 세계사적인 인물 사건과 비교하고 있다. 가령 다산의 20대 때 서구는 상당히 역동적이었으니, 다산은 〈대학강록〉을 만들기에 바빴다고 한다. 다산의 22세인 1783년은 미국에서 8년의 전쟁 뒤 독립이 승인되었던 해지만, 다산은 궁궐에서 과거 합격 행사를 치르고 있었다는 것이다. 6년 뒤인 1789년은 프랑스 혁명과 같은 중요한 사건이 있었지만, 이때 다산은 전시 급제로서《희정당대학강록》을 만들고 있었다고 하였다.

최익한은 서학을 서구의 보편적 사상과 학문으로서 크게 의미를 부여한 것으로 보인다. 그리고 정약용을 '서학자'라고 분명하게 호칭하였으며, 정약용은 서학의 실천성과 대중성에 크게 감동을 받았다고 보았다.(44) 따라서 이때는 서학 학파와 교파의 구분을 심하게 하지 않은 듯 그냥 서학 일파라고 표현하였다.

실제 그는 서학은 혁명성에 대해 높이 평가하였다. 신유사옥에 대해서도 "정조 흉변을 계기로 하여 현상現狀 타도의 방편으로서 영조조의 정희량, 이인좌 등의 창의倡義에 유사한 거사를 꾀하다가 사전에 검거되었다"(39)라고 보았다. 그리고 그 지도자로서 정약종을 높이 평가하였다.

실제 약종과 약용 형제를 끊임없이 비교하였는데, 그 내용이 매우 흥미롭다. 곧 "선생은 여생의 정력을 합리적으로 이용하여 서학의 득력得力을 공맹학의 실용적 부분에 전개하여 독특한 일가를 구성하였다. 그러나 역사적 의의와 세계적 관련으로 보아서는 우파 대표인 약용의 위려偉麗한 저서는 좌파 대표인 약종의 분방불굴奔放不屈한 정신에 비교하여 가치의 손색이 적지 않았던 것이다"라고 정리하고 있다. 이는 다산 형제를 통해 최익한 자신이 진정 지향하는 바가 무엇인지 잘 드러낸 것이라 할 수 있다.

이처럼 서학을 강조하다 보니 다산 글의 해석에서도 지나친 점이 있다. 가령 21세 때 작성한 〈술지〉라는 시 속의 "성현은 만 리 밖에 있거니 뉘 능히 이 어둠을 밝혀주려나[聖賢在萬里 誰能황此蒙]"라는 구절을 서양의 인문을 사모한 뜻으로 파악하고 있다.[35] 게다가 이러한 시구로서 서학에 대한 인식을 설명하는 점에 대해서는, 다산이 서학과 서국에 관해 쓴 글이 적지 않겠지만 시휘時諱 관계로 대개는 삭제 인멸하고 위의 시구와 같은 편린으로 잔존한 것으로 보고 있다.(25) 사옥의 피해자였던 다산으로서는 그러한 가능성도 있을 수 있다. 다만 위의 시구를 서양의 인문을 사모한 뜻으로 해석하는 것은 지나친 듯하다. 또한 서학의 혁명성을 강조한 나머지 동학의 역사적 성격도 '봉건 와해의 작용인 농민반란의 내용에다가 이상과 희망을 추구하는 서교의 형식을 부과한 것'으로 파악하였다. 심지어 동학을 서학의 국산품으로까지 평가하였다.(34)

반면 최익한의 글에서는 당시 조선학운동이 강조했던 민족에 대한

---

35 이는 대체로 공자와 맹자를 가리키는 것으로 해석한다.(박석무,《다산 정약용 평전》, 2014, 118쪽) 하지만 박석무는 2014년 6월 다산연구소의 '풀어쓰는 다산 이야기' 코너 중 〈열린 마음의 다산 학문〉(2014년 6월 16일)이라는 칼럼에서 술지의 이 부분에 대하여 다소 애매한 표현이기는 하지만 "주자학 이외의 외국의 문물이나 학문 사상"이라는 이전과 조금 다른 해석을 하고 있다.

언급은 찾아볼 수 없다. 이 점에서 최익한은 정인보, 안재홍과 함께 다산 연구를 하였지만 그들과의 입장은 달랐다. 가령 '다산 선생의 애걸'에서 정인보의 '다산 선생의 부촉'에서 사용하였던 자료를 이용하였지만 서술 내용은 크게 차이가 있다. 오히려 같은 사회주의자인 백남운의 주장과 비슷하다. 그러나 김태준, 이청원 등과 같이 조선학운동을 비판하지도 않았다.[36] 사실 최익한이 처음부터 조선학운동의 일환으로 참여한 것은 아니었다. 그리고 그가 연재를 시작하던 1938년은 이미 조선학운동이 잦아들던 시기이기도 하다. 그는 한국 역사와 문화에 대해 많은 글을 썼고 상당히 수준도 높았기 때문에 그의 글을 '문화사학'으로 분류하는 것도 가능하다고 보인다.[37] 다만 역사의 차원에서 글쓰기를 한 것은 아니기 때문에 역사 속에 한정하는 것은 문제가 있을 수 있다. 최익한의 실학과 다산에 대한 해석에서 민족적, 애국적 색채를 띤 것은 역설적으로 월북한 후라 할 수 있다.

또 하나 당시 지식인층 사이의 동향에 대해서도 관심을 가질 필요가 있다. 이를테면 최익한은 1920년대 젊은 시절에는 김택영, 이병기, 권덕규, 방두환, 변영로, 오철호, 홍명희 등과 가까이 지냈고, 1930년대 후반에는 이병기, 이관구, 송석하, 이여성, 이원조, 이병도 등 당시 다양한 지식인층과 교유하였다.[38] 이념이나 학문적 성향에 구애받지

---

36 1930년대 다산 연구는 '민족'과 '세계' 사이에 시각을 두고 있다고 본다(최재목, 앞의 논문, 120~123쪽). 사회주의자지만 한학자이기도 한 최익한은 '세계'에 관심을 두었지만 '민족'을 적극적으로 비판하지는 않았다고 하겠다.

37 조동걸, 《현대한국사학사》, 나남출판사, 1998, 168~169쪽.

38 이 같은 교유는 이병기의 《가람일기》(신구문화사, 1975)를 통해 살펴볼 수 있다. 다만 이는 서로 간의 학문적 성향과는 차이가 있는 듯하다.

않고 학문적 관심에 따라 교유의 폭이 넓었던 것으로 볼 수 있다.

최익한은 이 글에서 실학 또는 실학파를 범주화하지 않았다. 가장 적극적으로 표현한 것은 성호학파에 대해서 '실학 선구자', '실학의 경향' 그리고 남인학파에 대해서 '실학의 정예부대' 등[39]으로 표현하는 정도였다. 다만 계보를 통해서 남인 내 서학의 흐름으로 이수광, 허균을 들고 실학의 흐름으로 유형원, 이잠을 들면서 그 흐름이 성호 이익으로 내려온 것으로 그렸다.(27) 실학은 학파라고는 할 수 없지만 학문적 흐름이 있었다는 것이다.[40] 그러면서도 "유학의 성전인 육경사자六經四子의 해석에서 어디까지나 간명하고 실천적인 실학을 그 본지로 하고"라는 표현에서 보이듯이 폭넓게 사용하였음을 알 수 있다. 따라서 아직 실학이라는 용어에 대한 자세한 설명도 없었다.[41] 당연히 다산에 대해서도 실학자라고 부르지는 않았으며, 오히려 서학자라고 불렀다. 서학은 학문의 범주와 성격이 분명하기 때문에 조선 후기의 막혀 있던 시대적 상황에서 정약용은 세계사적인 시각을 갖춘 서학자라는 뜻으로 볼 수 있다. 일제강점기 외래 사상을 받아들여 사회주의자가 되었던 최익한이 다산을 서학자라고 부르는 것은 크게 무리가 없다고 보인다. 따라서 이 시기 최익한에 대해서도 넓은 의미에서는 초기 실학 연구자라고 부를 수 있겠지만, 정확하게는 다산 연구자 정도가 적당하다고 하겠다.

---

39 다산 학문의 연원으로서 외증조 윤두서를 거론하면서 "박식실학博識實學으로 이름이 있던", "실학의 경향" 등의 표현을 썼다.(2, 19)

40 이 시기 최익한의 다른 글. 이를테면 〈반계의 깊이, 성호의 박식, 다산의 상밀, 우리나라 실학의 맥 유장도 하네[磻深星博與茶詳 實學吾東一脈長]〉(《동아일보》, 1939년 7월 12일, 〈난곡이건방옹만〉)의 경우도 실학의 흐름 정도로 볼 수 있다.

41 1955년《실학파와 정다산》에서는 실학의 용어와 개념부터 정의하였으며, 실학파를 설정하고 계보를 충실하게 작성하였다.(2011년판, 40~44쪽).

한편 최익한의 글에서 느끼는 문제점을 꼽는다면 정조 대 정치사 해석에서 남인의 입장에 비중을 둔 점이다. 이는 최익한의 출신 배경과도 관련이 있을 듯하다.[42] 가령 "정조 일생의 최대 목적은 불공대천의 원수인 벽파 서인을 주멸하려는 것" 그리고 "사갈 같은 벽파와 홍당의 정조와 채당에 대한 시기, 공포는…… 정쟁의 최고 대상이요, 채당의 최대 보호자인 정조부터 어쩌지 않으면 안 되었던 것"(31)이라고 하여 정조독살설을 그대로 받아들이고 있다. 동혜혈삼사(어서금등)에 대한 강조(37) 그리고 영조에게 서약하였기 때문에 정조가 자기 손으로 직접 노론 벽파에게 복수할 수 없으니 왕자가 20세만 되면 전위하고 수원 행궁에 퇴거하여 신왕의 이름으로 토멸하려고 했다는 전언을 강조하는 것(37)도 비슷하게 해석할 수 있다.

맺음말

일반적으로 일제강점기는 초기 실학 연구의 시기라고 규정하고 있다. 이 글은 1930년대 최익한이 신문에 연재한 《《여유당전서》를 독함》을 통해 다산 연구에 대한 성과와 한계를 평가하고자 하였다.

사회주의운동가였던 최익한이 신문 글에 참여한 것은 오랜 투옥 생활을 끝내고는 이 시기 자신이 선택할 수 있었던 유일한 활동의 장이면서 생활의 장이기도 했기 때문이다. 다산 서거 100주년 기념사업의 하나로 시행되었던 《여유당전서》 간행을 즈음하여 최익한은 안재홍, 정인보와 함께 다산 연구에 참여하였다. 그러다가 1938년 12월에서

---

42 최익한은 영남 남인의 학맥을 이은 곽종석(1846~1919)의 제자였다.

1939년 6월까지 《동아일보》에 〈《여유당전서》를 독함〉이라는 글을 장기 연재함으로써 다산 저작에 대해 거의 처음으로 전반적인 평가를 하였다. 이를 통해 다산의 업적을 높이 평가하면서도 한계점을 분명하게 짚기도 하였다. 또한 다산과 그에게 영향을 주었던 반계, 성호에 대해 '실학'이라고 일컬었으나 '실학파'의 명명에 대해서는 신중하였다. 이 무렵까지는 다산 외의 실학자에 대해서 구체적으로 살펴보지 못한 점도 들 수 있다. 이런 점에서 최익한은 실학 연구에 대한 단서를 열었지만 그를 실학 연구자라고 일컫기에는 한계가 있다.

한편 최익한은 세계사의 흐름 속에서 조선의 사회적 처지는 어떠했으며, 이 속에서 다산의 역할은 세계사적으로 어떻게 비교할 수 있는가를 끊임없이 고심한 것으로 보인다. 이 점은 당시 조선이 처한 현실에서 벗어나기 위해 세계사적 시각을 가지려고 했던 것으로 해석할 수 있다. 따라서 서학을 강조하였지만 그것은 세계사적 시각, 보편적 기준을 거기서 찾으려고 했던 것으로 보인다.

오늘날의 시각에서 본다면 조선 사회의 내부적인 변화, 발전에 대해 인식하지 못한 한계를 지적할 수 있다. 여기서 당대의 학문적 수준의 일천함, 근대와 해방의 출구를 세계사적 기준으로 삼을 수밖에 없었던 시대 상황과 식민지 지식인의 한계가 드러난다. 반면 1955년 북한에서 작성한 《실학파와 정다산》은 연구 성과의 축적과 한편으로는 북한이라는 사회 속에서 실학이 가지는 의미를 강조하기 위해 민족적, 국가적 처지를 강조해야만 하였다. 사실 최익한은 1955년 《실학파와 정다산》을 작성하여 다산을 중심에 두고 실학사상 전체를 체계화하는 성과를 거두었다. 따라서 〈《여유당전서》를 독함〉은 그에 앞서 실학사상에 대한 밑그림을 그린 것으로 파악하기 쉽다. 그러나 실상 최익한은 다년간 신문 글 쓰기의 연장선에서 다산과 《여유당전서》라는 비중 있고 시의성 있는 주제를 선택하여 자신의 역량을 발휘한 작품으로 볼 수 있다. 그런 점에서 〈《여유당전서》를 독함〉이라는 글은 실학, 실학파에 대한 체계적인 작품이라기보다 최익한이 다산을 통해 극복하려는 당시 현실에 대한 고민을 담았다고 보고 싶다. 아울러 당시 현실의 경세학인 사회주의 사상을 제대로 드러내지 못하고 있었던 최익한 자신의 처지에 대한 평가까지도 포함되었을 수도 있다.

창해 최익한 선생
연보

1897년(1세)	3월 7일 강원도(현재 경상북도) 울진군 북면 나곡2리(속칭 골마) 471번지에서 아버지 강릉 최씨 대순大淳(1869~1925)과 어머니 동래 정씨(1865~1928)의 둘째 아들로 태어났다.
1901년(5세)	종조부 현일鉉一에게《천자문》,《동몽선습》,《소학》,《격몽요결》 등을 배웠고, 다음 해에는《십구사략》,《삼국사기》,《삼국유사》 등을 배웠다.
1903년(7세)	부친에게《논어》,《맹자》,《대학》,《중용》 등 사서四書를 배웠고, 다음 해에는《시경》,《서경》,《역경》,《예기》,《춘추》 등 오경五經 을 배우고 시부詩賦를 짓기 시작하였다. 그 다음 해에는《제자백 가》를 배워 고을에서 '천재 운거雲擧(최익한의 자字)'라고 소문이 났다.
1906년(10세)	영남의 만초晩樵 이걸李杰 선생을 초빙하여 1년간 수학했다.
1907년(11세)	이때 이미 학문이 뛰어나 이걸 선생의 권유로 영남의 홍기일洪起 一 선생을 새롭게 초빙하여 3년간 본격적으로 사서오경의 논지, 비판 등과 성현의 문집을 독파하였다.
1909년(13세)	이걸, 홍기일 두 선생의 후원으로 봉화군 법전면 법전리 퇴계 선생의 후손인 유학자 이교정李敎正의 장녀 이종李鍾과 결혼하 였다.
1911년(15세)	경남 거창에서 면우俛宇 곽종석郭鍾錫(1846~1919)에게 20세까지 수학하였다. 곽종석은 한말의 거유며 1919년 파리장서사건에

앞장섰던 인물이다.

1914년(18세)　　장남 재소在韶가 태어났다.

1916년(20세)　　차남 학소學韶가 태어났다.

1917년(21세)　　3월에 당시 부안 계화도桂花島에 머무르고 있던 호남의 대학자 간재艮齋 전우田愚 선생을 찾아가 성리학에 대해 질의 문답하였 다. 그 뒤 6월 14일 간재 선생에게 장문의 질의서를 올렸고(《최익한상전간재崔益翰上田艮齋》), 면우 선생의 권유에 따라 신학문을 수학하러 중동학교를 다녔다.

1918년(22세)　　YMCA(조선중앙기독교청년회)에서 영어를 배우다.

1919년(23세)　　3·1운동 직후에 파리장서사건이 일제에 탄로나 스승인 면우 선 생이 주모자로 대구 감옥에 수감되었다(4월, 곽종석은 그 뒤 병 보 석되었으나 1919년 7월 24일 타계하였다). 스승이 송치된 대구에 내 려갔다가 구례 화엄사로 공부하러 가서 잠깐 머물다가 6월에 신 학문을 배우러 서울로 올라갔다. 한족회韓族會에 가입하여 윤7 월 경북 영주에서 부호들에게 독립운동 군자금 모금 1600원을 빼앗아 상해임시정부에 보내고자 하였다. 장녀 분경粉景(나중에 경제학자 이청원李淸源과 결혼)이 태어났다.

1920년(24세)　　10월경 추수 매각 대금 400원으로 계모와 동생 익채, 익래와 함 께 서울 안국동 51번지에서 하숙을 운영하며 학교를 다녔다.

1921년(25세)　　군자금 모금 사건으로 체포되어(3월) 경성지방법원에서 8년 구

형에 6년을 선고받았으며, 복심법원에서 4년형을 받았다.

| 1923년(27세) | 복역 중 감형으로 3월 21일 가출옥하였다. 그 뒤 일본으로 건너가 와세다 대학교 정경학부에 입학하였다. |

1924년(28세)   삼남 건소建韶가 태어났다.

1925년(29세)   2월 일본으로 건너가 와세다 대학을 다녔다. 그 뒤《대중신문大衆新聞》,《사상운동思想運動》,《이론투쟁理論鬪爭》등에서 주간을 맡으면서 글도 썼다.

부친 대순이 졸하였다(5월 31일).

1926년(30세)   신흥과학연구회에서 발간한《신흥과학新興科學》(1926.11)에 〈파벌주의비판에 대한 방법론〉를 싣다. 12월 재일본 일월회, 삼월회, 노동총동맹, 조선무산청년동맹 등 동경4단체의 '파벌주의 박멸'에 대한 성명서 발표에 관여하였다.

1927년(31세)   2월 신간회 상무간사가 되었다.

4월에 동경에서 조선공산당 일본부에 가입하여 조직부장으로 선출되었다.

5월에는 조선사회단체 중앙협의회(5월 16일)에 재일본조선노동총동맹 대의원 자격으로 참여하여 중앙협의회를 상설기관으로 하자는 주장을 비판하는 발언을 하여 지지를 받았다. 또한 의안 제작위원으로 활동하였다.

7월에는 조선에서 제1차, 제2차 조선공산당 탄압으로 검속된 사람들에 대한 재판이 시작되자 재일노총, 신간회 동경지부가 대책을 협의하기 위한 공동위원회를 1927년 7월에 설치하였으며, 이에 일본 노농당에서 변호사 후루야 사다오와 자유법조단 변호사 후세 다쓰지, 공판방청대표로서 대중신문사에서는 최익한, 안광천安光泉을 파견하여 이들과 함께 활동하였다. 차녀 연희蓮姬가 태어났다.

8월에는 재일본조선노동총동맹 명의로 〈중국노동자대중에게 한 메시지〉를 보냈는데(8월 24일) 여기에서 "중국민중의 해방을 위한 일본제국주의 타도는 우리들과 굳게 단결하면 능히 이를 달성할 수 있다"고 주장하였다.

9월에는 국제청년의 날을 기념하여 동경에서 조선청년동맹과 일본무산청년동맹이 연합 주최하는 조선, 일본, 중국, 대만의 재동경 청년들로 구성된 동방무산청년연합대회를 개최하였는데(9월 4일) 개회 직후에 해산 당하였으며 최익한은 바로 체포되었다. '제3차 조선공산당'의 김준연 책임비서 시기인 9월 20일경 최익한은 조직부장, 11월 김세연 책임비서 시기에는 선전부장이 되었다.

11월 코민테른에서 파견한 존 페퍼John Pepper을 만나 자금과 함께 코민테른 지령을 전달받았다.

한 해 동안 〈思想團體解體論〉《이론투쟁理論鬪爭》1권 2호, 1927.

4.25), 〈在日本 朝鮮勞動運動의 最初의 發展〉《《勞動者》2권 9호, 1927.9) 등 중요한 글을 썼다.

1928년(32세)   1월 《조선일보》에 1927년 사회운동의 전개과정을 담은 〈朝鮮社會運動의 빛〉을 9회에 걸쳐 연재하였다(《조선일보》1928년 1월 26일~2월 13일).

2월에 제3차 조선공산당 사건('ML당사건')으로 안광천, 하필원 등 여러 간부들과 함께 종로경찰서에 검거되었다.

1930년(34세)   8월 30일 서울지법에서 제3차 조선공산당사건 판결에서 징역 6년을 받았다. 그 뒤 36세(1932년) 7월 9일까지 서대문형무소에서 복역하였다.

1932년(36세)   7월 9일 대전형무소로 이감 도중 대전역 등지에서 조선독립만세를 외치다가 기소되어 1933년 1월 25일 서울복심법원에서 1년의 형을 더 받았다.

1934년(38세)   두 아들 재소와 학소는 각각 21세와 19세의 나이에 조선독립공작당사건으로 함흥형무소에서 2년 반 형을 받고 복역하였다.

1935년(39세)   12월 8일 대전에서 만기 출옥하여 서울로 올라갔다. 이해 정약용 서거 100주년을 맞이하여 《신조선》의 요청으로 〈다산의 일사逸事와 일화逸話〉, 〈다산의 저서총목〉을 작성하였다.

1937년(40세)   장남 재소가 옥중에서 죽었다(3월 6일). 재소는 2000년 8월 15일 제55주년 광복절에 건국훈장 애족장을 받고 그 뒤 국립대전현충

원 애국지사묘역에 입사했다. 최익한은 아들을 잃은 슬픔을 《조선일보》(1937.4.23~25)에 〈곡아이십오절시哭兒二十五絶詩〉로 실었다. 〈우리말과 정음의 운명〉《정음 21호》(11월 26일)을 썼다. 삼녀 한경漢景이 태어났다.

1938년(42세)   이즈음에 활발히 일어난 국학운동에 참여해 신문, 잡지에 많은 글을 발표하였다. 주로 《조선일보》에 1938년 말까지 한문학, 역사, 향토문화 등에 관하여 많은 글을 실었으며, 〈조선어기술문제좌담회朝鮮語記述問題座談會〉(1월 4일)는 횡서橫書와 종서縱書의 시비是非, 외래어표음문제外來語表音問題 등 여러 주제를 가지고 김광섭金光燮, 이극로李克魯, 유치진柳致眞, 송석하宋錫夏, 조윤제趙潤濟, 최현배崔鉉培 등 당대 최고의 국어학자들과 대담을 한 것이다.

1939년(43세)   1938년부터 다시 《동아일보》에 들어가 조사부장을 하면서 《《여유당전서與猶堂全書》를 독讀함》(1938년 12월 9일~1939년 6월 4일)을 비롯하여 유물 및 문헌고증, 민속 등 다방면에 걸쳐 글을 실었다.

1940년(44세)   연초 〈재해災害와 구제救濟의 사적단편관史的斷片觀〉(1월 1일~3월 1일까지 27회 연재)를 시작으로 8월 《동아일보》가 폐간될 때까지 실학, 역사인물, 구제제도 등 다양한 글을 실었다. 특히 〈사상명인史上名人의 이십세二十歲〉는 최치원, 정약용 등 역사에서 이름 있는 인물의 20세 때 행적을 담은 흥미로운 기획물이었다.

1941년(45세) 《동아일보》 기자 양재하가 중심이 되어 창간(1941년 2월)한 《춘추》에 과거제도, 후생정책 등 역사 문화에 관한 글을 여러 차례 실었다. 생활난으로 동대문 밖 창신동 자택에서 주류 소매점을 하였다(1944년까지).

1943년(47세) 1월 만주 건국 10주년을 기념하여 간행된 《반도사화半島史話와 낙토만주樂土滿洲》라는 책에 이미 작성한 〈조선朝鮮의 후생정책고찰厚生政策考察〉, 〈조선과 거교육제도소사朝鮮過去教育制度小史〉를 제목만 고쳐서 〈반도후생정책약사半島厚生政策略史〉와 〈반도과거교육제도半島過去教育制度〉로 실었다.

10월에는 〈충의忠義의 도道 – 유교儒敎의 충忠에 대하여〉(《춘추》 10월호)를 실었다. 이 글에 대해서는 친일의 글이 아닌가 문제 제기가 있었지만(임종국, 《친일문학론》) 이 무렵 《춘추》의 잡지 성격 때문으로 그렇게 평가한 것으로 보이며 글 내용으로 봐서는 추정하기 어렵다.

1945년(49세) 8월 15일 해방 직후 ML계 인사들과 함께 조선공산당 서울시당부의 간판을 걸었고, 서울계, 화요계, 상해계 등과 함께 장안파長安派 공산당으로 합류했다.

9월 8일 서울 계동에서 열린 장안파 조선공산당 열성자대회에 이영, 정백 등과 참석했다. 건국준비위원회에서도 활동을 하였다. 건준이 조선인민공화국을 만들면서 최익한은 법제국장을 맡았으며 12월에는 반파쇼위원회 부위원장을 맡았다.

1946년(50세)	1월 민주주의 민족전선 결성준비위원(24인)의 1인으로 선출되었다. 이후 민전 기획부장을 맡았다.
	3월 22일 조선인민공화국 중앙인민위원회의 긴급회의에서 3상회의 결정에 대한 태도 표명을 위한 성명 작성위원으로 최익한, 이강국, 김오성 3인이 선출되었다. 좌우합작이 일어나면서 3월 31일 회의에서 4월 23일~24일 전국인민대표자대회 개최에 따른 대회준비위원으로 선출되었다.
	4월 18일 한국독립당 중앙상무위원으로 선출되었다.
	9월 7일 공산당 간부체포령으로 일시 체포되었다가 석방되었다.
1947년(51세)	4월 26일 사회로동당(사로당) 탈당 성명서 발표에 참여하였다. 여운형이 중심이 된 근로인민당이 창당되면서(5월 24일) 상임위원으로 선출되었다.
	6월에 《조선 사회 정책사》 간행했다. 일제시기에 쓴 〈재해와 구제의 사적 단편관〉, 〈조선의 후생정책고찰〉 등을 모아서 만들었다.
1948년(52세)	평양에서 열린 남북연석회의에 참석차 월북하였다. 그 뒤 정치적인 활동은 거의 드러나지 않으며, 국학연구에 몰두하면서 김일성대학 등에서 진행한 강연활동 정도를 알 수 있다.
1954년(58세)	《조선봉건말기의 선진학자들》(최익한, 홍기문, 김하명 공저)을 집필하였으며, 《연암 작품선집》을 번역 간행하였다.
1955년(59세)	《실학파와 정다산》, 《강감찬 장군》 등을 간행하였다. 특히 《실학

파와 정다산》은 그의 실학연구를 집대성한 작품으로 손꼽히며, 《강감찬 장군》은 아동용으로 썼다.

1956년(60세)   《조선명장전》,《연암박지원선집》과 임제의 '서옥설鼠獄說'을 번역한《재판받는 쥐》를 간행하였다.

1957년(61세)   《정약용 다산선집》을 번역 간행하였다. 그 밖에도 최익한은 북한에서 1949년부터 1957년 사이에《력사과학》,《력사제문제》,《조선문학》,《조선어문》등 여러 잡지에 논문을 실었다.

1957년 이후 최익한에 관한 정보는 알 수 없다.

찾아
보기